O QUE É CIÊNCIA AFINAL?

A. F. CHALMERS

O QUE É CIÊNCIA, AFINAL?

Tradução:
Raul Fiker

editora brasiliense

Copyright © by Alan Chalmers
Título original: What is this called Science?
Copyright © da tradução brasileira:
Editora Brasiliense S.A.
Nenhuma parte desta publicação pode ser gravada,
armazenada em sistemas eletrônicos, fotocopiada,
reproduzida por meios mecânicos ou outros quaisquer
sem autorização prévia da editora.

Primeira edição, 1983
15ª reimpressão, 2023

Diagramação: *Digitexto Bureau e Gráfica*
Revisão: *Marcos Vinícius Toledo* e *Roseli Said*
Capa: *Ettore Bottini, sobre desenho de Ted Poulter*

Dados Internacionais de catalogação na Publicação (CIP)
(Câmara Brasileira do Livro, SP, Brasil)

Chalmers, Alan F., 1939 -
O que é ciência afinal? / A. F. Chalmers ; tradução Raul Fiker : 1.
ed. São Paulo : Brasiliense, 1993

Bibliografia
ISBN 978-85-11-12061-5

1. Ciência Aspectos sociais 2. Ciência Filosofia
3. Ciência História 4. Ciência Metodologia I. Título

07-8258   CDD-500

Índices para catálogo sistemático:
1. Ciências   500

editora brasiliense
Rua Antonio de Barros, 1586
Tatuapé São Paulo SP
CEP: 03401-000
www.editorabrasiliense.com.br

*Como todos os jovens, eu decidi ser um gênio,
mas felizmente o riso interveio.*

Clea, Lawrence Durrell

Sumário

Prefácio à primeira edição 11
Prefácio à segunda edição 14
Introdução 16

I. *Indutivismo: ciência como conhecimento derivado dos
dados da experiência* 22

1. Uma concepção de senso comum da ciência
amplamente aceita 22
2. Indutivismo ingênuo 23
3. Raciocínio lógico e dedutivo 27
4. Previsão e explicação no relato indutivista 29
5. A atração do indutivismo ingênuo 33

II. *O problema da indução* 35

1. O princípio de indução pode ser justificado? 35
2. O recuo para a probabilidade 39
3. Respostas possíveis ao problema da indução 42

III. *A dependência que a observação tem da teoria* 45

1. Uma explicação popular de observação 46
2. Experiências visuais não determinadas pelas
imagens sobre a retina 47

8 A. F. CHALMERS

3. As proposições de observação pressupõem teoria .. 52
4. Observação e experimento orientam-se pela teoria. 57
5. Indutivismo não conclusivamente refutado 59

IV. *Apresentando o falsificacionismo* 63

1. Uma particularidade lógica para apoiar o
   falsificacionista 63
2. A falsificabilidade como um critério para teorias.... 64
3. Grau de falsificabilidade, clareza e precisão............ 68
4. Falsificacionismo e progresso 72

V. *Falsificacionismo sofisticado, novas previsões e o
crescimento da ciência* 77

1. Graus de falsificabilidade relativos ao invés de
   absolutos.. 77
2. Aumentando a falsificabilidade e modificações *ad
   hoc* 78
3. A confirmação na explicação falsificacionista da
   ciência.. 81
4. Ousadia, novidade e conhecimento prévio............. 84
5. Comparação das visões indutivista e
   falsificacionista de confirmação 85

VI. *As limitações do falsificacionismo* 89

1. A dependência que a observação tem da teoria e a
   falibilidade das falsificações 89
2. A defesa inadequada de Popper............................. 90
3. A complexidade das situações de teste realistas 93
4. O falsificacionismo é inadequado em bases
   históricas.. 96
5. A Revolução Copernicana 98

VII. *Teorias como estruturas: programas de pesquisa* 108

1. As teorias devem ser consideradas um todo
   estruturado.. 108
2. Os programas de pesquisa de Lakatos................... 111

SUMÁRIO

3. Metodologia em um programa de pesquisa 116
4. A comparação de programas de pesquisa 118

VIII. *Teorias como estruturas: os paradigmas de Kuhn* 122

1. Comentários introdutórios 122
2. Paradigmas e ciência normal 124
3. Crise e revolução 128
4. A função da ciência normal e das revoluções 132

IX. *Racionalismo* versus *relativismo* 136

1. Racionalismo 136
2. Relativismo 137
3. Lakatos como racionalista 139
4. Kuhn como relativista 144
5. Para uma mudança dos termos do debate 147

X. *Objetivismo* 150

1. Individualismo 150
2. Objetivismo 153
3. A ciência como uma prática social 157
4. O objetivismo apoiado por Popper, Lakatos e
   Marx 159

XI. *Um relato objetivista das mudanças teóricas na física* 162

1. As limitações do objetivismo de Lakatos 162
2. Oportunidades objetivas 164
3. Um relato objetivista das mudanças teóricas na
   física 168
4. Alguns comentários de advertência 171

XII. *A teoria anarquista do conhecimento de Feyerabend* 173

1. Vale-tudo 173
2. Incomensurabilidade 176
3. A ciência não é necessariamente superior a outras
   áreas do conhecimento 180
4. Liberdade do indivíduo 183

10 A. F. CHALMERS

XIII. *Realismo, instrumentalismo e verdade* 187

1. Comentários introdutórios 187
2. Instrumentalismo 189
3. A teoria da correspondência da verdade 192
4. Problemas com a noção de verdade do senso comum 196
5. Popper a respeito da aproximação da verdade 200

XIV. *O realismo não-representativo* 204

1. A relação entre as teorias e suas sucessoras 204
2. O realismo não-representativo 206
3. O que é ciência, afinal? 209
4. O relativismo em perspectiva 210
5. Por que se incomodar? 213

Bibliografia 216

Índice onomástico 222

Prefácio à Primeira Edição

Este livro pretende ser uma introdução simples, clara e elementar às opiniões modernas sobre a natureza da ciência. Ao ensinar filosofia da ciência para estudantes de filosofia ou para cientistas querendo se familiarizar com as recentes teorias sobre a ciência, fui crescentemente tomando consciência de que não há um manual adequado, nem sequer um pequeno número de livros, que se possa recomendar ao principiante. As únicas fontes disponíveis sobre as opiniões modernas são as originais, que costumam ser muito difíceis para iniciantes e são, também, bastante numerosas para estarem facilmente disponíveis a um grande número de estudantes. Este livro não substituirá as fontes originais para alguém que deseja se dedicar seriamente ao assunto, é claro, mas espero que proporcione um ponto de partida útil e facilmente acessível que, de qualquer forma, ainda não existe.

Minha intenção de manter a discussão simples revelou-se razoavelmente realista por cerca de dois terços do livro. Quando cheguei a esse ponto e tive de começar a criticar as opiniões modernas, descobri, primeiro, para minha surpresa, que eu discordava dessas opiniões mais do que pensava; e, segundo, que a partir de minha crítica estava emergindo uma alternativa razoavelmente coerente. Essa alternativa está esboçada nos últimos capítulos do livro. Ser-me-ia agradável achar que a segunda metade deste livro contém não apenas sumários de opiniões correntes sobre a natureza da ciência mas também um sumário do próximo ponto de vista.

12 A. F. CHALMERS

Meu interesse profissional na história e na filosofia da ciência começou em Londres, num clima que era dominado pelas opiniões do professor Karl Popper. Minha dívida com ele, com seus escritos, palestras e seminários, e também com o falecido professor Imre Lakatos, deve estar bem evidente pelo conteúdo deste livro. A forma de sua primeira metade deve muito ao brilhante artigo de Lakatos sobre a metodologia de programas de pesquisa. Uma característica notável da escola popperiana era a exigência de clareza em relação ao problema em que se estava interessado e em expressar os pontos de vista de maneira simples e direta. Embora deva muito aos exemplos de Popper e Lakatos a este respeito, a habilidade que eu possa ter em me expressar simples e claramente vem principalmente de minha interação com o professor Heinz Post, que foi meu supervisor no Chelsea College enquanto eu trabalhava em minha tese de doutoramento no Departamento de História e Filosofia da Ciência. Não posso me livrar da sensação inquietante de que seu exemplar deste livro me será devolvido com a exigência de que eu reescreva as partes que ele não entendeu. Dentre meus colegas de Londres a quem estou especialmente em débito, a maioria estudantes naquela época, Noretta Koertge, agora na Universidade de Indiana, ajudou-me consideravelmente.

Referi-me anteriormente à escola popperiana como uma *escola,* e no entanto, até chegar a Sidney, vindo de Londres, não tinha me dado conta de que realmente passara por uma escola. Descobri, para minha surpresa, que havia filósofos influenciados por Wittgenstein ou Quine ou Marx que pensavam que Popper estava completamente errado sobre muitas coisas, e alguns que chegavam até a pensar que suas opiniões eram mesmo perigosas. Acho que aprendi muito com essa experiência. Uma das coisas que aprendi é que Popper está realmente errado sobre várias coisas importantes, conforme argumento nas últimas partes deste livro. Isso não altera, contudo, o fato de que a abordagem popperiana é infinitamente melhor do que a abordagem adotada na maioria dos departamentos de filosofia que conheci.

Devo muito aos meus amigos em Sidney que me ajudaram a despertar de minha modorra. Não quero com isso fazer supor que aceito suas opiniões melhor que as de Popper. Eles sabem disso. Mas, na medida em que não tenho tempo para disparates obscurantistas sobre a incomensurabilidade de estruturas (aqui

PREFÁCIO À PRIMEIRA EDIÇÃO

os popperianos levantam as orelhas), a extensão na qual fui forçado a reconhecer e contrariar as opiniões de meus colegas e adversários de Sidney levou-me a compreender as forças de seus propósitos e as fraquezas dos meus. Espero não ter aborrecido ninguém por ter escolhido Jean Curthoys e Wal Suchting para menção especial aqui.

Leitores atentos e afortunados perceberão neste livro a excêntrica metáfora tomada de Vladimir Nabokov, e verão que devo a ele algum reconhecimento (ou desculpa).

Concluo com um caloroso "alô" àqueles amigos que não ligam para o livro, que não vão ler o livro, e que tiveram de me aturar enquanto eu o escrevia.

Alan Chalmers
Sidney, 1976

Prefácio à Segunda Edição

A julgar pelas respostas à primeira edição deste livro, pareceria que os primeiros oito capítulos atuam muito bem como "uma introdução simples, clara e elementar às modernas opiniões sobre a natureza da ciência". Parece ter havido também concordância geral em que os últimos quatro capítulos não conseguem sê-lo. Consequentemente, nesta edição revista e aumentada, deixei os capítulos de I a VIII virtualmente intocados e substituí os quatro últimos por seis inteiramente novos. Um dos problemas com a última parte da primeira edição era que ela deixava de ser simples e elementar. Tentei manter meus novos capítulos simples, embora tema não ter sido inteiramente bem-sucedido ao lidar com as questões difíceis dos dois capítulos finais. Embora tenha procurado manter a discussão simples, espero não ter com isso me tornado contraditório.

Outro problema com a última parte da primeira edição é a falta de clareza. Embora esteja convencido disso, eu tateava na trilha certa na maior parte daquilo que procurava; mas certamente não consegui expressar uma posição coerente e bem-argumentada, como meus críticos deixaram claro. Nem toda a culpa disso deve ser atribuída a Louis Althusser, cujas opiniões estavam muito em voga na época em que eu escrevia, e cuja influência ainda pode ser discernida até certo ponto nesta nova edição. Eu aprendi minha lição e futuramente serei mais cuidadoso em relação às influências das últimas modas parisienses.

PREFÁCIO À SEGUNDA EDIÇÃO

Meus amigos Terry Blake e Denise Russell me convenceram de que há mais importância nos escritos de Paul Feyerabend do que eu estava previamente preparado a admitir. Dei a ele mais atenção nesta nova edição e tentei separar o joio do trigo, o antimetodismo do dadaísmo. Fui também obrigado a separar o sentido importante do "disparate obscurantista sobre a incomensurabilidade de estruturas".

A revisão deste livro deve muito à crítica de numerosos colegas, resenhistas e correspondentes. Não tentarei nomeá-los todos, mas reconheço minha dívida e ofereço meus agradecimentos.

Na medida em que a revisão deste livro resultou num novo final, a intenção original do gato na capa se perdeu. Entretanto, o gato parece dar um apoio considerável, a despeito de sua falta de bigodes, então o mantivemos, e simplesmente pedimos aos leitores que reinterpretem seu sorriso.

Alan Chalmers
Sidney, 1981

INTRODUÇÃO

Nos tempos modernos, a ciência é altamente considerada. Aparentemente há uma crença amplamente aceita de que há algo de especial a respeito da ciência e de seus métodos. A atribuição do termo "científico" a alguma afirmação, linha de raciocínio ou peça de pesquisa é feita de um modo que pretende implicar algum tipo de mérito ou um tipo especial de confiabilidade. Mas o que é tão especial em relação à ciência? O que vem a ser esse "método científico" que comprovadamente leva a resultados especialmente meritórios ou confiáveis? Este livro é uma tentativa de elucidar e responder a questões desse tipo.

Há abundância de provas na vida cotidiana de que a ciência é tida em alta conta, a despeito de um certo desencanto com ela, devido a consequências pelas quais alguns a consideram responsável, tais como bombas de hidrogênio e poluição. Anúncios frequentemente asseguram que um produto específico foi cientificamente comprovado como mais branqueador, mais potente, mais sexualmente atraente ou de alguma maneira preferível aos produtos concorrentes. Assim fazendo, eles esperam insinuar que sua afirmação é particularmente bem fundamentada e talvez esteja além de contestação. Numa veia similar, um recente anúncio de jornal recomendando a Christian Science era intitulado: "A ciência fala e diz que a Bíblia Cristã é comprovadamente verdadeira", e prosseguia nos dizendo que "até os próprios cientistas acreditam nisso atualmente". Aqui temos um apelo direto à autoridade da ciência e dos cientistas. Poderíamos muito bem perguntar: "Qual é a base para tal autoridade?"

INTRODUÇÃO 17

A alta estima pela ciência não está restrita à vida cotidiana e à mídia popular. É evidente no mundo escolar e acadêmico e em todas as partes da indústria do conhecimento. Muitas áreas de estudo são descritas como ciência por seus defensores, presumivelmente num esforço para demonstrar que os métodos usados são tão firmemente embasados e tão potencialmente frutíferos quanto os de uma ciência tradicional como a física. Ciência política e ciências sociais são agora lugares-comuns. Os marxistas tendem a insistir que o materialismo histórico é uma ciência. De acréscimo, ciência bibliotecária, ciência administrativa, ciência do discurso, ciência florestal, ciência de laticínios, ciência de carne e animais, e mesmo ciência mortuária são hoje ou estiveram sendo recentemente ensinadas em colégios ou universidades americanas.[1] Autointitulados "cientistas" nesses campos podem frequentemente ver a si mesmos seguindo o método *empírico* da física, o que para eles consiste na coleta de dados por meio de cuidadosa observação e experimentos e da subsequente derivação de leis e teorias a partir desses dados por algum tipo de procedimento lógico. Fui recentemente informado por um colega do departamento de história, que aparentemente tinha absorvido esse rótulo de empiricismo, de que não é possível hoje escrever uma história da Austrália porque ainda não dispomos de um número suficiente de dados. Uma inscrição na fachada do Social Science Research Building na Universidade de Chicago diz: "Se você não pode mensurar, seu conhecimento é escasso e insatisfatório".[2] Sem dúvida, muitos de seus habitantes, aprisionados em modernos laboratórios, esquadrinham o mundo através das barras de aço de seus algarismos, não conseguindo perceber que o método que se empenham em seguir não é apenas estéril e infrutífero, mas também não é o método ao qual deve ser atribuído o sucesso da física.

A visão equivocada de ciência referida acima será discutida e demolida nos primeiros capítulos deste livro. Malgrado alguns cientistas e muitos pseudocientistas alegarem fidelidade a esse método, nenhum moderno filósofo da ciência estaria alheio

---

1. Essa lista é de uma pesquisa de C. Trusedell citada por J. R. Ravetz, em *Scientific Knowledge and Its Social Problems* (Oxford: Oxford University Press, 1971), p. 387n.

2. T. S. Kuhn, *"The Function of Measurement in Modern Physical Science"*, Isis 52 (1961): 161-93. A inscrição é citada na p. 161.

18   A. F. CHALMERS

pelo menos a algumas de suas deficiências. Os desenvolvimentos modernos na filosofia da ciência têm apontado com precisão e enfatizado profundas dificuldades associadas à ideia de que a ciência repousa sobre um fundamento seguro adquirido por meio de observação e experimento e com a ideia de que há algum tipo de procedimento de inferência que nos possibilita derivar teorias científicas de modo confiável de uma tal base. Simplesmente não existe método que possibilite às teorias científicas serem provadas verdadeiras ou mesmo provavelmente verdadeiras. Mais adiante neste livro, vou demonstrar que tentativas de fornecer uma reconstrução simples e diretamente lógica do "método científico" encontram dificuldades ulteriores quando se percebe que tampouco há método que possibilite que teorias científicas sejam conclusivamente desaprovadas.

Alguns dos argumentos para defender a afirmação de que teorias científicas não podem ser conclusivamente provadas ou desaprovadas se baseiam amplamente em considerações filosóficas e lógicas. Outros são baseados em uma análise detalhada da história da ciência e das modernas teorias científicas. Tem sido uma característica do desenvolvimento moderno nas teorias do método científico que uma atenção crescente venha sendo prestada à história da ciência. Um dos resultados embaraçosos para muitos filósofos da ciência é que esses episódios na história da ciência – comumente vistos como mais característicos de avanços importantes, quer as inovações de Galileu, Newton e Darwin, quer as de Einstein – não se realizaram por meio de nada semelhante aos métodos tipicamente descritos pelos filósofos.

Uma reação à percepção de que teorias científicas não podem ser conclusivamente provadas ou desaprovadas e de que as reconstruções dos filósofos guardam pouca semelhança com o que realmente ocorre na ciência é desistir de uma vez da ideia de que a ciência é uma atividade racional, que opera de acordo com algum método ou métodos especiais. Foi uma reação semelhante a essa que levou o filósofo e animador Paul Feyerabend a escrever um livro com o título *Contra o método: delineamento de uma teoria anarquista do conhecimento*[3] e um ensaio com o título

---

3. P. K. Feyerabend, *Against Method: Outline of an Anarchistic Theory of Knowledge* (Londres: New Left Books, 1975).

INTRODUÇÃO 19

"Filosofia da ciência: um tema com um grande passado".[4] De acordo com a visão mais extremada dos escritos de Feyerabend, a ciência não tem características especiais que a tornem intrinsecamente superior a outros ramos do conhecimento tais como mitos antigos ou vodu. A ciência deve parte de sua alta estima ao fato de ser vista como a religião moderna, desempenhando um papel similar ao que desempenhou o cristianismo na Europa em eras antigas. É sugerido que a escolha entre teorias se reduz a opções determinadas por valores subjetivos e desejos dos indivíduos. Neste livro, resistiu-se a esse tipo de resposta para quebrar as teorias tradicionais da ciência. Foi feita uma tentativa de dar conta da física que não é subjetivista ou individualista, que aceita muito do impulso da crítica do método de Feyerabend, mas que é, ela mesma, imune a tal crítica.

A filosofia da ciência tem uma história. Francis Bacon foi um dos primeiros a tentar articular o que é o método da ciência moderna. No início do século XVII, propôs que a meta da ciência era o melhoramento da vida do homem na terra e, para ele, essa meta seria alcançada por meio da coleta de fatos com observação organizada e derivando teorias a partir daí. Desde então, a teoria de Bacon tem sido modificada e aperfeiçoada por alguns, e desafiada, de uma maneira razoavelmente radical, por outros. Explanação e levantamento histórico dos desenvolvimentos na filosofia da ciência constituiriam um estudo muito interessante. Por exemplo: seria muito interessante investigar e explicar a ascensão do *positivismo lógico,* que começou em Viena nas primeiras décadas do século XX, tornou-se muito popular e que hoje ainda tem considerável influência. O positivismo lógico foi uma forma extrema de empirismo, segundo o qual as teorias não apenas devem ser justificadas, na medida em que podem ser verificadas mediante um apelo aos fatos adquiridos por meio da observação, mas também são consideradas tendo *significado* apenas até onde elas possam ser assim derivadas. Existem, me parece, dois aspectos intrigantes da ascensão do positivismo. Um é que ele ocorreu numa época em que, com o advento da

---

4. P. K. Feyerabend, "Philosophy of Science: a Subject with a Great Past", em *Historical and Philosophical Perspectives of Science, Minnesota Studies in Philosophy of Science,* vol. 5, ed. Roger H. Stuewer (Mineápolis: University of Minnesota Press, 1970), pp. 172-183.

20 A. F. CHALMERS

física quântica e da teoria da relatividade de Einstein, a física estava avançando espetacularmente e era muito difícil concilá-la com o positivismo. Outro aspecto intrigante: já em 1934, Karl Popper em Viena e Gaston Bachelard na França tinham ambos publicado obras que continham refutações consideravelmente conclusivas do positivismo, e, no entanto, isso não diminuiu a maré do positivismo. De fato, as obras de Popper e Bachelard foram quase totalmente negligenciadas e receberam a atenção que mereciam apenas em épocas recentes. Paradoxalmente, na época em que A. J. Ayer introduziu o positivismo lógico na Inglaterra com seu livro *Linguagem, verdade e lógica*, tornando-se um dos mais famosos filósofos ingleses, estava pregando uma doutrina da qual algumas deficiências fatais já haviam sido articuladas e publicadas por Popper e Bachelard.[5]

A filosofia da ciência avançou rapidamente nas décadas recentes. Este livro, contudo, não pretende ser uma contribuição à história da filosofia da ciência. Seu propósito é dar conta dos desenvolvimentos recentes, explicando tão clara e simplesmente quanto possível algumas teorias modernas sobre a natureza da ciência, e eventualmente sugerir alguns aperfeiçoamentos. Na primeira metade do livro, eu descrevo duas explicações simples mas inadequadas da ciência, às quais me refiro como indutivismo e falsificacionismo. Embora as duas posições que descrevo tenham muito em comum com posições defendidas no passado e mantidas por alguns até hoje, elas não pretendem primordialmente ser exposições históricas. Seu principal propósito é pedagógico. Compreendendo essas posições extremas e de certa forma caricaturizadas, e seus erros, o leitor estará numa posição melhor para compreender a motivação por trás das teorias modernas, e apreciar suas forças e fraquezas. O indutivismo é descrito no capítulo I e então severamente criticado nos capítulos II e III. Os capítulos IV e V são dedicados a uma exposição do falsificacionismo como tentativa de melhorar o indutivismo; suas limitações também são expostas no capítulo VI. O capítulo

---

5. A. J. Ayer, *Language Truth and Logic* (Londres: Gollancz, 1936). Devo essa observação a Bryan Magee, em Karl Popper: the World's Greatest Philosopher?, *Current Affairs Bulletin 50*, 8 (1974): 14-23. Ver também K. R. Popper, *The Logic of Scientific Discovery* (Londres: Hutchinson, 1968) foi primeiro publicado em alemão em 1934. A obra de Gaston Bachelard referida no texto é *Le nouvel esprit scientifique* (Paris: Presses Universitaires de France, 1934).

INTRODUÇÃO 21

seguinte expõe o falsificacionismo sofisticado de Imre Lakatos, e em seguida Thomas Kuhn e seus paradigmas de múltiplos propósitos são introduzidos no capítulo VIII. O relativismo, a ideia de que o valor das teorias deve ser julgado relativamente aos valores dos indivíduos ou grupos que os contemplam, entrou na moda. No capítulo IX, esse tema é levantado, e é discutida a grandeza com a qual Kuhn apresentou e Lakatos evitou uma posição relativista. No capítulo seguinte, delineio uma abordagem do conhecimento que chamo de objetivismo, de certa forma oposta ao relativismo. O objetivismo remove os indivíduos e seus julgamentos de uma posição de primazia em relação a uma análise do conhecimento. Desse ponto de vista torna-se possível dar uma explicação de mudança teórica que seja não-relativista em importantes aspectos e que, não obstante, esteja imune à crítica que tem sido dirigida às explicações tradicionais de mudança teórica por relativistas como Feyerabend. No capítulo XI, apresento minha explicação da mudança teórica na física. Aproveito então para uma tentativa, no capítulo XII, de chegar a um acordo com a exigência de Feyerabend contra o método e o uso que ele coloca. Os dois capítulos finais do livro são mais difíceis. Lidam com a questão de até onde nossas teorias podem ser construídas como uma busca de descrições "verdadeiras" do que o mundo "realmente" parece. Nas seções finais, me entrego a um sermão político sobre a posição do livro.

Embora a teoria da ciência que pode ser extraída da última parte deste livro pretenda ser um aperfeiçoamento de algo que veio antes, ela não está, certamente, isenta de problemas. Poder-se-ia dizer que o livro procede de acordo com um velho provérbio: "Nós começamos confusos, e terminamos confusos num nível mais elevado".

I

INDUTIVISMO: CIÊNCIA COMO CONHECIMENTO DERIVADO DOS DADOS DA EXPERIÊNCIA

1. Uma concepção de senso comum da ciência amplamente aceita

Conhecimento científico é conhecimento provado. As teorias científicas são derivadas de maneira rigorosa da obtenção dos dados da experiência adquiridos por observação e experimento. A ciência é baseada no que podemos ver, ouvir, tocar etc. Opiniões ou preferências pessoais e suposições especulativas não têm lugar na ciência. A ciência é objetiva. O conhecimento científico é conhecimento confiável porque é conhecimento provado objetivamente.

Sugiro que afirmações semelhantes às anteriores resumam o que nos tempos modernos é uma concepção popular de conhecimento científico. Essa primeira visão tornou-se popular durante e como consequência da revolução científica que ocorreu principalmente durante o século XVII, levada a cabo por grandes cientistas pioneiros como Galileu e Newton. O filósofo Francis Bacon e muitos de seus contemporâneos sintetizaram a atitude científica da época ao insistirem que, se quisermos compreender a natureza, devemos consultar a natureza e não os escritos de Aristóteles. As forças progressivas do século XVII chegaram a ver como um erro a preocupação dos filósofos naturais medievais com as obras dos antigos – especialmente de Aristóteles – e também com a Bíblia, como as fontes do conhecimento científico. Estimulados pelos sucessos dos "grandes experimentadores", como Galileu, eles começaram cada vez mais a ver a experiência

INDUTIVISMO 23

como fonte de conhecimento. Isso tem apenas se intensificado desde então pelas realizações espetaculares da ciência experimental. "A ciência é uma estrutura construída sobre fatos", escreve J. J. Davies em seu livro *On the Scientific Method* (*Sobre o Método Científico*).[1] E eis aqui uma avaliação moderna da realização de Gailleu, escrita por H. D. Anthony:

> Não foram tanto as observações e experimentos de Galileu que causaram a ruptura com a tradição, mas sua *atitude* em relação a eles. Para ele, os dados eram tratados como dados, e não relacionados a alguma ideia preconcebida Os dados da observação poderiam ou não se adequar a um esquema conhecido do universo, mas a coisa mais importante, na opinião de Galileu, era aceitar os dados e construir a teoria para adequar-se a eles.[2]

A explicação *indutivista ingênua* da ciência, que delinearei nas seções seguintes, pode ser vista como uma tentativa de formalizar essa imagem popular da ciência. Chamei-a de *indutivista* porque ela é baseada no raciocínio indutivo, que será explicado em seguida. Em capítulos posteriores, argumentarei que essa visão da ciência – juntamente com a explicação popular que se lhe assemelha – é completamente equivocada e mesmo perigosamente enganadora Espero, então, que aí já esteja aparente porque o adjetivo "ingênuo" é apropriado para a descrição de muitos indutivistas.

2. Indutivismo ingênuo

De acordo com o indutivista ingênuo, a ciência começa com a observação. O observador científico deve ter órgãos sensitivos normais e inalterados e deve registrar fielmente o que puder ver, ouvir etc. em relação ao que está observando, e deve fazê-lo sem preconceitos. Afirmações a respeito do estado do mundo, ou de alguma parte dele, podem ser justificadas ou estabelecidas como verdadeiras de maneira direta pelo uso dos sentidos do observador não-preconceituoso. As afirmações a que se chega (vou chamá-las de proposições de observação) formam então a base a partir da qual as leis e teorias que constituem o conhecimento

---

1. J. J. Davies, *On the Scientific Method* (Londres: Longman, 1968), p. 8.
2. H. D. Anthony, *Science and Its Background* (Londres: Macmillan, 1948), p. 145.

24 A. F. CHALMERS

científico devem ser derivadas. Eis aqui alguns exemplos de proposições de observações não muito estimulantes:

À meia-noite de 1º de janeiro de 1975, Marte apareceu em tal e tal posição no céu.

Essa vara, parcialmente imersa na água, parece dobrada.

O sr. Smith bateu em sua esposa.

O papel de tornassol ficou vermelho ao ser imerso no líquido.

A verdade de tais afirmações deve ser estabelecida com cuidadosa observação. Qualquer observador pode estabelecer ou conferir sua verdade pelo uso direto de seus sentidos. Observadores podem ver por si mesmos.

Afirmações desse tipo caem na classe das chamadas *afirmações singulares*. As afirmações singulares, diferentemente de uma segunda classe de afirmações que vamos considerar em seguida, referem-se a uma ocorrência específica ou a um estado de coisas num lugar específico, num tempo específico. A primeira afirmação diz respeito a uma aparição específica de Marte num lugar específico no céu num tempo determinado, a segunda diz respeito a uma observação específica de uma vara específica, e assim por diante. É claro que todas as proposições de observação vão ser afirmações singulares. Elas resultam do uso que um observador faz de seus sentidos num lugar e tempo específicos.

Vejamos alguns exemplos simples que podem ser parte do conhecimento científico:

Da astronomia: Os planetas se movem em elipses em torno de seu sol.

Da física: Quando um raio de luz passa de um meio para outro, muda de direção de tal forma que o seno do ângulo de incidência dividido pelo seno do ângulo de refração é uma característica constante do par em média.

Da psicologia: Animais em geral têm uma necessidade inerente de algum tipo de liberdade agressiva.

Da química: Os ácidos fazem o tornassol ficar vermelho.

INDUTIVISMO 25

São informações gerais que afirmam coisas sobre as propriedades ou comportamento de algum aspecto do universo. Diferentemente das afirmações singulares, elas se referem a *todos* os eventos de um tipo específico em todos os lugares e em todos os tempos. Todos os planetas, onde quer que estejam situados, sempre se movem em elipses em torno de seu Sol. Quando a refração ocorre, ela sempre ocorre de acordo com a lei da refração. As leis e teorias que constituem o conhecimento científico fazem todas elas afirmações gerais desse tipo, e tais afirmações são denominadas *afirmações universais*.

A questão seguinte pode agora ser colocada. Se a ciência é baseada na experiência, então por que meios é possível extrair das afirmações singulares, que resultam da observação, as afirmações universais, que constituem o conhecimento científico? Como podem as próprias afirmações gerais, irrestritas, que constituem nossas teorias, serem justificadas na base de evidência limitada, contendo um número limitado de proposições de observação?

A resposta indutivista é que, desde que certas condições sejam satisfeitas, é legítimo *generalizar* a partir de uma lista finita de proposições de observação singulares para uma lei universal. Por exemplo, pode ser legítimo generalizar a partir de uma lista finita de proposições de observação referentes ao papel tornassol tornar-se vermelho quando imerso em ácido para a lei universal "ácidos tornam o papel tornassol vermelho"; ou generalizar a partir de uma lista de observações referentes a metais aquecidos para a lei "metais se expandem quando aquecidos". As condições que devem ser satisfeitas para tais generalizações serem consideradas legítimas pelo indutivista podem ser assim enumeradas:

1. o número de proposições de observação que forma a base de uma generalização deve ser grande;
2. as observações devem ser repetidas sob uma ampla variedade de condições;
3. nenhuma proposição de observação deve conflitar com a lei universal derivada.

A condição (1) é vista como necessária porque é claramente ilegítimo concluir que todos os metais se expandem quando aquecidos baseando-se em apenas uma observação de uma barra de metal em expansão, digamos, da mesma forma que não é legítimo concluir que todos os australianos são bêbados com base na observação de um australiano embriagado. Um grande número de observações independentes será necessário antes que uma generalização possa ser justificada. O indutivista insiste que não devemos tirar conclusões apressadas.

Uma maneira de aumentar o número de observações nos exemplos mencionados seria aquecer repetidamente uma única barra de metal, ou continuamente observar um homem australiano embriagar-se noite após noite, e talvez manhã após manhã. Obviamente, uma lista de proposições de observação adquirida de tal maneira formaria uma base muito insatisfatória para as respectivas generalizações. É por isso que a condição (2) é necessária. "Todos os metais se expandem quando aquecidos" será uma generalização legítima apenas se as observações de expansão nas quais é baseada estenderem-se sobre uma ampla variedade de condições. Vários tipos de metais devem ser aquecidos, barras de aço longas, barras de aço curtas, barras de prata, barras de cobre etc. devem ser aquecidas à baixa e à alta pressão, altas e baixas temperaturas, e assim por diante. Se, em todas essas ocasiões, todas as amostras aquecidas de metal se expandirem, então, e somente então, é legítimo generalizar, a partir de uma lista resultante de proposições de observação para a lei geral. Além disso, é evidente que, se uma amostra específica de metal não for observada expandir-se quando aquecida, a generalização universal não será justificada. A condição (3) é essencial.

O tipo de raciocínio que estamos discutindo, que nos leva de uma lista finita de afirmações singulares para a justificação de uma afirmação universal, levando-nos do particular para o todo, é denominado raciocínio *indutivo*, e o processo, denominado indução. Podemos resumir a posição indutivista ingênua dizendo que, de acordo com ela, a ciência é baseada no *princípio de indução,* que podemos assim descrever:

> Se um grande número de As foi observado sob uma ampla variedade de condições, e se todos esses As observados possuíam sem exceção a propriedade B, então todos os As têm a propriedade B.

De acordo com o indutivista ingênuo, o corpo do conhecimento científico é construído pela indução a partir da base segura fornecida pela observação. Conforme cresce o número de dados estabelecidos pela observação e pelo experimento, e conforme os fatos se tornam mais refinados e esotéricos devido a aperfeiçoamentos em nossas capacidades de observação e experimentação, cada vez mais leis e teorias de maior generalidade e escopo são construídas por raciocínio indutivo cuidadoso. O crescimento da ciência é contínuo, para a frente e para o alto, conforme o fundo de dados de observação aumenta.

A análise até aqui constitui apenas uma explicação parcial da ciência. Pois certamente uma característica importante da ciência é sua capacidade de *explicar* e *prever*. É o conhecimento científico que possibilita a um astrônomo prever quando vai ocorrer o próximo eclipse do sol ou a um físico explicar por que o ponto de fervura da água é mais baixo que o normal em grandes altitudes. A Figura 1 mostra, de forma esquemática, um sumário completo do argumento indutivista da ciência. O lado esquerdo da figura refere-se à derivação de leis e teorias científicas a partir da observação, o que já discutimos. Resta discutir o lado direito. Antes de fazê-lo, será dito algo sobre o caráter do raciocínio lógico e dedutivo.

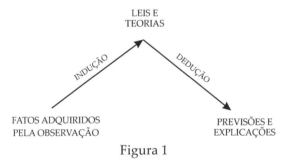

Figura 1

3. Raciocínio lógico e dedutivo

Uma vez que um cientista tem leis e teorias universais à sua disposição, é possível derivar delas várias consequências que servem como explicações e previsões. Por exemplo, dado o fato de que os metais se expandem quando aquecidos, é possível derivar o fato de que trilhos contínuos de ferrovias não interrompidos por pequenos espaços se alterarão sob o calor do Sol. O tipo de raciocínio envolvido em derivações dessa espécie chama-se

28 A. F. CHALMERS

raciocínio *dedutivo*. A dedução é distinta da indução discutida na seção anterior.

Um estudo do raciocínio dedutivo constitui a disciplina da lógica.[3] Não será feita aqui nenhuma tentativa de dar uma explicação e avaliação detalhadas da lógica. Ao invés disso, algumas de suas características importantes e relevantes para nossa análise da ciência serão ilustradas por meio de exemplos triviais. Eis aqui um exemplo de uma dedução lógica.

Exemplo 1:

1. Todos os livros de filosofia são chatos.
2. Este livro é um livro de filosofia.
3. Este livro é chato.

Neste argumento, (1) e (2) são as premissas e (3) é a conclusão. É evidente, suponho, que, se (1) e (2) são verdadeiras, então (3) é obrigada a ser verdadeira. Não é possível para (3) ser falsa uma vez que é dado que (1) e (2) são verdadeiras. Para (1) e (2) serem verdadeiras e (3) ser falsa envolveria uma contradição. Essa é a característica-chave de uma dedução *logicamente válida*. Se as premissas de uma dedução logicamente válida são verdadeiras, então a conclusão deve ser verdadeira.

Uma ligeira modificação do exemplo acima nos dará um modelo de uma dedução que não é válida.

Exemplo 2:

1. Muitos livros de filosofia são chatos.
2. Este livro é um livro de filosofia.
3. Este livro é chato.

Neste exemplo, (3) não segue necessariamente (1) e (2). É possível (l) e (2) serem verdadeiras e, ainda assim, (3) ser falsa. Mesmo se (1) e (2) são verdadeiras, este livro pode ser um da minoria de livros de filosofia que não são chatos. Assegurar (1) e (2) como

---

3. A lógica é às vezes entendida como ciência que engloba o estudo do raciocínio indutivo, de forma que há uma lógica indutiva bem como uma lógica dedutiva. Neste livro, a lógica é entendida apenas como o estudo do raciocínio dedutivo.

verdadeiras e (3) como falsa não envolve uma contradição. O argumento é inválido.

O leitor pode agora estar se sentindo aborrecido. Experiências desse tipo certamente têm uma relação com a verdade das afirmações (1) e (3), nos exemplos 1 e 2. Mas um ponto que precisa ser enfatizado aqui é que a lógica e a dedução por si só não podem estabelecer a verdade de afirmações factuais como as que aparecem em nossos exemplos. Tudo o que a lógica pode oferecer a esse respeito é que, *se* as premissas são verdadeiras, *então* a conclusão deve ser verdadeira. Mas, se as premissas são ou não verdadeiras, é uma questão que não pode ser resolvida com um recurso à lógica. Um argumento pode ser uma dedução perfeitamente lógica mesmo que envolva uma premissa que é de fato falsa. Eis aqui um exemplo.

Exemplo 3:

1. Todos os gatos têm cinco patas.

2. Bugs Pussy é meu gato.

3. Bugs Pussy tem cinco patas.

Essa é uma dedução perfeitamente válida. É o caso em que, se (1) e (2) são verdadeiras, então (3) deve ser verdadeira. Acontece que, nesse exemplo, (1) e (3) são falsas. Mas isso não afeta o *status* do argumento como uma dedução válida. A lógica dedutiva sozinha, então, não funciona como uma fonte de afirmações verdadeiras sobre o mundo. A dedução está relacionada com a derivação de afirmações de outras afirmações dadas.

4. *Previsão e explicação no relato indutivista*

Estamos agora em posição de entender, de um modo simples, o funcionamento das leis e teorias como dispositivos de previsão e explicação na ciência. Começarei novamente com um exemplo trivial para ilustrar o ponto. Considere o seguinte argumento:

1. Água razoavelmente pura congela a cerca de 0 °C (se for dado tempo suficiente).

30 A. F. CHALMERS

2. O radiador de meu carro contém água razoavelmente-pura.

3. Se a temperatura cair abaixo de 0 °C, a água no radiador de meu carro vai congelar (se for dado tempo suficiente).

Temos aqui um exemplo de argumento lógico válido para deduzir a previsão (3) do conhecimento científico contido na premissa (1). Se (1) e (2) são verdadeiras, (3) deve ser verdadeira. Entretanto, a verdade de (1), (2) ou (3) não é estabelecida por esta ou qualquer outra dedução. Para um indutivista, a fonte da verdade não é a lógica, mas a experiência. Nessa visão, (1) pode ser averiguada por observação direta do congelamento da água. Uma vez que (1) e (2) tenham sido estabelecidas por observação e indução, então a previsão (3) pode ser *deduzida* deles.

Exemplos menos triviais podem ser mais complicados, mas os papéis desempenhados pela observação, indução e dedução permanecem essencialmente os mesmos. Como exemplo final, considerarei o relato indutivista de como a ciência física é capaz de explicar o arco-íris.

A premissa simples (1) do exemplo anterior é substituída aqui por diversas leis que governam o comportamento da luz, a saber, as leis de reflexão e refração da luz e afirmações sobre a dependência do grau de refração sobre a cor. Esses princípios gerais são derivados da experiência por indução. Um grande número de experimentos de laboratório é realizado refletindo-se raios de luz a partir de espelhos e superfícies de água, mensurando-se ângulos de incidência e refração para os raios de luz passando do ar para a água, da água para o ar etc. sob uma ampla variedade de condições, repetindo os experimentos com luz de várias cores, e assim por diante, até que as condições necessárias para legitimar a generalização indutiva para as leis da ótica sejam satisfeitas.

A premissa (2) do exemplo anterior será também substituída por um conjunto mais complexo de afirmações. Este incluirá asserções para a consequência de que o Sol está situado em alguma posição especificada no céu em relação a um observador na Terra e de que gotas de chuva estão caindo de uma nuvem situada em alguma região específica relativa ao observador. Conjuntos de afirmações como essas, que descrevem os detalhes do cenário sob investigação, serão referidos como *condições iniciais*. Descrições de cenários experimentais podem ser exemplos típicos de condições iniciais.

Dadas as leis da ótica e as condições iniciais, é agora possível realizar deduções submetendo uma explicação da formação de um arco-íris visível ao observador. Tais deduções já não serão mais tão evidentes como em nossos exemplos anteriores e podem envolver argumentos tanto matemáticos quanto verbais. A argumentação corre, *grosso modo*, como se segue. Se admitimos que uma gota de chuva é mais ou menos esférica, então a passagem de um raio de luz através de uma gota de chuva será semelhante ao que é mostrado na Figura 2. Se um raio de luz branca incide sobre uma gota de chuva em *a*, então, se a lei da refração é verdadeira, o raio vermelho se deslocará ao longo de *ab*, e o raio azul ao longo de *ab'*. Novamente, se as leis que governam a reflexão são verdadeiras, então *ab* deve ser refletido ao longo de *bc* e *ab'* ao longo de *b'c'*. A refração em *c* e *c'* será novamente determinada pela lei da refração, de modo que um observador olhando para a gota de chuva verá os componentes vermelho e azul da luz branca separados (e também todas as outras cores do espectro). A mesma separação de cores também será tornada visível para nosso observador de qualquer gota de chuva que esteja situada numa região do céu tal que a linha, unindo a gota de chuva ao

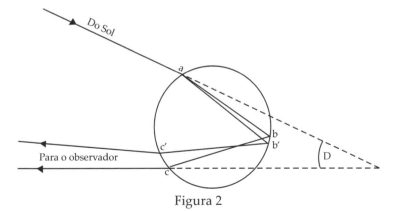

Figura 2

32 A. F. CHALMERS

Sol, faça um ângulo D com a linha que liga a gota de chuva ao observador. Considerações geométricas então levam à conclusão de que um arco colorido será visível ao observador desde que a nuvem de chuva se estenda suficientemente. Apenas esbocei a explicação do arco-íris aqui, mas já deve ser suficiente para ilustrar a forma geral do raciocínio envolvido. Dado que as leis da ótica são verdadeiras (e para o indutivista ingênuo isso pode ser estabelecido a partir da observação por indução), e dado que as condições iniciais são acuradamente descritas, então a explicação do arco-íris segue-se necessariamente. A forma geral de todas as explicações e previsões científicas pode ser assim resumida:

1. Leis e teorias.
2. Condições iniciais.
3. Previsões e explicações.

Esse é o passo mostrado no lado direito da Figura 1.

A descrição seguinte do método científico feita por um economista do século XX adapta-se estreitamente à explicação indutivista ingênua da ciência tal como a descrevi, e indica que ela não é uma posição que eu inventei apenas com o propósito de criticá-la.

> Se tentarmos imaginar como uma mente de poder e alcance sobrehumano, mas normal no que se refere aos processos lógicos de seus pensamentos,... usaria o método científico, o processo seria o seguinte: primeiro, todos os fatos seriam observados e registrados, *sem seleção* ou conjectura *a priori* quanto à sua importância relativa. Em segundo lugar, os fatos observados e registrados seriam analisados, comparados e classificados, sem *hipóteses* ou *postulados* além daqueles necessariamente envolvidos na lógica do pensamento. Em terceiro lugar, a partir dessa análise dos fatos, seriam indutivamente tiradas generalizações, bem como para as relações, classificatórias ou casuais, entre elas. Em quarto lugar, pesquisa ulterior seria dedutiva bem como indutiva, empregando inferências a partir de generalizações previamente estabelecidas.[4]

---

4. Este trecho, devido a A. B. Wolfe, está como citado por Carl G. Hempel, *Philosophy of Natural Science* (Englewood Cliffs, N. J.: Prentice-Hall, 1966), p. 11. Os itálicos estão na citação original.

INDUTIVISMO

5. *A atração do indutivismo ingênuo*

A explicação indutivista ingênua da ciência tem alguns méritos aparentes. Sua atração parece residir no fato de que ela dá uma explicação formalizada de algumas das impressões popularmente mantidas a respeito do caráter da ciência, seu poder de explicação e previsão, sua objetividade e sua confiabilidade superior comparada a outras formas de conhecimento.

Já vimos como o indutivista ingênuo justifica o poder da ciência de explicar e prever.

A objetividade da ciência indutivista deriva do fato de que tanto a observação como o raciocínio indutivo são eles mesmos objetivos. Proposições de observação podem ser averiguadas por qualquer observador pelo uso normal dos sentidos. Não é permitida a intrusão de nenhum elemento pessoal, subjetivo. A validade das proposições de observação, quando corretamente alcançada, não vai depender do gosto, da opinião, das esperanças ou expectativas do observador. O mesmo vale para o raciocínio indutivo por meio do qual o conhecimento científico é derivado a partir das proposições de observação. As induções satisfazem ou não as condições prescritas. Não é uma questão subjetiva de opinião.

A confiabilidade da ciência acompanha as afirmações do indutivista sobre a observação e a indução. As proposições de observação que formam a base da ciência são seguras e confiáveis porque sua verdade pode ser averiguada pelo uso direto dos sentidos. Além disso, a confiabilidade das proposições de observação será transmitida às leis e teorias delas derivadas, desde que as condições para as induções legítimas estejam satisfeitas. Isso é garantido pelo princípio de indução que forma a base da ciência de acordo com o indutivista ingênuo.

Já mencionei que vejo o relato indutivista ingênuo da ciência como muito errado e perigosamente enganador. Nos próximos dois capítulos, vou começar a dizer por quê. Entretanto, devo talvez deixar claro que a posição que acabo de delinear é uma forma muito extrema de indutivismo. Muitos indutivistas mais sofisticados não gostariam de ser associados com algumas das características deste indutivismo ingênuo. Não obstante, todos os indutivistas afirmariam que, na medida em que as teorias científicas podem ser justificadas, elas o são por estarem

34 A. F. CHALMERS

apoiadas indutivamente em alguma base mais ou menos segura fornecida pela experiência. Os capítulos subsequentes deste livro nos fornecerão muitas razões para duvidar dessa afirmação.

OUTRAS LEITURAS

O indutivismo ingênuo que descrevi é ingênuo demais para que filósofos lidem compassivamente com ele. Uma das tentativas clássicas mais sofisticadas para sistematizar o raciocínio indutivo é a de John Stuart Mill, *A System of Logic* (Londres: Longman, 1961). Um excelente sumário simples de visões mais modernas é *The Foundations of Scientific Inference*, de Wesley C. Salmon (Pittsburgh: Pittsburgh University Press, 1975). A extensão na qual os filósofos indutivistas estão preocupados com as bases empíricas do conhecimento e sua origem na percepção dos sentidos é bastante evidente em *The Foundations of Empirical Knowledge*, de A. J. Ayer (Londres: Macmillan, 1955). Uma boa descrição e discussão simples das posições tradicionais sobre a percepção dos sentidos é *Perception: Facts and Theories*, de C. W. K. Mundle (Oxford: Oxford University Press, 1971). Para uma visão desse ramo específico de indutivismo, eu sugiro duas coleções: *Logical Positivism*, editada por A. J. Ayer (Glencoe: Free Press, 1959) e *The Philosophy of Rudolf Carnap*, editada por P. A. Schilpp (La Salle, Illinois: Open Court, 1963). A extensão na qual o programa indutivista se tornou um programa altamente técnico é evidente em *Logical Foundations of Probability*, de R. Carnap (Chicago: University of Chicago Press, 1962).

II

O Problema da Indução

1. O princípio de indução pode ser justificado?

De acordo com o indutivista ingênuo, a ciência começa com observação, a observação fornece uma base segura sobre a qual o conhecimento científico pode ser construído, e o conhecimento científico é obtido a partir de proposições de observação por indução. Neste capítulo, a explicação indutivista da ciência será criticada lançando-se dúvida sobre a terceira dessas suposições. Será lançada dúvida sobre a validade e justificabilidade do princípio de indução. Posteriormente, no capítulo III, as duas primeiras suposições serão desafiadas e refutadas.

Minha descrição do princípio de indução diz: "Se um grande número de As foi observado sob uma ampla variedade de condições, e se todos esses As observados possuíam sem exceção a propriedade B, então todos os As possuem a propriedade B". Esse princípio, ou algo muito semelhante, é o princípio básico em que se fundamenta a ciência, se a posição indutivista ingênua for aceita. Sob essa luz, uma questão óbvia com a qual se defronta o indutivista é: "Como pode o princípio de indução ser justificado?" Isto é, se a observação nos proporciona um conjunto seguro de proposições de observação como nosso ponto de partida (uma suposição que concedemos em consideração ao argumento deste capítulo), por que é que o raciocínio *indutivo* leva a conhecimento científico confiável e talvez mesmo verdadeiro? Existem duas linhas de abordagem abertas ao indutivista na tentativa de responder a essa questão. Ele pode tentar

36   A. F. CHALMERS

justificar o princípio apelando para a lógica, um recurso que nós livremente lhe garantimos, ou pode tentar justificar o princípio apelando para a experiência, um recurso que jaz na base de toda sua abordagem da ciência. Examinemos por sua vez essas duas linhas de abordagem.

Argumentos lógicos válidos caracterizam-se pelo fato de que, se a premissa do argumento é verdadeira, então a conclusão deve ser verdadeira. Os argumentos dedutivos possuem esse caráter. O princípio de indução certamente se justificaria se argumentos indutivos também o possuíssem. Mas eles não o possuem. Os argumentos indutivos não são argumentos logicamente válidos. Não é o caso de que, se as premissas de uma inferência indutiva são verdadeiras, então a conclusão deve ser verdadeira. É possível a conclusão de um argumento indutivo ser falsa embora as premissas sejam verdadeiras e, ainda assim, não haver contradição envolvida. Suponhamos, por exemplo, que até hoje eu tenha observado uma grande quantidade de corvos sob uma ampla variedade de circunstâncias e tenha observado que todos eles são pretos e que, com base nisso, concluo: "Todos os corvos são pretos". Esta é uma inferência indutiva perfeitamente legítima. As premissas da inferência são um grande número de afirmações do tipo "Observou-se que o corvo x era preto no período p", e nós tomamos todas como sendo verdadeiras. Mas não há garantia lógica de que o próximo corvo que observarei não seja cor-de-rosa. Se for esse caso, então a conclusão "Todos os corvos são pretos" será falsa. Isto é, a inferência indutiva inicial, que era legítima uma vez que satisfazia os critérios especificados pelo princípio de indução, teria levado a uma conclusão falsa, a despeito do fato de que todas as premissas da inferência eram verdadeiras. Não há nenhuma contradição lógica em afirmar que todos os corvos observados se revelaram pretos e também que nem todos os corvos são pretos. A indução não pode ser justificada puramente em bases lógicas.

Um exemplo mais interessante embora um tanto medonho é uma elaboração da história que Bertrand Russell conta do peru indutivista. Esse peru descobrira que, em sua primeira manhã na fazenda de perus, ele fora alimentado às 9 da manhã. Contudo, sendo um bom indutivista, ele não tirou conclusões apressadas. Esperou até recolher um grande número de observações do fato de que era alimentado às 9 da manhã, e fez essas observações sob

O PROBLEMA DA INDUÇÃO   37

uma ampla variedade de circunstâncias, às quartas e quintas-feiras, em dias quentes e dias frios, em dias chuvosos e dias secos. A cada dia acrescentava uma outra proposição de observação à sua lista. Finalmente, sua consciência indutivista ficou satisfeita e ele levou a cabo uma inferência indutiva para concluir: "eu sou alimentado sempre às 9 da manhã". Mas, ai de mim, essa conclusão demonstrou ser falsa, de modo inequívoco, quando, na véspera do Natal, em vez de ser alimentado, ele foi degolado. Uma inferência indutiva com premissas verdadeiras levara a uma conclusão falsa.

O princípio de indução não pode ser justificado meramente por um apelo à lógica. Dado esse resultado, parece que o indutivista, de acordo com seu próprio ponto de vista, é agora obrigado a indicar como o princípio de indução pode ser derivado da experiência. Como seria uma tal derivação? Presumivelmente, seria semelhante a esse fato. Observou-se que a indução funciona num grande número de ocasiões. As leis da ótica, por exemplo, derivadas por indução dos resultados de experimentos de laboratório, têm sido usadas em numerosas ocasiões no projeto de instrumentos óticos, e esses instrumentos têm funcionado satisfatoriamente. Mais uma vez, as leis do movimento planetário, derivadas de observações de posições planetárias etc., têm sido empregadas com sucesso para prever a ocorrência de eclipses. Essa lista poderia ser largamente estendida com relatos de previsões e explicações bem-sucedidas tornadas possíveis por leis e teorias científicas derivadas indutivamente. Dessa maneira, o princípio da indução é justificado.

A justificação acima, da indução, é totalmente inaceitável, como demonstrou conclusivamente David Hume já em meados do século XVIII. O argumento proposto para justificar a indução é circular porque emprega o próprio tipo de argumento indutivo cuja validade está supostamente precisando de justificação. A forma de argumento de justificação é como se segue:

O princípio de indução foi bem na ocasião x_1.
O princípio de indução foi bem-sucedido na ocasião x_2 etc.
O princípio de indução é sempre bem-sucedido.

Uma afirmação universal assegurando a validade do princípio de indução é aqui inferida de várias afirmações singulares

38 A. F. CHALMERS

registrando bem-sucedidas aplicações passadas do princípio. O argumento é portanto indutivo e assim não pode ser usado para justificar o princípio de indução. Não podemos usar a indução para justificar a indução. Essa dificuldade associada à justificação da indução tem sido tradicionalmente chamada de "o problema da indução".

Parece, então, que o indutivista ingênuo impenitente está em dificuldades. A exigência extrema de que todo conhecimento deve ser obtido da experiência por indução exclui o princípio da indução básico à posição indutivista.

Além da circularidade envolvida nas tentativas de justificar o princípio da indução, como já afirmei antes, o princípio sofre de outras deficiências. Essas originam-se da vagueza e dubiedade da exigência de que um "grande número" de observações deve ser feito sob uma "ampla variedade" de circunstâncias.

Quantas observações constituem um grande número? Uma barra de metal deve ser aquecida dez vezes, cem vezes ou quantas vezes mais antes que possamos concluir que ela sempre se expande quando aquecida? Seja qual for a resposta a essa questão, pode-se produzir exemplos que lancem dúvida sobre a invariável necessidade de um grande número de observações. Para ilustrar, refiro-me à vigorosa reação pública contra as armas nucleares que se seguiu ao lançamento da primeira bomba atômica, sobre Hiroshima, perto do fim da Segunda Guerra Mundial. Essa reação baseava-se na compreensão de que as bombas atômicas causavam morte e destruição em larga escala e extremo sofrimento humano. E, no entanto, essa crença generalizada baseava-se em apenas uma dramática observação. Novamente, seria necessário um indutivista muito teimoso para botar a mão no fogo muitas vezes antes de concluir que o fogo queima. Em circunstâncias como essas, a exigência de um grande número de observações parece inadequada. Em outras situações, a exigência parece mais plausível. Por exemplo, ficaríamos justificadamente relutantes em atribuir poderes sobrenaturais a uma cartomante com base em apenas uma previsão correta. Tampouco seria justificável concluir alguma conexão causal entre fumar e câncer no pulmão sobre a evidência de que apenas um fumante inveterado contraiu a moléstia. Fica claro, penso eu, a partir desses exemplos, que, se o princípio da indução deve ser um guia para o que se estima como uma inferência científica legítima, então

O PROBLEMA DA INDUÇÃO 39

a cláusula "grande número" terá de ser determinada detalhadamente.

A posição do indutivista ingênuo é, além disso, ameaçada, quando a exigência de que as observações devem ser feitas sob uma ampla variedade de circunstâncias é examinada de perto. O que deve ser considerado uma variação significativa nas circunstâncias? Na investigação do ponto de fervura da água, por exemplo, é necessário variar a pressão, a pureza da água, o método de aquecimento e a hora do dia? A resposta às primeiras duas questões é "sim" e às duas seguintes é "não". Mas quais são as bases para essas respostas? Essa questão é importante porque a lista de variações pode ser estendida indefinidamente pelo acréscimo de uma quantidade de variações subsequentes tais como a cor do recipiente, a identidade do experimentador, a localização geográfica e assim por diante. A menos que tais variações "supérfluas" possam ser eliminadas, o número de observações necessárias para se chegar a uma inferência indutiva legítima será infinitamente grande. Então quais são as bases nas quais um grande número de variações é julgado supérfluo? Eu sugiro que a resposta seja suficientemente clara. As variações que são significativas distinguem-se das supérfluas apelando-se ao nosso *conhecimento teórico da situação* e dos tipos de mecanismos físicos em vigor. Mas, admitir isso, é admitir que a teoria joga um papel vital *antes* da observação. O indutivista ingênuo não pode se permitir fazer tal admissão. Contudo, prosseguir nisso levaria a críticas do indutivismo que reservei para o próximo capítulo. Por enquanto, simplesmente aponto que a cláusula "ampla variedade de circunstâncias" no princípio de indução coloca sérios problemas para o indutivista.

2. *O recuo para a probabilidade*

Há uma maneira razoavelmente óbvia na qual a posição indutivista extremamente ingênua, criticada na seção anterior, pode ser enfraquecida numa tentativa de enfrentar alguma crítica. Um argumento em defesa de uma posição mais fraca pode correr mais ou menos da seguinte forma.

Não podemos estar cem por cento seguros de que, só porque observamos o pôr-do-sol a cada dia em muitas ocasiões, o Sol vai se pôr todos os dias. (De fato, no Ártico e na Antártida,

40 A. F. CHALMERS

há dias em que o Sol não se põe.) Não podemos estar cem por cento seguros de que a próxima pedra atirada não "cairá" para cima. Não obstante, embora generalizações às quais se chega por induções legítimas não possam ser garantidas como perfeitamente verdadeiras, elas são *provavelmente* verdadeiras. À luz das evidências, é muito provável que o Sol sempre vai se pôr em Sidney, e que as pedras vão cair para baixo ao serem atiradas. Conhecimento científico não é conhecimento comprovado, mas representa conhecimento que é provavelmente verdadeiro. Quanto maior for o número de observações formando a base de uma indução e maior a variedade de condições sob as quais essas observações são feitas, maior será a probabilidade de que as generalizações resultantes sejam verdadeiras.

Se é adotada esta versão modificada da indução, então o princípio de indução será substituído por uma versão probabilística que dirá algo como: "Se um grande número de As foi observado sob uma ampla variedade de condições, e se todos esses As observados, sem exceção, possuíam a propriedade B, então todos os As provavelmente possuem a propriedade B". Esta reformulação não supera o problema da indução. O princípio reformulado ainda é uma afirmação universal. Ele implica, baseado em um número limitado de eventos, que todas as aplicações do princípio levarão a conclusões provavelmente verdadeiras. As tentativas de justificar a versão probabilística do princípio de indução por apelo à experiência devem sofrer da mesma deficiência das tentativas de justificar o princípio em sua forma original. A justificação vai empregar um argumento do mesmo tipo que é visto como precisando de justificação.

Mesmo que o princípio de indução em sua versão probabilística pudesse ser justificado, existem ainda problemas subsequentes que devem ser enfrentados pelo nosso indutivista mais cauteloso. Esses problemas estão associados às dificuldades encontradas quando se tenta ser preciso a respeito justamente de quão provável é uma lei ou teoria à luz de evidência especificada. Pode parecer intuitivamente plausível que, conforme aumenta o apoio observável que uma lei universal recebe, a probabilidade de ela ser verdadeira também aumenta. Mas esta intuição não resiste a um exame. Dada a teoria-padrão de probabilidade, é muito difícil construir uma justificação da indução que evite a consequência de que a probabilidade de qualquer

O PROBLEMA DA INDUÇÃO 41

afirmação universal fazendo alegações sobre o mundo é zero, qualquer que seja a evidência observável. Colocando as coisas de uma forma não-técnica, qualquer evidência observável vai consistir em um número finito de proposições de observação, enquanto uma afirmação universal reivindica um número infinito de situações possíveis. A probabilidade de a generalização universal ser verdadeira é, dessa forma, um número finito dividido por um número infinito, que permanece zero por mais que o número finito de proposições de observação, que constituem a evidência, tenha crescido.

Esse problema, associado às tentativas de atribuir probabilidades a leis e teorias científicas à luz da evidência dada, originou um programa de pesquisa técnica detalhado que tem sido tenazmente desenvolvido pelos indutivistas nas últimas décadas. Têm sido elaboradas linguagens artificiais pelas quais é possível atribuir probabilidades únicas não-zero a generalizações, mas as linguagens são tão restritas que não contêm generalizações universais. Elas estão bem afastadas da linguagem da ciência.

Outra tentativa de salvar o programa indutivista envolve a desistência da ideia de atribuir probabilidades a leis e teorias científicas. Em vez disso, a atenção é dirigida para a probabilidade de previsões individuais estarem corretas. De acordo com esta abordagem, o objeto da ciência é, por exemplo, medir a probabilidade de o Sol nascer amanhã em vez da probabilidade de que ele sempre nascerá. Espera-se que a ciência seja capaz de fornecer uma garantia de que uma determinada ponte vai suportar tensões variadas e não cair, mas não que todas as pontes daquele tipo serão satisfatórias. Foram desenvolvidos alguns sistemas nessa linha permitindo a atribuição de probabilidades não-zero a previsões individuais. Mencionaremos aqui duas críticas a eles. Primeiro, a noção de que a ciência está relacionada com a produção de um conjunto de previsões individuais em vez de produção de *conhecimento* na forma de um complexo de afirmações gerais é, para dizer o mínimo, anti-intuitiva. Em segundo lugar, mesmo quando a atenção é restrita a previsões individuais, pode-se argumentar que as teorias científicas, e portanto as afirmações universais, estão inevitavelmente envolvidas na estimativa da probabilidade de uma previsão ser bem-sucedida. Por exemplo, num sentido intuitivo, não-técnico

42 A. F. CHALMERS

de "provável", podemos estar preparados para afirmar que é provável até certo grau que um fumante inveterado vá morrer de câncer no pulmão. A evidência que apoia a afirmação seriam presumivelmente os dados estatísticos disponíveis. Mas esta probabilidade intuitiva será significativamente aumentada se houver uma teoria plausível e bem apoiada disponível que demonstre uma conexão causal entre o tabagismo e o câncer pulmonar. Da mesma forma, estimativas da probabilidade de que o Sol nascerá amanhã aumentarão, uma vez que o conhecimento das leis que governam o comportamento do sistema solar seja levado em consideração. Mas essa dependência da probabilidade de exatidão de previsões às teorias e leis universais solapa a tentativa dos indutivistas de atribuir probabilidades não-zero às previsões individuais. Uma vez que afirmações universais estejam envolvidas de uma maneira significativa, as probabilidades da exatidão das previsões individuais ameaçam ser zero novamente.

3. *Respostas possíveis ao problema da indução*

Diante do problema da indução e dos problemas relacionados, os indutivistas têm passado de uma dificuldade para outra em suas tentativas de construir a ciência como um conjunto de afirmações que podem ser estabelecidas como verdadeiras à luz da evidência dada. Cada manobra em sua ação de retaguarda os têm afastado ainda mais das noções intuitivas sobre esse empreendimento excitante conhecido como ciência. Seus programas técnicos levaram a avanços interessantes dentro da teoria da probabilidade, mas nenhum novo *insight* foi acrescentado sobre a natureza da ciência. Seu programa degenerou.

Há várias respostas possíveis ao problema da indução. Uma delas é a cética. Podemos aceitar que a ciência se baseia na indução e aceitar também a demonstração de Hume de que a indução não pode ser justificada por apelo à lógica ou à experiência, e concluir que a ciência não pode ser justificada racionalmente. O próprio Hume adotou uma posição desse tipo. Ele sustentava que crenças em leis e teorias nada mais são que hábitos psicológicos que adquirimos como resultado de repetições das observações relevantes.

O PROBLEMA DA INDUÇÃO 43

Uma segunda resposta é enfraquecer a exigência indutivista de que todo o conhecimento não-lógico deve ser derivado da experiência e argumentar pela racionalidade do princípio da indução sobre alguma outra base. Entretanto, ver o princípio de indução, ou algo semelhante, como "óbvio" não é aceitável. O que vemos como óbvio depende demais de nossa educação, nossos preconceitos e nossa cultura para ser um guia confiável para o que é razoável. Para muitas culturas, em vários estágios na história, era óbvio que a Terra era achatada. Antes da revolução científica de Galileu e Newton, era óbvio que se um objeto devia se mover, ele precisava de uma força ou causa de algum tipo para fazê-lo mover-se. Isso pode ser óbvio para alguns leitores deste livro carentes de uma instrução em física, e no entanto é falso. Se o princípio de indução deve ser defendido como razoável, algum argumento mais sofisticado do que um apelo à sua obviedade deve ser oferecido.

Uma terceira resposta ao problema da indução envolve a negação de que a ciência se baseie em indução. O problema da indução será evitado se pudermos estabelecer que a ciência não envolve indução. Os falsificacionistas, notadamente Karl Popper, tentam fazer isso. Discutiremos essas tentativas mais detalhadamente nos capítulos, IV, V e VI.

Nesse capítulo, soei demais como filósofo. No próximo capítulo, passo para uma crítica do indutivismo mais interessante, mais vigorosa e mais frutífera.

OUTRAS LEITURAS

A fonte histórica do problema da indução em Hume é a Parte 3 de D. Hume, *Treatise on Human Nature* (Londres: Dent, 1939). Outra discussão clássica do problema é o Capítulo 6 de B. Russell, *Problems of Philosophy* (Oxford: Oxford University Press, 1912). Uma investigação e discussão bastante minuciosa e técnica das consequências do argumento de Hume por um simpatizante do indutivismo é D. C. Stove, *Probability and Hume's Inductive Scepticism* (Oxford: Oxford University Press, 1973). A reivindicação de Popper de ter resolvido o problema da indução é resumida em K. R. Popper, "Conjectural Knowledge: My Solution to the Problem of *Induction*", em seu *Objective Knowledge* (Oxford: Oxford University Press, 1972), Cap. 1. Uma crítica da posição de Popper do ponto de vista de um simpatizante do falsificacionismo é I.

44 A. F. CHALMERS

Lakatos, "Popper on Demarcation and Induction", em *The Philosophy of Karl R. Popper*, ed. P. A. Schilpp (La Salle, Illinois: Open Court, 1974), pp. 241-273. Lakatos escreveu uma provocante história do desenvolvimento do programa indutivista em seu "Changes in the Problem of Inductive Logic", em *The Problem of Inductive Logic*, ed. I. Lakatos (Amsterdã: North Holland Publishing Co., 1968), pp. 315-417. Críticas do indutivismo de um ponto de vista diferente do adotado nesse livro estão na clássico P. Duhem, *The Aim and Structure of Physical Theory* (Nova York: Atheneum, 1962).

III

A Dependência que a Observação tem da teoria

Vimos que, de acordo com nosso indutivista ingênuo, a observação cuidadosa e sem preconceitos produz uma base segura da qual pode ser obtida provavelmente verdade ou conhecimento científico. No capítulo anterior, esta posição foi criticada apontando-se as dificuldades existentes em qualquer tentativa de justificar o raciocínio indutivo envolvido na obtenção de leis e teorias científicas a partir da observação. Alguns exemplos sugeriam que há base positiva para suspeitar da pretensa confiabilidade do raciocínio indutivo. Não obstante, esses argumentos não constituem uma refutação definitiva do indutivismo, especialmente quando se considera que muitas teorias rivais da ciência enfrentam uma dificuldade similar, a ele relacionada.[1] Neste capítulo, é desenvolvida uma objeção mais séria à posição indutivista envolvendo uma crítica, não das induções pelas quais o conhecimento científico deve ser supostamente obtido a partir da observação, mas das suposições do indutivista relativas ao *status* e ao papel da própria observação.

Existem duas suposições importantes envolvidas na posição indutivista ingênua em relação à observação. Uma é que *a ciência começa com a observação*. A outra é que *a observação produz uma base segura* da qual o conhecimento pode ser derivado. Neste capítulo, essas duas suposições serão criticadas de várias maneiras e rejeitadas por várias razões. Mas, antes de tudo, vou

---

1. Ver capítulo XII, seção 4.

46 A. F. CHALMERS

esboçar uma explicação da observação que acredito ser comumente mantida nos tempos modernos, e que dá plausibilidade à posição indutivista ingênua.

1. Uma explicação popular de observação

Em parte porque o sentido da visão é o sentido mais extensivamente usado na prática da ciência, e em parte por conveniência, restringirei minha discussão de observação ao domínio da visão. Na maioria dos casos, não será difícil ver como o argumento apresentado poderia ser reconstruído de maneira a ser aplicável à observação via os outros sentidos. Uma explicação simples, popular, da visão poderia ser a seguinte. Os seres humanos veem usando seus olhos. Os componentes mais importantes do olho humano são as lentes e a retina, esta funcionando como uma tela sobre a qual se formam para o olho as imagens de objetos externos. Raios de luz a partir de um objeto visto passam deste para a lente via o meio intermediário. Esses raios são refratados pelo material da lente e, portanto, postos em foco na retina, formando assim uma imagem do objeto visto. Assim, o funcionamento do olho é muito semelhante ao de uma câmera. Uma grande diferença está na maneira como a imagem final é registrada. Os nervos óticos passam da retina para o córtex central do cérebro. Eles transportam a informação relativa à luz que incide sobre as várias regiões da retina. É o registro dessa informação pelo cérebro humano que corresponde à visão do objeto pelo observador humano. Muitos detalhes poderiam ser acrescentados a essa descrição simples, mas o relato oferecido capta a ideia geral.

Dois pontos são fortemente sugeridos pelo esboço que se segue da observação via sentido da visão, que são pontos-chave para o indutivista. O primeiro é que um observador humano tem acesso mais ou menos direto a algumas propriedades do mundo externo à medida que essas propriedades são registradas pelo cérebro no ato da visão. O segundo é que dois observadores normais vendo o mesmo objeto ou cena do mesmo lugar "verão" a mesma coisa. Uma combinação idêntica de raios de luz vai atingir o olho de cada observador, vai ser focada em suas retinas normais pelas suas lentes normais e produzirá imagens similares. Informação similar vai então alcançar o cérebro de cada observador via seus nervos óticos normais, e daí podermos concluir que os dois observadores "veem" a mesma coisa. Esses dois pontos serão diretamente atacados na seção seguinte. As seções posteriores lançarão dúvidas subsequentes e mais importantes sobre a adequação da postura indutiva sobre observação.

2. *Experiências visuais não determinadas pelas imagens sobre a retina*

Há uma vasta quantidade de evidência para indicar que não é exatamente o caso que a experiência sofrida pelos observadores ao verem um objeto seja determinada somente pela informação, na forma de raios de luz, penetrando os olhos do observador, e tampouco seja determinada unicamente pelas imagens sobre as retinas de um observador. Dois observadores normais vendo o mesmo objeto do mesmo lugar sob as mesmas circunstâncias físicas não têm necessariamente experiências visuais idênticas, mesmo considerando-se que as imagens em suas respectivas retinas possam ser virtualmente idênticas. Há um importante sentido no qual os dois observadores não "veem" necessariamente a mesma coisa. Como diz N. R. Hanson, "Há mais coisas no ato de enxergar que o que chega aos olhos". Alguns exemplos simples ilustrarão isso.

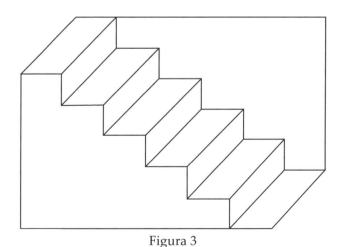

Figura 3

48   A. F. CHALMERS

A maioria de nós, ao olhar pela primeira vez a Figura 3, vê
o desenho de uma escada com a superfície superior dos degraus
visível. Mas esta não é a única maneira que ela pode ser vista.
Ela pode, sem dificuldade, ser vista também como uma escada
com a superfície inferior dos degraus visível. Além disso, se
olhamos para a figura por algum tempo, em geral descobrimos,
involuntariamente, que o que se vê muda frequentemente de
uma escada vista de cima para uma escada vista de baixo e de
volta novamente. E, no entanto, parece razoável supor que, na
medida em que ela permanece o mesmo objeto visto pelo observador, as imagens na retina não mudam. Se a figura é tida
como uma escada vista de cima ou uma escada vista de baixo
parece depender de algo além da imagem na retina do observador. Suspeito que nenhum leitor deste livro questionou minha
afirmação de que a Figura 3 parece uma escada de algum tipo.
Contudo, os resultados de experimentos com membros de várias
tribos africanas cuja cultura não inclui o costume de representar
objetos tridimensionais por desenhos em perspectiva bidimensional indicam que os membros dessas tribos não teriam visto a
Figura 3 como uma escada, mas como um arranjo bidimensional
de linhas. Presumo que a natureza das imagens formadas nas
retinas dos observadores seja relativamente independente de
sua cultura. Além disso, parece seguir-se que as experiências
perceptivas que os observadores têm no ato de ver não são determinadas unicamente pelas imagens sobre suas retinas. Esse
ponto foi colocado e ilustrado com vários exemplos por Hanson.[2]

O que um observador vê, isto é, a experiência visual que
um observador tem ao ver um objeto, depende em parte de sua
experiência passada, de seu conhecimento e de suas expectativas. Eis aqui dois exemplos simples para ilustrar esse ponto.

Num experimento bem conhecido, mostraram-se às pessoas cartas de baralho por uma pequena duração de tempo e se
lhes pediu que as identificassem. Quando um baralho normal
foi utilizado, as pessoas foram capazes de realizar essa tarefa bastante satisfatoriamente. Mas quando foram introduzidas
cartas anômalas, tais como um ás de espadas vermelho, então,
no início, quase todas as pessoas começaram por identificar tais

---

2. N. R. Hanson, *Patterns of Discovery* (Cambridge: Cambridge University Press,
1958), capítulo I.

A DEPENDÊNCIA QUE A OBSERVAÇÃO TEM DA TEORIA   49

cartas incorretamente como alguma carta normal. Elas viam um ás de espadas vermelho como um ás de ouros normal ou um ás de espadas normal. As impressões subjetivas experimentadas pelos observadores foram influenciadas pelas suas expectativas. Quando, após um período de confusão, as pessoas começaram a se dar conta ou foram informadas de que havia cartas anômalas no baralho, elas então não tiveram problema em identificar corretamente todas as cartas que lhes eram mostradas, anômalas ou não. A mudança em seu conhecimento e expectativas foi acompanhada por uma mudança no que elas viam, embora ainda estivessem vendo os mesmos objetos físicos.

Outro exemplo é proporcionado por um quebra-cabeça infantil que consiste em achar o desenho de um rosto humano no meio da folhagem de uma árvore desenhada. Nesse caso, o que é visto, isto é, a impressão subjetiva vivenciada por uma pessoa vendo o desenho, primeiro corresponde a uma árvore, com tronco, folhas, galhos. Mas isso muda uma vez que o rosto humano tenha sido detectado. O que tinha sido visto antes como folhagem e partes de galhos é visto agora como um rosto humano. Novamente, o mesmo objeto físico era visto antes e depois da solução do quebra-cabeça, e presumivelmente a imagem sobre a retina do observador não mudou no momento em que a solução foi encontrada e o rosto descoberto. E se o desenho for visto posteriormente, o rosto poderá ser facilmente visto de novo por um observador que já resolveu o quebra-cabeça. Nesse exemplo, o que um observador vê é afetado pelo seu conhecimento e experiência.

"O que", pode ser sugerido, "têm esses exemplos inventados a ver com a ciência?" Em resposta, não é difícil produzir exemplos da prática da ciência que ilustram o mesmo ponto, a saber, que o que os observadores veem, as experiências subjetivas que eles vivenciam ao verem um objeto ou cena, não é determinado apenas pelas imagens sobre suas retinas, mas depende também da experiência, das expectativas e do estado geral interior do observador. É necessário aprender como ver adequadamente através de um telescópio ou microscópio, e o arranjo desestruturado de padrões brilhantes e escuros que o iniciante observa é diferente do espécime ou cena detalhada que o observador treinado pode discernir. Algo desse tipo deve ter ocorrido quando Galileu introduziu pela primeira vez

50 A. F. CHALMERS

o telescópio como um instrumento para explorar os céus. As restrições que os oponentes de Galileu tiveram em aceitar fenômenos tais como as luas de Júpiter, que Galileu aprendera a ver, devem ter sido motivadas em parte não pelo preconceito, mas pelas dificuldades genuínas encontradas no processo de aprender a "ver" através do que eram, afinal, telescópios muito rudimentares. Na passagem que se segue, Michael Polanyi descreve as mudanças na experiência perceptiva de um estudante de medicina quando ele aprende a fazer um diagnóstico por meio do exame de uma chapa de raios X.

Pense num estudante de medicina fazendo um curso de diagnósticos de doenças pulmonares por raios X. Ele vê, numa sala escura, traços sombreados sobre uma tela fluorescente colocada contra o peito de um paciente, e ouve o radiologista comentando com seus assistentes, em linguagem técnica, as características significativas dessas sombras. Primeiramente, o estudante fica completamente intrigado. Pois ele consegue ver no quadro de raios X de um peito apenas as sombras do coração e das costelas, com umas poucas nódoas entre elas. Os peritos parecem estar romanceando sobre invenções de suas imaginações; ele não consegue ver nada do que estão falando. Então, conforme continua ouvindo durante algumas semanas, olhando cuidadosamente os quadros sempre novos de casos diferentes, uma certa compreensão vai ocorrendo; ele vai gradualmente esquecendo as costelas e começando a ver os pulmões. E, eventualmente, se perseverar com inteligência, um rico panorama de detalhes significativos lhe será revelado: de variações fisiológicas e mudanças patológicas, de cicatrizes, de infecções crônicas e sinais de moléstia aguda. Ele entrou num mundo novo. Ainda vê apenas uma fração do que os peritos podem ver, mas os quadros estão agora definitivamente fazendo sentido, assim como a maioria dos comentários feitos sobre eles.[3]

Uma resposta comum à afirmação que estou fazendo sobre a observação, apoiada pelos tipos de exemplos que utilizei, é que observadores vendo a mesma cena do mesmo lugar veem a mesma coisa mas interpretam o que veem diferentemente. Gostaria de questionar essa ideia. Na medida em que se trata da percepção, a única coisa com a qual um observador tem contato

---

3. M. Polanyi, *Personal Knowledge* (Londres: Routledge and Kegan Paul, 1973), p. 101.

A DEPENDÊNCIA QUE A OBSERVAÇÃO TEM DA TEORIA   51

direto e imediato são suas experiências. Essas experiências não são dadas como únicas e imutáveis mas variam com as expectativas e conhecimento do observador. O que é dado unicamente pela situação física é a imagem sobre a retina de um observador, mas um observador não tem contato perceptivo direto com essa imagem. Quando o indutivista ingênuo e muitos outros empiristas supõem que algo único nos é fornecido pela experiência e que pode ser interpretado de várias maneiras, eles estão supondo, sem argumento e a despeito de muitas provas em contrário, alguma correspondência entre as imagens sobre nossas retinas e as experiências subjetivas que temos quando vemos. Eles estão levando longe demais a analogia da câmera.

Dito isso, tentarei deixar claro o que eu *não* estou afirmando nesta seção, para não pensarem que argumento mais do que pretendo. Em primeiro lugar, certamente não estou afirmando que as causas físicas das imagens sobre nossas retinas nada têm a ver com o que vemos. Não podemos ver apenas o que nos agrada. Entretanto, embora as imagens sobre nossas retinas façam parte da causa do que vemos, uma outra parte muito importante da causa é constituída pelo estado interior de nossas mentes ou cérebros, que vai claramente depender de nossa formação cultural, conhecimento, expectativas etc. e não será determinado apenas pelas propriedades físicas de nossos olhos e da cena observada. Em segundo lugar, sob uma ampla variedade de circunstâncias, o que vemos em várias situações permanece razoavelmente estável. A dependência do que vemos em relação ao estado de nossas mentes ou cérebros não chega a ser sensível a ponto de tornar a comunicação e a ciência impossíveis. Em terceiro lugar, em todos os exemplos aqui citados, há um sentido no qual todos os observadores veem a mesma coisa. Eu aceito, e pressuponho ao longo deste livro, que um único mundo físico existe independente de observadores. Portanto, quando diversos observadores olham para um quadro, uma máquina, um *slide* de microscópio ou o que quer que seja, há um sentido no qual todos eles estão "diante de", "olhando para" e, assim, "vendo" a mesma coisa. Mas não podemos concluir que eles tenham experiências perceptivas idênticas. Há um sentido muito importante no qual eles não veem a mesma coisa e é sobre este último sentido que minha crítica da posição indutivista tem se baseado.

52 A. F. CHALMERS

3. *As proposições de observação pressupõem teoria*

Mesmo se houvesse alguma experiência única dada a todos os observadores em percepção, restariam ainda algumas objeções importantes à suposição indutivista relativa às observações. Nesta seção, focamos a atenção sobre as *proposições* de observação baseadas e alegadamente justificadas pelas experiências perceptivas dos observadores que fazem as afirmações. De acordo com a explicação indutivista da ciência, a base segura sobre a qual as leis e teorias que constituem a ciência se edificam é constituída de proposições de observações públicas e não de experiências subjetivas, privadas, de observadores individuais. Claramente, as observações feitas por Darwin durante sua viagem no *Beagle*, por exemplo, teriam sido inconsequentes para a ciência se tivessem permanecido experiências privadas de Darwin. Elas se tornaram relevantes para a ciência apenas quando foram formuladas e comunicadas como proposições de observação possíveis de serem utilizadas e criticadas por outros cientistas. A explicação indutivista requer a derivação de *afirmações* universais a partir de *afirmações* singulares, por indução. O raciocínio indutivo, bem como o dedutivo, envolve o relacionamento entre vários conjuntos de afirmações, e não relacionamentos entre afirmações por um lado e experiências perceptivas por outro.

Podemos supor que experiências perceptivas de algum tipo são diretamente acessíveis a um observador, mas proposições de observação certamente não o são. Essas são entidades públicas, formuladas numa linguagem pública, envolvendo teorias de vários graus de generalidade e sofisticação. Uma vez que a atenção é focada sobre as proposições de observação como formando a base segura alegada para a ciência, pode-se ver que, contrariamente à reivindicação do indutivista, algum tipo de teoria deve preceder todas as proposições de observação e elas são tão sujeitas a falhas quanto as teorias que pressupõem.

Proposições de observação devem ser feitas na linguagem de alguma teoria, embora vaga. Considere-se a sentença simples em linguagem de senso comum: "Cuidado, o vento está soprando o carrinho do bebê em direção ao precipício!". Muita teoria de baixo nível é pressuposta aqui. Está implicado que existe algo como o vento, que tem a propriedade de ser capaz de causar o movimento de objetos tais como carrinhos de bebê num

A DEPENDÊNCIA QUE A OBSERVAÇÃO TEM DA TEORIA   53

determinado percurso. A sensação de urgência transmitida pelo "cuidado" indica a expectativa de que o carrinho com o bebê vai despencar precipício abaixo e talvez seja lançado contra as rochas lá embaixo e é assumido, além disso, que será deletério para o bebê. Da mesma forma, quando alguém acorda cedo precisando urgentemente de café e reclama: "Não há gás", supõe-se que há substâncias no mundo que podem ser agrupadas sob o conceito "gás", e que algumas delas, ao menos, inflamam-se. É preciso considerar também que o conceito "gás" nem sempre foi disponível. Ele não existia até meados do século XVIII, quando Joseph Black pela primeira vez preparou dióxido de carbono. Antes disso, todos os "gases" eram considerados amostras mais ou menos puras de ar.[4] Quando avançamos em direção a afirmações do tipo das que ocorrem na ciência, os pressupostos teóricos tornam-se menos lugares-comuns e mais óbvios. Não é preciso muita argumentação para demonstrar que há teoria considerável pressuposta na asserção: "O facho eletrônico foi repelido pelo polo norte de magneto", ou pelo diagnóstico de um psiquiatra dos sintomas de abstinência de um paciente.

Proposições de observação, então, são sempre feitas na linguagem de alguma teoria e serão tão precisas quanto a estrutura teórica ou conceitual que utilizam. O conceito "força", como é usado na física, é preciso porque adquire seu significado do papel estrito que desempenha, numa teoria relativamente autônoma, a mecânica newtoniana. O uso da mesma palavra na linguagem cotidiana (a força das circunstâncias, a força da tempestade, a força de um argumento etc.) é impreciso exatamente porque as teorias correspondentes são variadas e imprecisas. Teorias precisas, claramente formuladas, são um pré-requisito para proposições de observação precisas. Nesse sentido, as teorias precedem a observação.

As afirmações acima sobre a prioridade da teoria sobre a observação contrariam a tese indutivista de que os significados de muitos conceitos básicos são adquiridos por meio de observação. Consideremos, por exemplo, o conceito simples "vermelho". Um relato indutivista poderia ser, *grosso modo*, o seguinte. De todas as experiências perceptivas de um observador vindas

---

4. Ver T. S. Kuhn, *The Structure of Scientific Revolutions* (Chicago: University of Chicago Press, 1970), p. 70.

54 A. F. CHALMERS

do sentido da visão, um certo conjunto delas (aquelas correspondentes às experiências perceptivas vindas da visão de objetos vermelhos) terá algo em comum. O observador, pelo exame do conjunto, é de alguma forma capaz de discernir o elemento comum nessas percepções, e de compreender esse elemento comum como vermelhidão. Dessa forma, o conceito "vermelho" é alcançado por meio da observação. Essa explicação contém uma falha séria. Ela supõe que, de toda a infinidade de experiências perceptivas vivenciadas por um observador, o conjunto delas vindo da visão de coisas vermelhas é de alguma forma disponível ao exame. Mas esse conjunto não seleciona a si mesmo. Qual é o critério segundo o qual algumas experiências perceptivas estão incluídas no conjunto e outras estão excluídas? O critério, é claro, é o de que apenas percepções de objetos *vermelhos* estão incluídas no conjunto. O relato pressupõe o próprio conceito, vermelhidão, cuja aquisição ele pretende explicar. Não é uma defesa adequada da posição indutivista salientar que pais e professores selecionam um conjunto de objetos vermelhos ao ensinarem as crianças a compreenderem o conceito "vermelho", pois o que nos interessa é como o conceito adquiriu primeiramente seu significado. A afirmação de que o conceito "vermelho" ou qualquer outro conceito seja derivado única e exclusivamente da experiência é falsa.

Até aqui nesta seção o relato indutivista ingênuo da ciência foi solapado amplamente pelo argumento de que as teorias devem preceder as proposições de observação, então é falso afirmar que a ciência começa pela observação. Vamos passar agora para uma segunda maneira na qual o indutivismo é solapado. As proposições de observação são tão sujeitas a falhas quanto as teorias que elas pressupõem e, portanto, não constituem uma base completamente segura para a construção de leis e teorias científicas.

Isso será ilustrado, em primeiro lugar, com alguns exemplos simples, porém planejados, passando-se, em seguida, a indicar a relevância deste ponto para a ciência citando alguns de seus exemplos e de sua história.

Considere-se a afirmação: "Eis um pedaço de giz", enunciada por um professor ao indicar um pequeno cilindro branco em frente do quadro-negro. Mesmo esta básica proposição de observação envolve teoria e está sujeita a falhas. Alguma

A DEPENDÊNCIA QUE A OBSERVAÇÃO TEM DA TEORIA

generalização de nível baixo, tal como "Cilindros brancos encontrados em salas de aula próximos a quadros-negros são pedaços de giz", está suposta. E, é claro, esta generalização não é necessariamente verdadeira. O professor em nosso exemplo pode estar errado. O cilindro branco em questão pode não ser um pedaço de giz mas uma falsificação cuidadosamente elaborada colocada lá por um aluno em busca de divertimento. O professor, ou alguém mais, poderia tomar medidas para testar a verdade da afirmação "Eis um pedaço de giz", mas é significativo que, quanto mais rigoroso for o teste, mais se apelará à teoria, e, além *disso,* a certeza absoluta nunca é alcançada. Por exemplo, ao ser questionado, o professor pode passar o cilindro branco ao longo do quadro-negro, apontar o traço branco resultante e declarar: "Aí está, ele *é* um pedaço de giz". Isso envolve a suposição "O giz deixa traços brancos quando é passado no quadro-negro". A demonstração do professor pode ser contestada pela réplica de que outras coisas, além do giz, deixam traços brancos no quadro-negro. Talvez, depois de outros movimentos do professor, tais como esfarelar o giz, sendo contestado de maneira similar, o professor possa recorrer à análise química. O giz é em grande parte carbonato de cálcio, ele argumenta, e, portanto, deve produzir dióxido de carbono se for imerso num ácido. Ele realiza o teste e demonstra que o gás derivado é dióxido de carbono mostrando que ele torna a água de cal leitosa. Cada estágio nesta série de tentativas de consolidar a validade da proposição de observação "Eis aqui um pedaço de giz" envolve um apelo não só a proposições de observação ulteriores mas também a generalizações mais teóricas. O teste que forneceu o ponto de sustentação em nossa série envolveu uma certa quantidade de teoria química (o efeito dos ácidos nos carbonatos, o efeito peculiar do dióxido de carbono sobre a água de cal). No sentido de estabelecer a validade de uma proposição de observação, então, é necessário apelar à teoria, e quanto mais firmemente a validade for estabelecida, mais extensivo será o conhecimento teórico empregado. Tal proposição está em contraste direto com o que poderíamos esperar que se seguisse de acordo com a visão indutivista, a saber, que no sentido de estabelecer a verdade de alguma proposição de observação problemática apelássemos a proposições de observação mais seguras e, talvez, a leis delas obtidas indutivamente, mas não à teoria.

56 A. F. CHALMERS

Na linguagem cotidiana, é frequente o caso de uma "proposição de observação" aparentemente não-problemática revelar-se falsa quando uma expectativa é desapontada, devido à falsidade de alguma teoria pressuposta na asserção da proposição de observação. Por exemplo, alguns participantes de um piquenique no topo de uma alta montanha, dirigindo seus olhares à fogueira, podem observar: "A água está suficientemente quente para fazer o chá". E descobrir então que infelizmente estavam errados ao experimentarem a bebida resultante. A teoria, erroneamente suposta, foi a de que água fervente é quente o suficiente para se fazer chá. Isso não é necessariamente o caso para água fervente sob as pressões baixas experimentadas em grandes altitudes.

Eis aqui alguns exemplos menos planejados e mais úteis para nossa tentativa de compreender a natureza da ciência.

Na época de Copérnico (antes da invenção do telescópio), foram feitas cuidadosas observações sobre o tamanho de Vênus. A afirmação "Vênus, conforme visto da Terra, não muda apreciavelmente de tamanho durante o passar do ano" era geralmente aceita por todos os astrônomos, tanto copernicanos como não-copernicanos, com base naquelas observações. Andreas Osiander, um contemporâneo de Copérnico, referiu-se à previsão de que Vênus deveria parecer mudar de tamanho durante o ano como "um resultado contradito pela experiência de todas as épocas".[5] A observação foi aceita a despeito de sua inconveniência, uma vez que a teoria copernicana bem como algumas de suas rivais previam que Vênus deveria parecer mudar apreciavelmente de tamanho no decorrer do ano. Contudo, a afirmação é agora considerada falsa. Ela pressupõe a falsa teoria de que o tamanho de pequenas fontes de luz é calculado acuradamente a olho nu. A teoria moderna pode oferecer alguma explicação de por que estimativas a olho nu do tamanho de pequenas fontes de luz serão enganosas e por que observações telescópicas, que mostram o tamanho aparente de Vênus variando consideravelmente no decorrer do ano, devem ser preferidas. Esse exemplo ilustra claramente como as proposições de observação dependem da teoria e portanto são sujeitas a falhas.

---

5. E. Rosen, *Three Copernican Treatises* (Nova York: Dover, 1959), p. 25.

A DEPENDÊNCIA QUE A OBSERVAÇÃO TEM DA TEORIA 57

Um segundo exemplo diz respeito à eletrostática. Os primeiros experimentadores nesse campo registraram observações de bastões eletrificados tornando-se viscosos, evidenciadas por pequenos pedaços de papel grudando-se neles, e pelo ricocheteio de um corpo eletrificado a partir do outro. De um ponto de vista moderno, esses registros de observações estavam equivocados. As concepções falsas que facilitaram essas observações seriam atualmente substituídas pelas noções de forças de atração e repulsão atuando à distância, levando a registros de observação completamente diferentes.

Finalmente, numa veia mais ligeira, cientistas modernos não teriam dificuldade em expor a falsidade de um apontamento no honesto livro de anotações de Kepler, seguindo observações através de um telescópio galileano, onde consta: "Marte é quadrado e intensamente colorido".[6]

Nesta seção, tenho argumentado que o indutivista está errado em duas considerações. A ciência não começa com proposições de observação porque algum tipo de teoria as precede; as proposições de observação não constituem uma base firme na qual o conhecimento científico possa ser fundamentado porque são sujeitas a falhas. Contudo, não quero afirmar que as proposições de observação não deveriam ter papel algum na ciência. Não estou recomendando que todas elas devam ser descartadas por serem falíveis. Estou simplesmente argumentando que o papel que os indutivistas atribuem às proposições de observação na ciência é incorreto.

4. *Observação e experimento orientam-se pela teoria*

De acordo com o mais ingênuo dos indutivistas, a base do conhecimento científico é fornecida pelas observações feitas por um observador despreconceituoso e imparcial.[7] Se for interpretada literalmente, esta posição é absurda e insustentável. Para ilustrar, imaginemos Heinrich Hertz, em 1888, realizando o experimento elétrico que lhe possibilitou produzir e detectar ondas de rádio pela primeira vez. Se ele deve estar totalmente

---

6. P. K. Feyerabend, *Against Method: Outline of an Anarchistic Theory of Knowledge* (Londres: New Left Books, 1975), p. 126.

7. Ver, por exemplo, a citação na p. 33.

58   A. F. CHALMERS

livre de preconceitos ao fazer suas observações, então será obrigado a registrar não apenas as leituras nos vários medidores, a presença ou ausência de faíscas nos vários locais críticos nos circuitos elétricos, as dimensões do circuito etc., mas também a cor dos medidores, as dimensões do laboratório, a meteorologia, o tamanho de seus sapatos e todo um elenco de detalhes "claramente irrelevantes", isto é, irrelevantes para o tipo de teoria na qual Hertz estava interessado e que estava testando. (Nesse caso particular Hertz testava a teoria eletromagnética de Maxwell para ver se ele podia produzir as ondas de rádio previstas por aquela teoria.) Como um segundo exemplo hipotético, suponhamos que eu estivesse próximo a fazer alguma contribuição à fisiologia ou à anatomia humana, e suponhamos que eu tenha observado que muito pouca coisa tem sido feita em relação ao estudo do peso dos lóbulos das orelhas humanas. Se, com base nisso, eu passasse a fazer observações muito cuidadosas sobre o peso de uma ampla variedade de lóbulos de orelhas humanas, registrando e categorizando as diversas observações, penso que esteja claro que eu não estaria fazendo nenhuma contribuição importante à ciência. Eu estaria desperdiçando meu tempo, a menos que alguma teoria tivesse sido proposta tornando importante o peso dos lóbulos da orelha, como uma teoria, por exemplo, que relacionasse de alguma maneira o tamanho dos lóbulos à incidência de câncer.

Os exemplos acima ilustram um importante sentido no qual as teorias precedem a observação na ciência. Observações e experimentos são realizados no sentido de testar ou lançar luz sobre alguma teoria, e apenas aquelas observações consideradas relevantes devem ser registradas. Entretanto, uma vez que as teorias que constituem nosso conhecimento científico são falíveis e incompletas, a orientação que elas oferecem, como, por exemplo, as observações relevantes para algum fenômeno sob investigação, podem ser enganosas e podem resultar no descuido com alguns importantes fatores. O experimento de Hertz acima mencionado fornece um bom exemplo. Um dos fatores que mencionei como "claramente irrelevante" era na verdade muito relevante. Era uma consequência da teoria em teste que as ondas de rádio devessem ter uma velocidade igual à velocidade da luz. Quando Hertz mensurou a velocidade de suas ondas de rádio, descobriu repetidas vezes que suas velocidades eram

A DEPENDÊNCIA QUE A OBSERVAÇÃO TEM DA TEORIA   59

significativamente diferentes da velocidade da luz. Ele nunca foi capaz de resolver o problema. Apenas depois de sua morte que a origem do problema foi realmente compreendida. As ondas de rádio emitidas por seu aparelho estavam sendo refletidas das paredes do laboratório de volta ao aparelho, interferindo em suas mensurações. As dimensões do laboratório revelaram-se muito relevantes. As teorias falíveis e incompletas que constituem o conhecimento científico podem, portanto, dar orientação falsa a um observador. Mas esse problema deve ser enfrentado pelo aperfeiçoamento e maior alcance de nossas teorias e não pelo registro interminável de uma lista de observações sem objetivo.

5. *Indutivismo não conclusivamente refutado*

A dependência que a observação tem da teoria, discutida neste capítulo, com certeza derruba a afirmação indutivista de que a ciência começa com a observação. Contudo, somente o mais ingênuo dos indutivistas desejaria aderir a essa posição. Nenhum dos indutivistas modemos, mais sofisticados, gostaria de apoiar sua versão literal. Eles podem prescindir da afirmação de que a ciência deve começar com observação livre de preconceitos e parcialidades fazendo uma distinção entre a maneira pela qual uma teoria é primeiro pensada ou descoberta por um lado, e a maneira pela qual ela é justificada ou quais seus méritos avaliados, por outro. De acordo com essa posição modificada, admite-se livremente que novas teorias são concebidas de diversas maneiras e, frequentemente, por diferentes caminhos. Elas podem ocorrer ao descobridor num estalo de inspiração, como ocorreu com Newton na mítica história da descoberta da lei da gravidade precipitada por ele ao ver uma maçã caindo de uma árvore. Alternativamente, uma nova descoberta pode ocorrer como resultado de um acidente, como Roentgen foi levado à descoberta dos raios X pelo constante enegrecimento das chapas fotográficas guardadas na vizinhança de seu tubo de descarga. Ou, novamente, pode-se chegar a uma nova descoberta após longa série de observações e cálculos, como foi exemplificado pelas descobertas de Kepler de suas leis do movimento planetário. As teorias podem ser, e geralmente são, concebidas antes de serem feitas as observações necessárias para testá-las. Além disso, de acordo com este indutivismo mais sofisticado, atos

60 A. F. CHALMERS

criativos – os mais originais e significativos, que exigem gênio e envolvem a psicologia dos cientistas individuais – desafiam a análise lógica. A descoberta e a questão da origem de novas teorias ficam excluídas da filosofia da ciência.

Entretanto, uma vez que se tenha chegado a novas leis e teorias, não importando qual caminho foi erguido, permanece a questão da adequação dessas leis e teorias. Elas correspondem ou não ao conhecimento científico legítimo? Essa questão é a preocupação dos indutivistas sofisticados. Sua resposta é, *grosso modo*, a que delineei no capítulo I. Um grande número de fatos relevantes a uma teoria deve ser averiguado por observação sob uma ampla variedade de circunstâncias, e a extensão na qual a teoria pode se revelar verdadeira ou provavelmente verdadeira à luz desses fatos, por algum tipo de inferência dedutiva, deve ser estabelecida.

A separação do modo de descoberta e do modo de justificação permite aos indutivistas escaparem da parte da crítica dirigida a eles neste capítulo voltada à afirmação de que a ciência começa com a observação. Contudo, a legitimidade da separação dos dois modos pode ser questionada. Por exemplo, certamente pareceria razoável sugerir que uma teoria que antecipa e leva à descoberta de novos fenômenos – da maneira que a teoria de Clerk Maxwell levou à descoberta das ondas de rádio – é mais digna de mérito e mais justificável que uma lei ou teoria projetada para explicar fenômenos já conhecidos e que não leva à descoberta de novos. Ficará, espero, cada vez mais claro, conforme este livro avançar, que é essencial compreender a ciência como um corpo de conhecimento historicamente em expansão e que uma teoria só pode ser adequadamente avaliada se for prestada a devida atenção ao seu contexto histórico. A avaliação da teoria está intimamente ligada às circunstâncias nas quais surge.

Mesmo se permitimos aos indutivistas separarem o modo de descoberta e o modo de justificação, sua posição ainda está ameaçada pelo fato de que as proposições de observação são carregadas de teoria e, portanto, falíveis. O indutivista deseja fazer distinção bem acentuada entre a observação direta – que ele crê poder formar um fundamento seguro para o conhecimento científico – e as teorias – que devem ser justificadas à medida que recebem apoio indutivo a partir do fundamento seguro da observação. Esses indutivistas extremados, os positivistas lógicos,

A DEPENDÊNCIA QUE A OBSERVAÇÃO TEM DA TEORIA   61

chegaram ao ponto de dizer que as teorias só têm significado uma vez que podem ser verificadas por observação direta. Essa posição é descartada pelo fato de que não se pode manter uma distinção acentuada entre a observação e a teoria porque a observação ou, antes, as afirmações resultantes da observação são permeadas pela teoria.

Embora tenha criticado severamente as filosofias indutivistas da ciência neste capítulo e no anterior, os argumentos que apresentei não constituem uma refutação absolutamente decisiva daquele programa. O problema da indução não pode ser visto em termos de uma refutação decisiva porque, como mencionei anteriormente, a maioria das outras filosofias da ciência sofrem de uma dificuldade similar. Eu apenas indiquei uma maneira pela qual a crítica centrada no fato de a observação depender da teoria pode até certo ponto ser contornada pelos indutivistas, e estou convencido de que eles serão capazes de pensar em outras defesas engenhosas. A principal razão pela qual penso que o indutivismo deve ser abandonado é que, comparado com abordagens rivais e mais modernas, ele tem falhado cada vez mais em lançar uma luz nova e interessante sobre a natureza da ciência, fato esse que levou Imre Lakatos a descrevê-lo como degenerativo. As explicações da ciência crescentemente mais adequadas, mais interessantes e mais frutíferas desenvolvidas nos últimos capítulos vão constituir a mais forte justificativa contra o indutivismo.

OUTRAS LEITURAS

A dependência que as experiências conceituais têm da teoria é discutida e ilustrada com exemplos em N. R. Hanson, *Patterns of Discovery* (Cambridge: Cambridge University Press, 1958). Os escritos de Popper, Feyerabend e Kuhn têm abundância de argumentos e exemplos apoiando a tese de que observações e proposições de observação dependem da teoria. Algumas passagens lidando especificamente com o tópico são K. R. Popper, *The Logic of Scientific Discovery* (Londres: Hutchinson, 1968), Cap. 5 e Apêndice 10; Popper, *Objective Knowledge* (Oxford: Oxford University Press, 1972), pp. 341-361; Feyerabend, *Against Method: Outline of an Anarchistic Theory of Knowledge* (Londres: New Left Books, 1975), Caps. 6 e 7; e T. S. Kuhn, *The Structure of Scientific Revolutions* (Chicago: Chicago University Press, 1970), Cap. 10. O

62 A. F. CHALMERS

Cap. 1 de Carl R. Kordig, *The Justification of Scientific Change* (Dordrecht: Reidel Publishing Co., 1971), contém uma discussão do tópico que critica Hanson e Feyerabend. Uma explicação circunspecta e algo seca é a de Israel Scheffler, *Science and Subjectivity* (Nova York: Bobbs-Merrill, 1967). Discussões interessantes da percepção, relevantes para a questão filosófica, são R. L. Gregory, *Eye and Brain* (Londres: Weidenfeld and Nicholson, 1972) e Ernst Gombrich, *Art and Illusion* (Nova York: Pantheon, 1960). Também gostaria de recomendar entusiasticamente um livro muito excitante sobre percepção animal, Vitus B. Droscher, *The Magic of the Senses* (Nova York: Harper and Row, 1971). Esse livro transmite vigorosamente uma sensação das limitações e restrições da percepção humana e a arbitrariedade das tentativas de atribuir significação fundamental às informações que os humanos recebem por meio de seus sentidos.

IV

Apresentando o Falsificacionismo

O falsificacionista admite livremente que a observação é orientada pela teoria e a pressupõe. Ele também abandona com alegria qualquer afirmação que fazem supor que as teorias podem ser estabelecidas como verdadeiras ou provavelmente verdadeiras à luz da evidência observativa. As teorias são interpretadas como conjecturas especulativas ou suposições criadas livremente pelo intelecto humano no sentido de superar problemas encontrados por teorias anteriores e dar uma explicação adequada do comportamento de alguns aspectos do mundo ou universo. Uma vez propostas, as teorias especulativas devem ser rigorosas e inexoravelmente testadas por observação e experimento. Teorias que não resistem a testes de observação e experimentais devem ser eliminadas e substituídas por conjecturas especulativas ulteriores. A ciência progride por tentativa e erro, por conjecturas e refutações. Apenas as teorias mais adaptadas sobrevivem. Embora nunca se possa dizer legitimamente de uma teoria que ela é verdadeira, pode-se confiantemente dizer que ela é a melhor disponível, que é melhor do que qualquer coisa que veio antes.

1. Uma particularidade lógica para apoiar o falsificacionista

De acordo com o falsificacionismo, algumas teorias podem se revelar falsas por um apelo aos resultados da observação e do experimento. Há uma particularidade simples, lógica que parece apoiar o falsificacionismo aqui. Eu já indiquei no capítulo II que, mesmo se considerarmos que proposições de observação

64 A. F. CHALMERS

verdadeiras nos são disponíveis de alguma maneira, nunca é possível chegar a leis e teorias universais por deduções lógicas apenas com base nisso. Por outro lado, é possível realizar deduções lógicas partindo de proposições de observação singulares como premissas, para chegar à falsidade de leis e teorias universais por dedução lógica. Por exemplo, se nos é dada a afirmação "Um corvo, que não era preto, foi observado no local x no momento m", deduzir logicamente disso que "Todos os corvos são pretos" é falso. Isto é, o argumento

Premissa   Um corvo, que não era preto, foi observado no local x no momento m.

Conclusão   Nem todos os corvos são pretos.

é uma dedução logicamente válida. Se a premissa é afirmada e a conclusão negada, há uma contradição. Um ou dois exemplos a mais podem ajudar a ilustrar esse ponto lógico razoavelmente trivial. Se puder ser estabelecido por observação em algum teste experimental que um peso de 10 kg e outro de 1 kg em queda livre se movem para baixo mais ou menos à mesma velocidade, então, pode-se concluir que a afirmação de que os corpos caem a velocidades proporcionais aos seus pesos é falsa. Se puder ser demonstrado sem margem de dúvida que um raio de luz passando próximo ao sol é desviado num percurso encurvado, então não é certo que a luz necessariamente viaja em linhas retas.

A falsidade de afirmações universais pode ser deduzida de afirmações singulares disponíveis. O falsificacionista explora ao máximo esta particularidade lógica.

2. *A falsificabilidade como um critério para teorias*

O falsificacionista vê a ciência como um conjunto de hipóteses que são experimentalmente propostas com a finalidade de descrever ou explicar acuradamente o comportamento de algum aspecto do mundo ou do universo. Todavia, nem toda hipótese fará isso. Há uma condição fundamental que toda hipótese ou sistema de hipóteses deve satisfazer para ter garantido o *status* de lei ou teoria científica. Para fazer parte da ciência, uma hipótese deve ser *falsificável*.

APRESENTANDO O FALSIFICACIONISMO 65

Eis alguns exemplos de algumas afirmações simples que são falsificáveis no sentido pretendido:

1. Nunca chove às quartas-feiras.
2. Todas as substâncias se expandem quando aquecidas.
3. Objetos pesados, como um tijolo, quando liberados perto da superfície da Terra, caem diretamente para baixo se não forem impedidos.
4. Quando um raio de luz é refletido de um espelho plano, o ângulo de incidência é igual ao ângulo de reflexão.

A afirmação (1) é falsificável porque ela pode ser falsificada com a observação de chuva caindo numa quarta-feira. A afirmação (2) é falsificável. Ela pode ser falsificada por uma proposição de observação para o efeito de que alguma substância x não se expande quando aquecida no tempo t. A água perto de seu ponto de congelamento serviria para falsificar (2). Tanto (1) como (2) são falsificáveis e falsas. As afirmações (3) e (4) podem ser verdadeiras, pelo que sei. Não obstante, elas são falsificáveis no sentido tencionado. É logicamente possível que o próximo tijolo solto "caia" para cima. Não há contradição lógica envolvida na afirmação "O tijolo cairá para cima quando liberado", embora possa ser que uma tal afirmação jamais seja apoiada pela observação. A afirmação (4) é falsificável porque um raio de luz incidente sobre um espelho em ângulo oblíquo poderia concebivelmente ser refletido numa direção perpendicular ao espelho. Isso nunca ocorreria se a lei da reflexão por acaso for verdadeira, mas nenhuma contradição lógica estaria envolvida se fosse o caso. Tanto (3) como (4) são falsificáveis, ainda que possam ser verdadeiras.

Uma hipótese é falsificável se existe uma proposição de observação ou um conjunto delas logicamente possíveis que são inconsistentes com ela, isto é, que, se estabelecidas como verdadeiras, falsificariam a hipótese.

Eis aqui alguns exemplos de afirmações que não satisfazem este requisito e que, consequentemente, não são falsificáveis:

5. Ou está chovendo ou não está chovendo.

66 A. F. CHALMERS

6. Todos os pontos num círculo euclidiano são equidistantes do centro.
7. A sorte é possível na especulação esportiva.

Nenhuma proposição de observação logicamente possível poderia refutar (5). Ela é verdadeira qualquer que seja o tempo. A afirmação (6) é necessariamente verdadeira devido à definição do círculo euclidiano. Se os pontos num círculo não fossem equidistantes de algum ponto fixo, então a figura simplesmente não seria um círculo euclidiano. "Todos os solteiros não são casados" é infalsificável por uma razão similar. A afirmação (7) é uma citação de um horóscopo de jornal. Ela tipifica a estratégia tortuosa do vidente. A afirmação é infalsificável. Significa dizer ao leitor que, se ele fizer uma aposta hoje, ele poderá ganhar, o que permanece verdadeiro quer ele aposte ou não, e se ele apostar, quer ele ganhe ou não.

O falsificacionista exige que as hipóteses científicas sejam falsificáveis, no sentido que discuti. Ele insiste nisso porque é somente excluindo um conjunto de proposições de observação logicamente possíveis que uma lei ou teoria é informativa. Se uma afirmação é infalsificável, então o mundo pode ter quaisquer propriedades, pode se comportar de qualquer maneira, sem conflitar com a afirmação. As afirmações (5), (6) e (7), diferentemente das afirmações (1), (2), (3) e (4), nada nos dizem a respeito do mundo. Uma lei ou teoria científica idealmente nos daria alguma informação sobre como o mundo de fato se comporta, eliminando assim as maneiras pelas quais ele poderia (é lógico) possivelmente se comportar mas de fato não o faz. A lei "Todos os planetas se movem em elipses ao redor do Sol" é científica porque afirma que os planetas de fato se movem em elipses e elimina órbitas que sejam quadradas ou ovais. Apenas porque a lei faz afirmações decisivas sobre as órbitas planetárias, ela tem conteúdo informativo e é falsificável.

Uma rápida olhada em algumas leis que podem ser vistas como componentes típicos de teorias científicas indica que elas satisfazem o critério de falsificabilidade. "Polos magnéticos diferentes se atraem mutuamente", "Um ácido acrescentado a uma base produz um sal mais água" e leis similares podem facilmente ser construídas como falsificáveis. Contudo, o falsificacionista mantém que algumas teorias, embora possam superficialmente

APRESENTANDO O FALSIFICACIONISMO 67

parecer ter as características de boas teorias científicas, são apenas teorias científicas simuladas porque não são falsificáveis e devem ser rejeitadas. Para Popper, pelo menos, algumas versões da teoria da história de Marx, a psicanálise de Freud e a psicologia adleriana sofrem dessa falha. Isso pode ser ilustrado pela seguinte caricatura da psicologia adleriana.

Um princípio da teoria de Adler é o de que as ações humanas são motivadas por sentimentos de inferioridade de algum tipo. Em nossa caricatura isto é corroborado pelo seguinte incidente. Um homem está parado na margem de um rio traiçoeiro no instante em que uma criança cai no rio, próximo a ele. O homem pode ou não mergulhar no rio numa tentativa de salvar a criança. Se ele mergulhar, o adleriano responde indicando como isso corrobora sua teoria. O homem obviamente precisou superar seu sentimento de inferioridade demonstrando que era corajoso o suficiente para saltar no rio, a despeito do perigo. Se o homem não mergulhar, o adleriano pode também aí reivindicar apoio para sua teoria. O homem estava superando seus sentimentos de inferioridade demonstrando que tinha a força para permanecer na margem, sem se perturbar, enquanto a criança se afogava.

Se essa caricatura é típica da maneira pela qual opera a teoria adleriana, então a teoria não é falsificável.[1] Ela é consistente com qualquer tipo de comportamento humano e, exatamente por isso, nada nos diz sobre ele. É claro, antes da teoria de Adler ser rejeitada nestas bases, seria necessário investigar os detalhes da teoria em vez da caricatura. Mas há muitas teorias sociais, psicológicas e religiosas que despertam a suspeita de que, em sua preocupação de explicar tudo, elas não explicam nada. A existência de um Deus amoroso e a ocorrência de algum desastre podem ser tornadas compatíveis pela interpretação do desastre como tendo sido mandado para nos pôr à prova ou punir, o que for mais adequado à situação. Muitos exemplos de comportamento animal podem ser vistos como evidência corroborando a afirmação "Os animais são planejados de maneira a melhor

---

1. Esse exemplo seria perdido se houvesse meios de estabelecer o tipo de complexo de inferioridade possuído pelo homem em questão, independentemente de seu comportamento na margem do rio. A teoria não fornece escopo para isso e o exemplo é uma caricatura totalmente parcial.

68 A. F. CHALMERS

preencherem a função para a qual eles foram pretendidos". Os teóricos que operam desta maneira são culpados da desonestidade dos videntes e estão sujeitos à crítica do falsificacionista. Se uma teoria deve ter conteúdo informativo, ela deve correr o risco de ser falsificada.

3. Grau de falsificabilidade, clareza e precisão

Uma boa lei ou teoria científica é falsificável porque faz afirmações decisivas sobre o mundo. Para o falsificacionista, quanto mais falsificável for uma teoria melhor ela será, num sentido bem elástico. Quanto mais uma teoria afirma, mais oportunidade potencial haverá para mostrar que o mundo de fato não se comporta da maneira como mostrado pela teoria. Uma teoria muito boa será aquela que faz afirmações bastante amplas a respeito do mundo, e que, em consequência, é altamente falsificável, e resiste à falsificação toda vez que é testada.

Isso pode ser ilustrado por meio de um exemplo trivial. Consideremos as duas leis:

(a) Marte se move numa elipse em torno do Sol.
(b) Todos os planetas se movem em elipses em torno de seus sóis.

Eu entendo que é claro que (b) tem status mais elevado que (a) enquanto conhecimento científico. A lei (b) nos fala o mesmo que (a) e mais. A lei (b), a lei preferível, é mais falsificável que (a). Se observações de Marte vêm a falsificar (a), elas falsificarão também (b). Qualquer falsificação de (a) será uma falsificação de (b), mas o inverso não ocorre. Proposições de observação referentes às órbitas de Vênus, Júpiter etc. que possam concebivelmente falsificar (b) são irrelevantes para (a). Se seguirmos Popper e nos referirmos a esses conjuntos de proposições de observação que serviriam para falsificar uma lei ou teoria como falsificadores potenciais dessa lei ou teoria, então podemos dizer que os falsificadores potenciais de (a) formam uma classe que é uma subclasse dos falsificadores potenciais de (b). A lei (b) é mais falsificável que a lei (a), o que equivale a dizer que ela afirma mais, que ela é a lei melhor.

Um exemplo menos artificial envolve a relação entre as teorias do sistema solar de Kepler e de Newton. Tomo como

APRESENTANDO O FALSIFICACIONISMO 69

a teoria de Kepler suas três leis do movimento planetário. Os falsificadores potenciais dessa teoria consistem em conjuntos de afirmações referentes a posições planetárias relativas ao Sol em períodos especificados. A teoria de Newton, uma teoria melhor que suplantou a de Kepler, é mais abrangente. Ela consiste nas leis do movimento de Newton mais sua lei da gravidade, esta última afirmando que todos os pares de corpos no universo se atraem mutuamente com uma força que varia inversamente ao quadrado de sua distância. Alguns dos falsificadores potenciais da teoria de Newton são conjuntos de afirmações de posições planetárias em períodos especificados. Mas há muitos outros, incluindo aqueles referentes ao comportamento de corpos em queda e pêndulos, a correlação entre as marés e as localizações do Sol e da Lua, e assim por diante. Existem muito mais oportunidades de falsificar a teoria de Newton que a de Kepler. E, no entanto, conforme a história falsificacionista, a teoria de Newton foi capaz de resistir às falsificações tentadas, estabelecendo assim sua superioridade sobre a de Kepler.

Teorias altamente falsificáveis devem ser preferidas às menos falsificáveis, portanto, desde que elas tenham sido de fato falsificadas. A qualificação é importante para o falsificacionista. As teorias que foram falsificadas devem ser inexoravelmente rejeitadas. O empreendimento da ciência consiste na proposição de hipóteses altamente falsificáveis, seguida de tentativas deliberadas e tenazes de falsificá-las. Para citar Popper:

> Eu posso, portanto, admitir alegremente que falsificacionistas como eu preferem uma tentativa de resolver um problema interessante por uma conjectura audaciosa, *mesmo (e especialmente) se ela logo se revela falsa,* a alguma récita da sequência de truísmos irrelevantes. Preferimos isso porque acreditamos que essa é a maneira pela qual podemos aprender com nossos erros; e porque ao descobrirmos que nossa conjectura era falsa podemos ter aprendido muito sobre a verdade, e teremos chegado mais perto dela.[2]

Aprendemos de nossos *erros*. A ciência progride por tentativa e *erro*. Devido à situação lógica que torna impossível a

---

2. K. R. Popper, *Conjectures and Refutations* (Londres: Routledge and Kegan Paul, 1969), p. 231, itálicos no original.

70 A. F. CHALMERS

derivação de leis e teorias universais de proposições de observação, mas a dedução de sua falsidade possível, as *falsificações* tornam-se os pontos importantes de referência, as realizações notáveis, os pontos mais altos na ciência. Esta ênfase um tanto anti-intuitiva dos falsificacionistas extremados no significado das falsificações será criticada nos últimos capítulos.

Porque a ciência visa teorias com um amplo conteúdo informativo, o falsificacionista dá boas-vindas à proposta de conjecturas audaciosas. Especulações precipitadas devem ser encorajadas, desde que sejam falsificáveis e desde que sejam rejeitadas quando falsificadas. Esta atitude de tudo ou nada conflitua com a cautela advogada pelo indutivista ingênuo. De acordo com esse último, apenas aquelas teorias que podem se revelar verdadeiras ou provavelmente verdadeiras devem ser admitidas na ciência. Devemos prosseguir além dos resultados imediatos da experiência apenas até onde induções legítimas podem nos levar. O falsificacionista, em contraste, reconhece a limitação da indução e a subserviência da observação à teoria. Os segredos da natureza apenas podem ser revelados com a ajuda de teorias engenhosas e de grande penetração. Quanto maior for o número de teorias conjecturadas, que são confrontadas pelas realidades do mundo, e quanto mais especulativas forem essas conjecturas, maiores serão as chances de avanços importantes na ciência. Não há perigo na proliferação de teorias especulativas porque qualquer uma que for inadequada como descrição do mundo pode ser impiedosamente eliminada como resultado da observação ou de outros testes.

A exigência de que as teorias devem ser altamente falsificáveis tem a consequência atrativa de que as teorias devem ser claramente afirmativas e precisas. Se uma teoria é tão vagamente afirmativa que não deixa claro exatamente o que ela está afirmando, então, ao ser testada pela observação ou pelo experimento, ela pode sempre ser interpretada como consistente com os resultados desses testes. Dessa forma, ela pode ser defendida contra falsificações. Por exemplo, Goethe escreveu sobre a eletricidade que

> ela é um nada, um zero, um mero ponto, o qual, ainda que permaneça em todas as existências aparentes, e ao mesmo tempo seja o ponto de origem em que, ao mais ligeiro estímulo, uma aparência dupla se

APRESENTANDO O FALSIFICACIONISMO   71

apresenta, uma aparência que apenas se manifesta para esvanescer. As condições sob as quais essa manifestação é estimulada são infinitamente variadas, de acordo com a natureza dos corpos específicos.[3]

Se tomarmos essa citação pelo seu significado visível, será muito difícil ver que conjunto possível de circunstâncias físicas poderia servir para falsificá-la. Exatamente por ela ser tão vaga e indefinida (ao menos quando tomada fora do contexto), ela é infalsificável. Políticos e videntes podem evitar de serem acusados por cometerem erros fazendo suas afirmações tão vagas que podem sempre ser interpretadas como compatíveis com o que quer que ocorra. A exigência de um alto grau de falsificabilidade elimina tais manobras. O falsificacionista exige que as teorias sejam afirmadas com clareza suficiente para correr o risco de falsificação.

Uma situação análoga existe no que diz respeito à precisão. Quanto mais precisamente uma teoria for formulada, mais falsificável ela se torna. Se aceitamos que, quanto mais falsificável for uma teoria, melhor ela será (desde que ela não seja falsificada), então temos de aceitar que, quanto mais precisas forem as afirmações de uma teoria, melhor ela será. "Os planetas movem-se em elipses em torno do Sol" é mais preciso que "Os planetas movem-se em curvas fechadas em torno do Sol", e é, consequentemente, mais falsificável. Uma órbita oval falsificaria a primeira mas não a segunda, enquanto qualquer órbita que falsifique a segunda também falsificará a primeira. O falsificacionista está comprometido a preferir a primeira. Da mesma forma, o falsificacionista deve preferir a afirmação de que a velocidade da luz num vácuo é de $299,8 \times 10^6$ metros por segundo do que a afirmação menos precisa de que é de cerca de 300×10^6 metros por segundo, exatamente porque a primeira é mais falsificável que a segunda.

As exigências intimamente associadas de precisão e clareza de expressão seguem-se, naturalmente, da explicação falsificacionista da ciência.

---

3. J. W. Goethe, *Theory of Colours*, trad. C. L. Eastlake (Mass.: MIT Press, 1970), p. 295. Ver também o comentário de sobre a teoria de Hegel da eletricidade em *Conjectures and Refutations*, p. 332.

4. Falsificacionismo e progresso

O progresso da ciência – como o falsificacionista o vê – pode ser resumido conforme se segue. A ciência começa com problemas, problemas estes associados à explicação do comportamento de alguns aspectos do mundo ou universo. Hipóteses falsificáveis são propostas pelos cientistas como soluções para o problema. As hipóteses conjecturadas são então criticadas e testadas. Algumas serão rapidamente eliminadas. Outras podem se revelar mais bem-sucedidas. Essas devem ser submetidas a críticas e testes ainda mais rigorosos. Quando uma hipótese que passou por uma ampla gama de testes rigorosos com sucesso é eventualmente falsificada, um novo problema, auspiciosamente bem distante do problema original resolvido, emergiu. Esse novo problema pede a invenção de novas hipóteses, seguindo-se a crítica e testes renovados. E, assim, o processo continua indefinidamente. Nunca se pode dizer de uma teoria que ela é verdadeira, por mais que ela tenha superado testes rigorosos, mas pode-se auspiciosamente dizer que uma teoria corrente é superior a suas predecessoras no sentido de que ela é capaz de superar os testes que falsificaram aquelas predecessoras.

Antes de examinarmos alguns exemplos para ilustrar esta concepção falsificacionista do progresso da ciência, algo deve ser dito sobre a afirmação de que "A ciência começa com problemas". Eis alguns problemas com os quais os cientistas têm se defrontado no passado. Como os morcegos são capazes de voar tão habilmente à noite, a despeito do fato de terem olhos tão pequenos e fracos? Por que a altura de um barômetro simples é mais baixa a grandes altitudes do que a pequenas? Por que as chapas fotográficas no laboratório de Roentgen estavam sempre se enegrecendo? Por que o periélio do planeta Mercúrio avança? Estes problemas surgiram a partir de *observações* mais ou menos diretas. Ao insistir no fato de que a ciência começa com problemas, então, será que o falsificacionista não está dizendo exatamente como o indutivista ingênuo, que a ciência começa com a observação? A resposta a essa questão é um firme "Não". As observações citadas acima como constituindo problemas são apenas problemáticas *à luz de alguma teoria*. A primeira é problemática à luz da teoria de que organismos vivos "veem" com seus olhos; a segunda era problemática para os defensores das

APRESENTANDO O FALSIFICACIONISMO   73

teorias de Galileu porque ia contra a teoria da "força do vácuo" aceita por eles como uma explicação de por que o mercúrio não cai de um tubo de barômetro; a terceira era problemática para Roentgen porque era tacitamente suposto naquela época que não existia nenhum tipo de radiação ou emanação que pudesse penetrar o recipiente das chapas fotográficas e escurecê-las; a quarta era problemática porque era incompatível com a teoria de Newton. A afirmação de que a ciência começa com problemas é perfeitamente compatível com a prioridade das teorias sobre a observação e as proposições de observação. A ciência não começa com a simples observação.

Depois dessa digressão, voltaremos à concepção falsificacionista do progresso da ciência como a progressão a partir de problemas para hipóteses especulativas, à sua crítica e eventual falsificação e, assim, a novos problemas. Serão oferecidos dois exemplos, o primeiro simples, relativo ao voo dos morcegos, o segundo mais ambicioso, relativo ao progresso da física.

Nós começamos com um problema. Os morcegos são capazes de voar com facilidade e velocidade, evitando os galhos das árvores, os fios telegráficos, outros morcegos etc. e podem caçar insetos. E, no entanto, os morcegos têm olhos fracos e fazem a maioria de seus voos à noite. Isso coloca um problema porque aparentemente falsifica a teoria plausível de que os animais, como os humanos, veem com seus olhos. Um falsificacionista tentará resolver o problema fazendo uma conjectura ou hipótese. Talvez ele sugira que, embora os olhos do morcego sejam aparentemente fracos, e, não obstante, de alguma maneira não compreendida, ele é capaz de enxergar eficazmente à noite com o uso de seus olhos. Essa hipótese pode ser testada. Um exemplar de morcego é solto num quarto escuro contendo obstáculos e sua habilidade de evitá-los é de alguma forma mensurada. O mesmo morcego é novamente solto no mesmo quarto escuro com os olhos vendados. Antes do experimento, o experimentador pode fazer a seguinte dedução. Uma premissa da dedução é sua hipótese, que diz explicitamente: "Morcegos são capazes de voar evitando obstáculos com o uso de seus olhos, e não podem fazê-lo sem o uso de seus olhos". A segunda é uma descrição do cenário experimental, incluindo a afirmação: "Esse exemplar de morcego está com os olhos vendados de forma a não poder usá-los". A partir dessas duas premissas, o experimentador pode

74 A. F. CHALMERS

derivar, dedutivamente, que o espécime de morcego não será capaz de evitar eficazmente os obstáculos no teste de laboratório. O experimento é então realizado e descobre-se que o morcego evita as colisões tão eficazmente quanto antes. A hipótese foi falsificada. Há necessidade agora de um renovado uso da imaginação, uma nova conjectura, hipótese ou palpite. Talvez um cientista sugira que de alguma forma as orelhas do morcego estão envolvidas em sua habilidade de evitar obstáculos. A hipótese pode ser testada, numa tentativa de falsificá-la, tapando-se os ouvidos do morcego antes de soltá-lo novamente no teste de laboratório. Desta vez descobre-se que a habilidade do morcego em evitar obstáculos está consideravelmente prejudicada. A hipótese foi corroborada. O falsificacionista deve agora tornar sua hipótese mais precisa de modo que ela se torne mais prontamente falsificável. É sugerido que o morcego ouve os ecos de seus próprios guinchos ricocheteando dos objetos sólidos. Isso é testado amordaçando-se o morcego antes de soltá-lo. Novamente o morcego colide com os obstáculos e novamente a hipótese é corroborada. O falsificacionista parece agora estar conseguindo uma tentativa de solução para seu problema, embora não tenha *provado* por experimento como os morcegos evitam as colisões enquanto voam. Quaisquer fatores podem vir a mostrar que ele se enganou. Talvez o morcego detecte os ecos não com seus ouvidos mas com regiões sensíveis próximas aos ouvidos, cujo funcionamento foi prejudicado quando os ouvidos do morcego foram tampados. Ou talvez diferentes tipos de morcegos detectem obstáculos de maneiras muito diversas, de forma que o morcego usado no experimento não era realmente representativo.

O progresso da física desde Aristóteles, passando por Newton, até Einstein fornece um exemplo numa escala maior. A explicação falsificacionista desse progresso é mais ou menos a seguinte. A física aristotélica foi até certo ponto bastante bem-sucedida. Ela podia explicar uma ampla gama de fenômenos. Podia explicar por que objetos pesados caem no chão (procurando seu lugar natural no centro do universo), podia explicar a ação do sifão e da bomba de elevação (explicação baseada na impossibilidade de vácuo), e assim por diante. Mas, eventualmente, a física aristotélica foi falsificada de várias maneiras. Pedras jogadas do alto de um mastro de um barco movendo-se uniformemente caíram no convés ao pé do mastro e não a certa

APRESENTANDO O FALSIFICACIONISMO 75

distância deste como previra a teoria de Aristóteles. As luas de Júpiter podem ser vistas na órbita de Júpiter e não da Terra. Uma legião de outras falsificações foi acumulada durante o século XVII. A física de Newton, contudo, uma vez que tinha sido criada e desenvolvida por meio das conjecturas de homens como Galileu e Newton, era uma teoria superior que ultrapassou a de Aristóteles. A teoria de Newton podia explicar a queda dos objetos, o funcionamento de sifões e bombas de elevação, qualquer outra coisa que a teoria de Aristóteles pudesse explicar e, ainda, os fenômenos que eram problemáticos para os aristotélicos. De acréscimo, a teoria de Newton podia explicar fenômenos que não haviam sido tocados pela teoria de Aristóteles, tais como correlações entre as marés e a posição da lua, criação da força da gravidade em relação à altura sobre o fundo do mar. Por dois séculos, a teoria de Newton foi bem-sucedida. Isto é, todas as tentativas de falsificá-la com referência aos novos fenômenos previstos com sua ajuda fracassaram. A teoria levou mesmo à descoberta de um novo planeta: Netuno. Mas a despeito de seu sucesso, tentativas de falsificá-la eventualmente tiveram sucesso. A teoria de Newton foi falsificada de diversas maneiras. Ela não era capaz de explicar os detalhes da órbita do planeta Mercúrio, e não conseguia explicar a massa variável de elétrons do movimento rápido em tubos de descarga. Os físicos enfrentavam então problemas desafiadores, na passagem do século XX, problemas que clamavam por novas hipóteses especulativas projetadas para superá-los de uma forma progressiva. Einstein foi capaz de aceitar esse desafio. Sua teoria da relatividade foi capaz de explicar fenômenos que falsificaram a teoria de Newton, enquanto ao mesmo tempo podia igualar a teoria de Newton nas áreas onde esta tinha sido bem-sucedida. Além disso, a teoria de Einstein produziu a previsão de novos fenômenos espetaculares. Sua teoria especial da relatividade previu que a massa deveria ser uma função da velocidade e que massa e energia podiam se transformar uma na outra, e sua teoria geral previu que os raios de luz deveriam ser curvados por campos gravitacionais fortes. As tentativas de refutar as teorias de Einstein por referência a esses novos fenômenos falharam. A falsificação da teoria de Einstein permanece um desafio para os físicos modernos. Seu eventual sucesso assinalaria um novo passo na direção do progresso da física.

76 A. F. CHALMERS

Esta é a explicação falsificacionista típica do progresso da física. Mais tarde poremos em dúvida sua precisão e validade. Do que foi visto, está claro que o conceito de progresso, de crescimento da ciência, é um conceito central na explicação falsificacionista da ciência. Essa questão é vista com mais detalhes no capítulo seguinte.

OUTRAS LEITURAS

O texto falsificacionista clássico é *The Logic of Scientific Discovery*, de Popper (Londres: Hutchinson, 1968). As opiniões de Popper sobre filosofia da ciência estão elaboradas em duas coleções de seus escritos, *Objective Knowledge* (Oxford: Oxford University Press, 1972) e *Conjectures and Refutations* (Londres: Routledge and Kegan Paul, 1969). Um ensaio falsificacionista popular é P. Medawar, *Induction and Intuition in Scientific Thought* (Londres: Methuen, 1969). Outros detalhes de leitura sobre falsificacionismo estão incluídos nas leituras do capítulo V.

V

FALSIFICACIONISMO SOFISTICADO, NOVAS PREVISÕES E O CRESCIMENTO DA CIÊNCIA

1. Graus de falsificabilidade relativos ao invés de absolutos

No capítulo anterior, foram mencionadas algumas condições que uma hipótese deve satisfazer no sentido de ser digna da consideração de um cientista. Uma hipótese deve ser falsificável e, quanto mais o for, melhor, mas, no entanto, não deve ser falsificada. Os falsificacionistas mais sofisticados percebem que essas condições sozinhas são insuficientes. Uma condição ulterior se relaciona à necessidade que a ciência tem de progredir. Uma hipótese deve ser mais falsificável do que aquela que ela se propõe a substituir.

A explicação falsificacionista sofisticada da ciência, com sua ênfase no crescimento da ciência, desvia o foco de atenção dos méritos de uma teoria isolada para os méritos relativos de teorias concorrentes. Ela dá um quadro dinâmico da ciência em vez da explicação estática da maioria dos falsificacionistas ingênuos. Em vez de perguntar sobre uma teoria: "Ela é falsificável?", "Quão falsificável ela é?" e "Ela foi falsificada?", torna-se mais apropriado perguntar: É esta teoria recentemente proposta um substituto viável para a que é contestada?". Em geral, uma teoria nova será aceita como digna da consideração dos cientistas se ela for mais falsificável que sua rival, e especialmente se ela prevê um novo tipo de fenômeno não tocado pela rival.

A ênfase na comparação de graus de falsificabilidade de uma série de teorias, que é uma consequência da ênfase numa

78 A. F. CHALMERS

ciência como um corpo de conhecimento em crescimento e evolução, possibilita evitar um problema técnico. Pois é muito difícil especificar exatamente quão falsificável é uma teoria isolada. Uma mensuração absoluta de falsificabilidade não pode ser definida, simplesmente porque o número de falsificadores potenciais de uma teoria será sempre infinito. É difícil ver como a questão "Quão falsificável é a lei da gravidade de Newton?" poderia ser respondida. Por outro lado, é frequentemente possível comparar os graus de falsificabilidade de leis ou teorias. Por exemplo, a afirmação "Todos os pares de corpos se atraem mutuamente com uma força que varia inversamente com o quadrado de sua distância" é mais falsificável que a afirmação "Os planetas no sistema solar se atraem mutuamente com uma força que varia inversamente com o quadrado de sua distância". A segunda é envolvida pela primeira. Qualquer coisa que falsificar a segunda vai falsificar a primeira, mas o inverso não é verdadeiro. Idealmente, o falsificacionista gostaria de poder dizer que a série de teorias que constitui a evolução histórica de uma ciência é feita de teorias falsificáveis, cada uma da série sendo mais falsificável que sua predecessora.

2. *Aumentando a falsificabilidade e modificações* ad hoc

A exigência de que, conforme a ciência progride, suas teorias devem se tornar cada vez mais falsificáveis, e, consequentemente, ter cada vez mais conteúdo e serem mais informativas, elimina as modificações nas teorias que são meramente projetadas para proteger uma teoria de uma falsificação que a ameaça. Uma modificação numa teoria, tal como o acréscimo de um postulado extra ou uma mudança em algum postulado existente, que não tenha consequências testáveis, e que já não fossem consequências testáveis da teoria não-modificada será chamada de modificação *ad hoc*. O restante desta seção consistirá em exemplos designados para esclarecer a noção de uma modificação *ad hoc*. Primeiro vou considerar algumas modificações *ad hoc* que o falsificacionista rejeitaria e, em seguida, estas serão contrastadas com algumas modificações que não são *ad hoc* e que seriam, consequentemente, bem recebidas pelo falsificacionista.

Começo com um exemplo um tanto trivial. Consideremos a generalização "O pão alimenta". Essa teoria de nível baixo,

FALSIFICACIONISMO SOFISTICADO

analisada mais detalhadamente, significa que, se o trigo cresce de maneira normal, é convertido em pão de maneira normal e é comido por humanos de maneira normal, então esses humanos estarão alimentados. Essa teoria, aparentemente inócua, teve problemas numa aldeia francesa numa ocasião em que o trigo havia crescido de maneira normal, convertido em pão de maneira normal e, no entanto, a maioria das pessoas que comeu o pão ficou gravemente enferma e morreu. A teoria "(Todo) o pão alimenta" foi falsificada. A teoria pode ser modificada para evitar esta falsificação, ajustando-se o seguinte: "(Todo) o pão, com a exceção daquela partida específica de pão produzida na aldeia francesa em questão, alimenta". Essa é uma modificação *ad hoc*. A teoria modificada não pode ser testada de nenhuma maneira que não seja também um teste da teoria original. O consumo de qualquer pão por qualquer humano constitui um teste da teoria original, enquanto os testes da teoria modificada estão restritos ao consumo de um pão que não seja a partida de pão que levou a resultados tão desastrosos na França. A hipótese modificada é menos falsificável que a versão original. O falsificacionista rejeita tais ações de resguardo.

O exemplo seguinte é menos horripilante e mais divertido. É um exemplo baseado num intercâmbio que realmente ocorreu no século XVII entre Galileu e um adversário aristotélico. Tendo observado cuidadosamente a Lua através de seu telescópio recém-inventado, Galileu pôde registrar que a Lua não era uma esfera homogênea, mas que sua superfície abundava de montanhas e crateras. Seu adversário aristotélico teve de admitir que era realmente assim ao repetir a observação. Mas as observações ameaçavam uma noção fundamental para muitos aristotélicos, a saber, de que todos os corpos celestes são esferas perfeitas. O rival de Galileu defendeu sua teoria diante da aparente falsificação de uma maneira espalhafatosamente *ad hoc*. Ele sugeriu que havia uma substância invisível na Lua, preenchendo as crateras e cobrindo as montanhas fazendo com que o formato da Lua fosse perfeitamente esférico. Quando Galileu perguntou como a presença da substância invisível podia ser detectada, descobriu que não havia maneira de detectá-la. Não há dúvida, então, de que a teoria modificada não levava a novas consequências testáveis e seria completamente inaceitável para

80 A. F. CHALMERS

um falsificacionista. Um Galileu exasperado foi capaz de demonstrar a inadequação da posição de seu rival de uma maneira caracteristicamente espirituosa. Ele anunciou que estava pronto a admitir que a substância invisível indetectável existia na lua, mas insistiu que ela não produzia os efeitos descritos pelo seu rival; na verdade, estava acumulada nos topos das montanhas, de forma que essas eram muito mais altas do que apareciam através do telescópio. Galileu foi capaz de frustrar seu rival no frutífero jogo da invenção de dispositivos *ad hoc* para a proteção de teorias.

Outro exemplo de uma hipótese possivelmente *ad hoc* da história da ciência será brevemente mencionado. Antes de Lavoisier, a teoria do flogisto era a teoria-padrão da combustão. De acordo com essa teoria, o flogisto é emitido pelas substâncias ao queimarem. Essa teoria foi ameaçada quando se descobriu que muitas substâncias ganham peso depois da combustão. Uma maneira de superar a aparente falsificação foi sugerir que o flogisto tinha peso negativo. Se essa hipótese pudesse ser testada apenas pela pesagem de substâncias antes e depois da combustão, então ela era *ad hoc*. Ela não levou a novos testes.

Modificações de uma teoria numa tentativa de superar uma dificuldade não precisam ser *ad hoc*. Eis alguns exemplos de modificações que não são *ad hoc* e que, portanto, são aceitáveis de um ponto de vista falsificacionista.

Retornemos à falsificação da afirmação "O pão alimenta", para ver como ela pode ser modificada de uma maneira aceitável. Uma mudança aceitável seria substituir a teoria falsificada pela afirmação "Todo o pão alimenta, exceto o pão feito de trigo contaminado por uma espécie específica de fungo" (seguida pela especificação do fungo e de algumas de suas características). Essa teoria modificada não é *ad hoc* porque leva a novos testes. Ela é *independentemente testável*, para usar a expressão de Popper.[1] Possíveis testes incluiriam o teste do trigo do qual foi feito o pão venenoso para detectar a presença de fungo, o cultivo do fungo em algum trigo especialmente preparado e o teste do efeito nutriente do pão produzido a partir dele, analisando-se

---

1. Ver, por exemplo, K. M. Popper, "The Aim of Science", em seu *Objective Knowledge* (Oxford: Oxford University Press, 1972), pp. 191-205, especialmente p. 193.

FALSIFICACIONISMO SOFISTICADO

quimicamente o fungo para observar a presença de venenos conhecidos, e assim por diante. Todos esses testes, muitos dos quais não constituem testes da hipótese original, podem resultar na falsificação da hipótese modificada. Se a hipótese modificada, mais falsificável, resiste à falsificação diante dos novos testes, então algo novo terá sido aprendido e haverá progresso.

Voltando agora à história da ciência para um exemplo menos artificial, podemos considerar a sequência de eventos que levou à descoberta do planeta Netuno. As observações do século XIX sobre o movimento do planeta Urano indicavam que sua órbita se afastava consideravelmente da que fora prevista com base na teoria gravitacional de Newton, colocando assim um problema para essa teoria. Numa tentativa de superar a dificuldade, foi sugerido, por Leverrier na França e por Adams na Inglaterra, que existia um planeta que ainda não fora detectado nas adjacências de Urano. A atração entre o planeta hipotético e Urano deveria explicar o afastamento desse último de sua órbita prevista inicialmente. Essa sugestão não era *ad hoc*, como os eventos demonstrariam. Seria possível calcular a adjacência aproximada do planeta conjectural se ele tivesse um tamanho razoável e fosse responsável pela perturbação da órbita de Urano. Uma vez que isso houvesse sido feito, era possível testar a nova proposta inspecionando a região apropriada do céu através de um telescópio. Foi desse modo que Galle chegou a avistar, pela primeira vez, o planeta atualmente conhecido como Netuno. Longe de ser *ad hoc*, a mudança para salvar a teoria de Newton da falsificação pela órbita de Urano levou a um novo tipo de teste desta teoria, que foi ultrapassada de uma maneira dramática e progressiva.

3. A confirmação na explicação falsificacionista da ciência

Quando o falsificacionismo foi introduzido como uma alternativa ao indutivismo no capítulo anterior, as falsificações, isto é, os fracassos das teorias em passar por testes de observação e experimento, foram retratadas como de importância-chave. Foi argumentado que a situação lógica permite o estabelecimento da falsidade, mas não da verdade das teorias à luz das proposições de observação disponíveis. Insistiu-se também que a ciência

82 A. F. CHALMERS

deveria progredir pela proposta de conjecturas audaciosas, altamente falsificáveis, como tentativas de resolver problemas, seguindo-se tentativas impiedosas de falsificar as novas propostas. Junto com isso, veio a sugestão de que avanços significativos na ciência ocorrem quando essas conjecturas audaciosas são falsificadas. O falsificacionista assumido Popper diz isso na passagem citada à p. 69, onde os itálicos são seus. Contudo, a atenção exclusiva às instâncias falsificadoras significa má interpretação da posição falsificacionista mais sofisticada. Isso já é mais do que sugerido no exemplo que encerra a seção anterior. A tentativa independentemente testável de salvar a teoria de Newton por uma hipótese especulativa foi um sucesso porque a hipótese foi confirmada pela descoberta de Netuno e não porque foi falsificada.

É um erro ver a falsificação de conjecturas audaciosas, altamente falsificáveis, como ocasiões de avanço significativo na ciência.[2] Isso se torna claro quando consideramos as várias possibilidades extremas. Num extremo, temos teorias que assumem a forma de conjecturas audaciosas arriscadas, enquanto no outro temos teorias que são conjecturas cautelosas, fazendo afirmações que não parecem envolver riscos significativos. Se um desses tipos de conjectura não consegue passar por um teste de observação ou experimento ele será falsificado, enquanto se ele passar por tal teste diremos que está *confirmado*.[3] Serão assinalados avanços significativos pela *confirmação* de conjecturas *audaciosas* ou pela *falsificação* de conjecturas *cautelosas*. Casos do primeiro tipo serão informativos, e constituirão uma importante contribuição ao conhecimento científico, simplesmente porque assinalam a descoberta de algo que era previamente desconhecido ou considerado improvável. A descoberta de Netuno e das ondas de rádio e a confirmação de Eddington da arriscada previsão de Einstein de que os raios de luz se curvariam em campos gravitacionais fortes constituíram avanços significativos desse tipo. Previsões arriscadas foram confirmadas. A falsificação de

---

2. Para uma discussão detalhada desse ponto, ver A. F. Chalmers, "On Learning from Our Mistakes", *British Journal for the Philosophy of Science* 24 (1973): 164-173.

3. Esse uso de "confirmado" não deve ser confundido com outro uso, de acordo com o qual dizer de uma teoria que ela é confirmada é afirmar que foi provada ou estabelecida como verdadeira.

FALSIFICACIONISMO SOFISTICADO 83

conjecturas cautelosas é informativa porque estabelece que o que era visto como uma verdade não-problemática é, na realidade, falso. A demonstração de Russell de que uma teoria ingenuamente estabelecida, que era baseada no que pareciam ser proposições quase autoevidentes, é inconsistente, é um exemplo de falsificação informativa de uma conjectura aparentemente livre de risco. Em contraste, pouco se aprende a partir da *falsificação* de uma conjectura *audaciosa* ou da *confirmação* de uma conjectura *cautelosa*. Se uma conjectura audaciosa é falsificada, então tudo o que se aprende é que mais uma ideia maluca revelou-se errada. A falsificação da especulação de Kepler de que o espaçamento das órbitas planetárias pudesse ser explicado por referência aos cinco sólidos regulares de Platão não assinala nenhum marco significativo no progresso da física. Da mesma forma, a confirmação de hipóteses cautelosas não é informativa. Tais confirmações simplesmente indicam que alguma teoria que era bem estabelecida e vista como não-problemática foi aplicada com sucesso mais uma vez. Por exemplo, a confirmação da conjectura de que exemplares de aço extraídos de seu minério por algum novo processo irão, como outro aço, expandir-se quando aquecidos seria de pequena consequência.

O falsificacionista deseja rejeitar hipóteses *ad hoc* e encorajar a proposta de hipóteses audaciosas como avanços potenciais sobre teorias falsificadas. Essas hipóteses audaciosas levariam a novas previsões testáveis, que não se seguiriam das teorias originais falsificadas. Contudo, embora o fato de que ela leva à possibilidade de novos testes torne uma hipótese digna de investigação, ela não figurará como um avanço sobre a teoria problemática que pretende substituir até que tenha sobrevivido pelo menos a alguns desses testes. Isso equivale a dizer que, antes de poder ser vista como uma substituta adequada a uma teoria falsificada, uma teoria inovadora e audaciosamente proposta deve fazer algumas previsões novas que sejam confirmadas. Muitas especulações cruas e selvagens não sobreviverão a testes ulteriores e, consequentemente, não serão apreciadas como contribuições para o crescimento do conhecimento científico. A especulação selvagem e crua ocasional, que leva a uma previsão nova e improvável, e que, não obstante, é confirmada por observação ou experimento, se estabelecerá, portanto, como algo notável na história do crescimento da ciência. As *confirmações*

84 A. F. CHALMERS

das novas previsões resultantes de conjecturas audaciosas são muito importantes na explicação falsificacionista do crescimento da ciência.

4. Ousadia, novidade e conhecimento prévio

Um pouco mais precisa ser dito a respeito dos adjetivos "audacioso" e "novo" tais como aplicados a hipóteses e previsões respectivamente. Ambos são noções historicamente relativas. O que é visto como uma conjectura audaciosa num estágio da história da ciência não permanece necessariamente audacioso num estágio posterior. Quando Maxwell propôs sua "teoria dinâmica do campo eletromagnético", em 1864, tratava-se de uma conjectura audaciosa. Ela era audaciosa porque conflitava com teorias geralmente aceitas na época, teorias que incluíram a suposição de que os sistemas eletromagnéticos (magnetos, corpos carregados, condutores de corrente etc.) têm ação mútua instantânea por meio de espaço vazio e que os efeitos eletromagnéticos podem ser propagados numa velocidade finita apenas por meio de substâncias materiais. A teoria de Maxwell chocava-se com essas suposições geralmente aceitas porque previa que a luz era um fenômeno eletromagnético e também, como seria descoberto mais tarde, que as correntes flutuantes devem emitir um novo tipo de radiação, ondas de rádio, viajando numa velocidade finita através do espaço vazio. Em 1864, portanto, a teoria de Maxwell era audaciosa e a previsão subsequente das ondas de rádio era uma previsão *nova*. Hoje, o fato de que a teoria de Maxwell pode dar uma explicação acurada do comportamento de uma ampla gama de sistemas eletromagnéticos é uma parte geralmente aceita do conhecimento científico, e afirmações sobre a existência e propriedades das ondas de rádio não podem ser tomadas como previsões novas.

Se nomearmos o complexo das teorias científicas geralmente aceitas e bem estabelecidas num dado estágio da história da ciência de *conhecimento prévio* da época, podemos então dizer que uma conjectura será audaciosa se suas afirmações forem improváveis à luz do conhecimento prévio da época. A teoria geral da relatividade de Einstein era audaciosa em 1915 porque naquela época o conhecimento prévio incluía a suposição de que a luz se desloca em linhas retas. Isso se chocava com uma

FALSIFICACIONISMO SOFISTICADO 85

consequência da relatividade geral, a saber, de que os raios de luz deveriam curvar-se em campos gravitacionais fortes. A astronomia de Copérnico era audaciosa em 1534 porque se opunha à suposição prévia de que a Terra é estacionária no centro do universo. Ela não seria considerada audaciosa hoje em dia. Da mesma forma que as conjecturas podem ser consideradas audaciosas ou não pela referência ao conhecimento prévio relevante, também as previsões serão julgadas novas se envolverem algum fenômeno que não figura no conhecimento prévio da época ou esteja explicitamente excluído dele. A previsão de Netuno, em 1846, era nova porque o conhecimento prévio daquela época não continha referência a tal planeta. A previsão que Poisson deduziu da teoria ondular de Fresnel, em 1818, a saber, de que uma mancha brilhante pode ser observada no centro de um lado de um disco opaco adequadamente iluminado a partir do outro, era nova porque a existência dessa mancha brilhante estava excluída da teoria de partículas da luz que fazia parte do conhecimento prévio da época.

Na seção anterior foi argumentado que as principais contribuições ao crescimento do conhecimento científico advêm ou quando uma conjectura audaciosa é confirmada ou quando uma conjectura cautelosa é falsificada. A ideia do conhecimento prévio nos permite ver que essas duas possibilidades podem ocorrer simultaneamente como resultado de uma única experiência. O conhecimento prévio consiste em hipóteses cautelosas exatamente porque este conhecimento é bem estabelecido e considerado não-problemático. A confirmação de uma conjectura audaciosa pode envolver a falsificação de alguma parte do conhecimento prévio em relação à qual a conjectura era audaciosa.

5. *Comparação das visões indutivista e falsificacionista de confirmação*

Vimos que a confirmação tem um papel na ciência conforme interpretada pelo falsificacionista sofisticado. Contudo, isto não invalida a rotulação dessa posição como "falsificacionismo". É ainda sustentado pelo falsificacionista sofisticado que as teorias podem ser falsificadas e rejeitadas enquanto é negado que possam alguma vez ser estabelecidas como verdadeiras ou provavelmente verdadeiras. A meta da ciência é falsificar teorias e

A. F. CHALMERS

substituí-las por outras melhores, que demonstrem maior possibilidade de serem testadas. Confirmações de teorias novas são importantes na medida em que provam que uma nova teoria é um aperfeiçoamento da teoria que está sendo substituída; a teoria é falsificada pela evidência trazida à luz com a ajuda e confirmação da nova teoria. Uma vez que uma teoria audaciosa recém-proposta teve sucesso em sua concorrente, ela se torna então um novo alvo para o qual os testes devem ser dirigidos, testes projetados com a ajuda de teorias ulteriores audaciosamente conjecturadas.

Devido à ênfase do falsificacionista no crescimento da ciência, sua explicação de confirmação é significativamente diferente daquela do indutivista. O significado de algumas instâncias confirmadoras de uma teoria de acordo com a posição indutivista descrita no capítulo I é determinado somente pelo relacionamento lógico entre as proposições de observação confirmadas e a teoria que elas apoiam. O apoio dado à teoria de Newton pela observação de Netuno por Galle não é diferente do apoio dado por uma observação moderna de Netuno. O contexto histórico no qual a prova é adquirida é irrelevante. As instâncias de confirmação são tais se dão apoio indutivo à teoria, e, quanto maior o número de instâncias de confirmação estabelecidas, maior será o apoio para a teoria e a probabilidade dela ser verdadeira. Essa teoria não-histórica da confirmação pareceria ter a consequência pouco atraente de que inumeráveis observações feitas sobre quedas de pedras, posições planetárias etc. podem constituir atividade científica digna de atenção na medida em que levam a aumentos na estimativa da probabilidade da verdade da lei da gravidade.

Em contraste, na explicação falsificacionista, o significado das confirmações depende muito mais de seu contexto histórico. Uma confirmação pode conferir alto grau de mérito a uma teoria se resultou do teste de uma nova previsão. Isto é, uma confirmação será significativa se for avaliada como improvável à luz do conhecimento prévio da época. Confirmações que são conclusões inevitáveis são insignificantes. Se hoje em dia eu confirmar a teoria de Newton jogando uma pedra no chão, não contribuirei com nada de valor para a ciência. Por outro lado, se amanhã eu confirmar uma teoria especulativa implicando que a atração gravitacional entre dois corpos depende de sua

FALSIFICACIONISMO SOFISTICADO 87

temperatura, falsificando, no processo, a teoria de Newton, estaria fazendo uma contribuição significativa ao conhecimento científico. A teoria da gravidade de Newton e algumas de suas limitações são parte do corrente conhecimento prévio, enquanto uma dependência térmica da atração gravitacional não é. Eis um outro exemplo para apoiar a perspectiva histórica que os falsificacionistas introduziram na confirmação. Hertz confirmou a teoria de Maxwell quando detectou as primeiras ondas de rádio. Eu também confirmo a teoria de Maxwell a cada vez que ouço meu rádio. A situação lógica é similar nos dois casos. Em cada caso, a teoria prevê que ondas de rádio devem ser detectadas e, em cada caso, o sucesso de sua detecção leva algum apoio indutivo à teoria. Não obstante, Hertz é justamente famoso pela confirmação que conseguiu, enquanto minhas frequentes confirmações são ignoradas num contexto científico. Hertz deu um passo significativo para a frente. Quando ouço meu rádio estou apenas passando o tempo. O contexto histórico determina a diferença.

OUTRAS LEITURAS

Os escritos de Popper já foram mencionados como leitura relevante para o falsificacionismo. Especialmente relevante para a discussão do crescimento da ciência é *Conjectures and Refutations* (Londres: Routledge and Kegan Paul, 1969), cap. 10 e *Objective Knowledge* (Oxford: Oxford University Press, 1972), caps. 5 e 7. Feyerabend fez contribuições para o programa falsificacionista mais sofisticado. Ver, por exemplo, seu "Explanation, Reduction and Empiricism", em *Scientific Explanation, Space and Time, Minnesota Studies in the Philosophy of Science*, vol. 3, ed. H. Feigl e G. Maxwell (Mineápolis: University of Minnesota Press, 1962), pp. 2797, e "Problems of Empiricism", em *Beyond the Edge of Certainty*, ed. R. Colodny (Nova York: Prentice-Hall, 1965), pp. 45-260. I. Lakatos discute vários estágios no desenvolvimento do programa falsificacionista e sua relação com o programa indutivista em "Falsification and the Methodology of Scientific Research Programmes", em *Criticism and the Growth of Knowledge*, ed. I. Lakatos e A. Musgrave (Cambridge: Cambridge University Press, 1974), pp. 91-196, e ele aplica o conceito falsificacionista de crescimento à matemática em "Proofs and Refutations", *British Journal for the Philosophy of Science* 14 (1963-1964): 1-25, 120-139,221-342. Discussões interessantes sobre o crescimento da ciência são: Noretta Koertge, "Theory Change in Science", em *Conceptual Change*, ed. G. Pearce e P. Maynard (Dordrecht: Reidel Publishing Co.,

88   A. F. CHALMERS

1973), pp. 167-198; S. Amsterdamski, *Between Science and Metaphysics* (Dordrecht: Reidel Publishing Co., 1975); e R. H. Post, "Correspondence, Invariance and Heuristics", *Studies in History and Philosophy of Science* 2 (1971): 213-255.

VI

AS LIMITAÇÕES DO FALSIFICACIONISMO

1. *A dependência que a observação tem da teoria e a falibilidade das falsificações*

O falsificacionista ingênuo insiste em afirmar que a atividade científica deve estar preocupada com as tentativas de falsificar teorias estabelecendo a verdade de proposições de observação que sejam inconsistentes com elas. O falsificacionista mais sofisticado percebe a inadequação dessa ideia e reconhece a importância do papel desempenhado pela confirmação das teorias especulativas bem como pela falsificação das teorias bem estabelecidas. Uma coisa que ambos os tipos de falsificacionistas têm em comum, entretanto, é que há uma importante diferença qualitativa nos *status* das confirmações e das falsificações. As teorias podem ser conclusivamente falsificadas à luz das provas disponíveis, enquanto não podem jamais ser estabelecidas como verdadeiras ou mesmo provavelmente verdadeiras qualquer que seja a prova. A aceitação da teoria é sempre tentativa. A rejeição da teoria pode ser decisiva. Esse é o fator que faz com que os falsificacionistas mereçam seu título.

As afirmações do falsificacionista são seriamente solapadas pelo fato de que as proposições de observação dependem da teoria e são falíveis. Isso pode ser visto imediatamente quando se lembra da particularidade lógica invocada pelo falsificacionista em apoio à sua afirmação. Se são dadas proposições de observação verdadeiras, *então* é possível deduzir logicamente a falsidade

90 A. F. CHALMERS

de certas proposições de observação, enquanto não é possível deduzir a verdade de qualquer proposição de observação. Esta não é uma questão excepcional, mas está baseada na suposição de que proposições de observação perfeitamente seguras estão disponíveis. Mas elas não estão, como foi argumentado no decorrer do capítulo III. Todas as proposições de observação são falíveis. Consequentemente, se uma afirmação universal ou complexo de afirmações universais constituindo uma teoria, ou parte de uma teoria, entra em choque com alguma proposição de observação, ela pode estar errada. Nada na lógica da situação requer que deva ser sempre a teoria a ser rejeitada na ocasião de um choque com a observação. Uma proposição de observação falível pode ser rejeitada e a teoria falível com a qual ela se choca ser mantida. É exatamente isso que estava envolvido quando a teoria de Copérnico foi mantida e a observação a olho nu de que Vênus não muda de tamanho apreciavelmente no curso do ano, inconsistente com a teoria de Copérnico, foi rejeitada. É isso também que está envolvido quando descrições modernas da trajetória da Lua são mantidas e proposições de observação referentes ao fato de que a Lua é muito maior quando está perto do horizonte do que quando está alta no céu são vistas como resultantes de uma ilusão, mesmo considerando-se que a causa da ilusão não é muito bem compreendida. A ciência abunda com exemplos de rejeição de proposições de observação e retenção de teorias com as quais elas se chocam. Contudo, por mais seguramente baseada na observação uma afirmação possa parecer estar, a possibilidade de que novos avanços teóricos revelarão inadequações nessa afirmação não pode ser descartada. Consequentemente, falsificações conclusivas, diretas, de teorias, não são realizáveis.

2. *A defesa inadequada de Popper*

Popper estava consciente do problema discutido na seção 1 desde a época em que publicou pela primeira vez a versão alemã de seu livro *The Logic of Scientific Discovery*, em 1934. No capítulo 5 do livro, intitulado "The Problem of the Empirical Base", ele propõe uma explicação da observação que leva em conta o fato de que observações infalíveis não são dadas diretamente por meio de percepções sensoriais. Nesta seção, inicialmente sintetizarei

AS LIMITAÇÕES DO FALSIFICACIONISMO 91

sua explicação, e em seguida vou argumentar que ela não salva o falsificacionista das objeções da seção 1.

A posição de Popper salienta a importante distinção entre proposições de observação públicas, por um lado, e experiências perceptivas privadas de observadores individuais, por outro. Essas últimas são num certo sentido "dadas" aos indivíduos no ato de observação, mas não há passagem direta dessas experiências privadas (que vão depender de fatores peculiares a cada observador individual tais como suas expectativas, conhecimento anterior etc.) para uma proposição de observação que pretende descrever a situação observada. Uma proposição de observação, formulada numa linguagem pública, pode ser testável e aberta à modificação ou rejeição. Observadores individuais podem ou não aceitar uma proposição de observação específica. Sua *decisão* sobre o assunto será *motivada* em parte pelas experiências perceptivas relevantes, mas nenhuma experiência perceptiva da parte de um indivíduo será suficiente para estabelecer a validade de uma proposição de observação. Um observador pode ser levado a aceitar alguma proposição de observação com base numa percepção e, no entanto, essa proposição de observação pode ser falsa.

Esses pontos podem ser ilustrados pelos exemplos seguintes. "As luas de Júpiter são visíveis através de um telescópio" e "Marte é quadrado e intensamente colorido" são proposições de observação públicas. A primeira pode muito bem ter sido enunciada por Galileu ou um adepto seu e a segunda foi registrada no caderno de notas de Kepler. Ambas são públicas, no sentido em que podem ser apreciadas e criticadas por qualquer um que tenha a oportunidade de fazê-lo. A decisão de Galileu de defender a primeira foi motivada pelas experiências perceptivas que acompanharam suas visões telescópicas de Júpiter, e a decisão de Kepler de registrar a segunda foi provavelmente baseada em suas experiências perceptivas ao dirigir um telescópio em direção a Marte. Ambas as proposições de observação são testáveis. Os adversários de Galileu insistiam em que as manchas que ele tinha interpretado como as luas de Júpiter eram aberrações atribuíveis ao funcionamento do telescópio. Galileu defendeu sua proposição sobre a visibilidade das luas de Júpiter argumentando que, se as luas fossem aberrações, então deveriam aparecer luas perto dos outros planetas também. O debate público continuou, e, neste caso específico, conforme os

92   A. F. CHALMERS

telescópios foram aperfeiçoados e a teoria ótica desenvolvida, a proposição de observação referente às luas de Júpiter sobreviveu à crítica que lhe era dirigida. A maioria dos cientistas finalmente decidiu aceitar a afirmação. Em contraposição, a afirmação de Kepler referente ao formato e à cor de Marte não sobreviveu à crítica e aos testes. Logo, decidiram rejeitar a afirmação.

A essência da posição de Popper sobre proposições de observação é de que sua aceitabilidade é aferida pela sua capacidade de sobreviver a testes. Aquelas que falham diante de testes subsequentes são rejeitadas, enquanto as que sobrevivem a todos os testes são mantidas. Em seu trabalho inicial, ao menos, Popper enfatiza o papel das decisões feitas por indivíduos e grupos de indivíduos na aceitação ou rejeição do que tenho chamado de proposições de observação, que Popper chama "afirmações básicas". Assim, ele escreve: "As afirmações básicas são aceitas como o resultado de uma decisão ou acordo, e nesta medida elas são convenções",[1] e novamente:

> Qualquer afirmação científica empírica pode ser apresentada (descrevendo-se os arranjos experimentais etc.) de forma que qualquer um que tenha aprendido as técnicas relevantes possa testá-la. Se, como resultado, ele rejeita a afirmação, não ficaremos então satisfeitos se nos disser tudo sobre seus sentimentos de dúvida ou convicção com suas percepções. O que ele deve fazer é formular uma asserção que contradiga a nossa, e nos fornecer instruções para testá-la. Se ele deixar de fazer isso, nós podemos apenas pedir que dê uma nova e talvez mais cuidadosa olhada em nosso experimento e pense novamente.[2]

A ênfase de Popper nas decisões conscientes dos indivíduos introduz um elemento subjetivo que se choca de alguma forma com sua insistência posterior na ciência como "um processo sem um sujeito". Essa questão será discutida mais exaustivamente em capítulos posteriores. Por enquanto, eu preferiria reformular a posição de Popper sobre as proposições de observação de maneira menos subjetiva, assim: uma proposição de observação é aceitável, experimentalmente, se, num determinado

---

1. K. R. Popper, *The Logic of Scientific Discovery* (Londres: Hutchinson, 1968), p. 106.

2. Id., ibid., p. 99.

AS LIMITAÇÕES DO FALSIFICACIONISMO

estágio do desenvolvimento de uma ciência, ela é capaz de passar por todos os testes tornados possíveis pelo estado de desenvolvimento da ciência em questão naquele estágio. De acordo com a posição popperiana, as proposições de observação que formam a base com respeito à qual os méritos de uma teoria científica devem ser avaliados são elas próprias falíveis. Popper enfatiza sua posição com uma notável metáfora.

> A base empírica de uma ciência objetiva não tem assim nada de "absoluto". A ciência não repousa sobre um sólido leito pedregoso. A audaciosa estrutura de suas teorias ergue-se como se estivesse sobre um pântano. Ela é como um prédio construído sobre estacas. Essas são impulsionadas para baixo no pântano, mas não para alguma base natural ou "dada"; e se paramos de impulsionar as estacas mais para o fundo não é porque alcançamos solo firme. Nós simplesmente paramos quando ficamos satisfeitos pelas estacas estarem suficientemente firmes para aguentar a estrutura, ao menos por um tempo.[3]

Mas é precisamente o fato de as proposições de observação serem falíveis, e sua aceitação apenas experimental e aberta à revisão que derruba a posição falsificacionista. As teorias não podem ser conclusivamente falsificadas porque as proposições de observação que formam a base para a falsificação podem se revelar falsas à luz de desenvolvimentos posteriores. O conhecimento disponível na época de Copérnico não permitia uma crítica legítima da observação de que os tamanhos aparentes de Marte e Vênus permaneciam, *grosso modo,* constantes, de forma que a teoria de Copérnico, tomada literalmente, poderia ser considerada falsificada por essa observação. Cem anos mais tarde, a falsificação pôde ser revogada devido aos novos desenvolvimentos na ótica.

Falsificações conclusivas são descartadas pela falta de uma base observacional perfeitamente segura da qual elas dependem.

3. *A complexidade das situações de teste realistas*

"Todos os cisnes são brancos" é certamente falsificado se uma instância de cisne não-branco puder ser estabelecida. Mas

---

3. Id., ibid., p. 111.

94 A. F. CHALMERS

ilustrações simplificadas da lógica de uma falsificação como essa encobrem uma dificuldade séria para o falsificacionismo que emerge da complexidade de qualquer situação realista de teste. Uma teoria científica realista pode consistir em um complexo de afirmações universais em vez de uma afirmação isolada como "Todos os cisnes são brancos". Além disso, se uma teoria deve ser experimentalmente testada, então haverá algo mais envolvido além daquelas afirmações que constituem a teoria em teste. A teoria terá de ser aumentada por suposições auxiliares, tais como leis e teorias governando o uso de qualquer instrumento usado, por exemplo. De acréscimo, no sentido de deduzir alguma previsão cuja validade deve ser experimentalmente testada, será necessário somar condições iniciais tais como a descrição do cenário experimental. Por exemplo: suponhamos uma teoria astronômica que deve ser testada pela observação da posição de algum planeta através de um telescópio. A teoria deve prever a orientação do telescópio necessária para uma visão do planeta em algum tempo especificado. As premissas das quais a previsão é derivada vão incluir as afirmações interconectadas que constituem a teoria em teste, condições iniciais tais como posições anteriores do planeta e do Sol, suposições auxiliares como aquelas que possibilitam correções a serem feitas para a refração da luz do planeta na atmosfera da Terra, e assim por diante. Agora, se a previsão que se segue desse labirinto de premissas revela-se falsa (em nosso exemplo, se o planeta não aparecer no local previsto), então tudo o que a lógica da situação nos permite concluir é que ao menos uma das premissas deve ser falsa. Isso não nos possibilita identificar a premissa errada. A teoria em teste pode estar errada, mas alternativamente pode ser uma suposição auxiliar ou alguma parte da descrição das condições iniciais que sejam responsáveis pela previsão incorreta. Uma teoria não pode ser conclusivamente falsificada, porque a possibilidade de que alguma parte da complexa situação do teste, que não a teoria em teste, seja responsável por uma previsão errada não pode ser descartada.

Eis aqui alguns exemplos da história da astronomia que ilustram a questão.

Num exemplo utilizado anteriormente, discutimos como a teoria de Newton foi aparentemente refutada pela órbita do planeta Urano. Nesse caso, revelou-se não ser a teoria errada

AS LIMITAÇÕES DO FALSIFICACIONISMO 95

mas a descrição das condições iniciais, que não incluíam uma consideração do ainda-a-ser-descoberto planeta Netuno. Um segundo exemplo envolve um argumento por meio do qual o astrônomo dinamarquês Tycho Brahe alegava ter refutado a teoria copernicana poucas décadas depois de ela ter sido publicada pela primeira vez. Se a Terra orbita o Sol, argumentava Brahe, então a direção na qual uma estrela fixa é observada da Terra deve variar durante o curso do ano conforme a Terra se move de um lado do Sol para outro. Mas quando Brahe tentou detectar essa paralaxe prevista com seus instrumentos, que eram os mais acurados e sensíveis na época, ele falhou. Isso levou Brahe a concluir que a teoria copernicana era falsa. *A posteriori*, pôde-se perceber que não era a teoria copernicana a responsável pela previsão errada, mas uma das suposições de Brahe. O cálculo de Brahe da distância das estrelas fixas era demasiado pequeno. Quando seu cálculo é substituído por um mais realista, a paralaxe revela-se bastante pequena para ser detectável pelos instrumentos de Brahe.

O terceiro é um exemplo hipotético montado por Imre Lakatos. Ele diz o seguinte:

> A história é sobre um caso imaginário de mau comportamento planetário. Um físico da era pré-einsteiniana toma a mecânica de Newton e sua lei da gravidade, N, como as condições iniciais aceitas, I, e calcula, com sua ajuda, o percurso de um pequeno planeta recentemente descoberto, p. Mas o planeta desvia-se do percurso calculado. Por acaso, nosso físico considera que o desvio era proibido pela teoria de Newton e portanto que, uma vez estabelecido, refuta a teoria N? Não. Ele sugere que deve haver um desconhecido planeta p', que perturba o percurso de p. Ele calcula a massa, órbita etc. de seu hipotético planeta e pede então a um astrônomo experimental que teste sua hipótese. O planeta p' é tão pequeno que mesmo os maiores telescópios disponíveis não podem observá-lo; o astrônomo experimental pede uma verba de pesquisa para construir um ainda maior. Em três anos o novo telescópio está pronto. Se o desconhecido planeta p' for descoberto será uma nova vitória para a ciência newtoniana. Mas não é. E nosso dentista abandona a teoria de Newton e sua ideia de um planeta perturbador? Não. Ele sugere que uma nuvem de poeira cósmica esconde-nos o planeta. Calcula a localização e as propriedades dessa nuvem e pede uma verba de pesquisa para mandar um satélite testar seus cálculos. Se os instrumentos do satélite (possivelmente de tipo novo, baseados numa

96 A. F. CHALMERS

teoria pouco testada) registrarem a existência da nuvem conjectural, o resultado será visto como uma notável vitória para a ciência newtoniana. Mas a nuvem não é descoberta. O nosso cientista abandona a teoria de Newton, junto com sua ideia do planeta perturbador e a ideia da nuvem que o esconde? Não. Ele sugere que há algum campo magnético naquela região do universo que perturbou os instrumentos do satélite. Um novo satélite é enviado. Se o campo magnético for encontrado, os newtonianos celebrarão uma vitória sensacional. Mas ele não é. Isso é visto como uma refutação da física newtoniana? Não. Ou uma outra engenhosa hipótese auxiliar é proposta ou... a história toda é enterrada nos valores empoeirados de publicações periódicas e a história nunca mais será mencionada.[4]

Se essa história é vista como plausível, ela mostra como uma teoria pode sempre ser protegida de falsificação, desviando-se a falsificação para alguma outra parte da complexa teia de suposições.

4. O falsificacionismo é inadequado em bases históricas

Um fato histórico embaraçoso para os falsificacionistas é que sua metodologia tem sido aceita estritamente por cientistas cujas teorias são vistas geralmente entre os melhores exemplos de teorias científicas que nunca teriam sido desenvolvidas porque seriam rejeitadas ainda na infância. Dado qualquer exemplo de uma teoria científica clássica, seja na época em que foi proposta pela primeira vez ou numa data posterior, é possível encontrar proposições observacionais que eram geralmente aceitas na época e foram consideradas inconsistentes com a teoria. Não obstante, aquelas teorias não foram rejeitadas, e foi bom para a ciência que tenha sido assim. Alguns exemplos históricos que podem apoiar minha afirmação são os que vamos ver em seguida.

Nos primeiros anos de sua vida, a teoria gravitacional de Newton foi falsificada por observações da órbita lunar. Levou quase cinquenta anos para que essa falsificação fosse desviada para outras causas que não a teoria de Newton. Mais tarde em sua vida, a mesma teoria foi tida como inconsistente com os

---

4. I. Lakatos, "Falsification and the Methodology of Scientific Research Programmes", em *Criticism and the Growth of Knowledge*, ed. I. Lakatos e A. Musgrave (Cambridge: Cambridge University Press, 1974), p. 100-101.

AS LIMITAÇÕES DO FALSIFICACIONISMO 97

detalhes da órbita do planeta Mercúrio, embora os cientistas não abandonassem a teoria por essa razão. Concluiu-se que nunca foi possível explicar essa falsificação de um modo que protegesse a teoria de Newton. Um segundo exemplo se refere à teoria de Bohr do átomo, e é atribuído a Lakatos.[5] As versões iniciais da teoria eram inconsistentes com a observação que alguma matéria seja estável por um tempo que exceda cerca de 10^{-8} segundos. De acordo com a teoria, elétrons carregados negativamente dentro de átomos orbitam em torno de núcleos carregados positivamente. Mas, de acordo com a teoria eletromagnética clássica pressuposta pela teoria de Bohr, os elétrons em órbita deveriam irradiar. A radiação resultaria numa perda de energia do elétron em órbita com seu colapso no núcleo. Os detalhes quantitativos do eletromagnetismo clássico produzem um tempo estimado em cerca de 10^{-8} segundos para ocorrer esse colapso. Felizmente, Bohr perseverou com sua teoria, a despeito de sua falsificação.

Um terceiro exemplo diz respeito à teoria cinética e tem a vantagem de que a falsificação dessa teoria no nascimento foi explicitamente reconhecida por seu elaborador. Quando Maxwell publicou os primeiros detalhes da teoria cinética dos gases em 1859, no mesmo artigo reconheceu o fato de que a teoria fora falsificada por mensurações dos calores específicos dos gases.[6] Dezoito anos mais tarde, comentando as consequências da teoria cinética, escreveu:

> Algumas delas são, sem dúvida, bastante satisfatórias para nós no atual estado de nossa opinião sobre a constituição dos corpos, mas há outras propensas a nos espantar além de nossa complacência, e talvez decisivamente nos libertar de todas as hipóteses nas quais até agora encontramos refúgio naquela meticulosa ignorância consciente, que é um prelúdio a todo avanço no conhecimento.[7]

---

5. Id., ibid., pp. 140-154.

6. J. C. Maxwell, "Illustrations of the Dynamical Theory of Gases", lido diante da British Association em 1859 e reimpresso em *The Scientific Papers of James Clerk Maxwell*, 2 v., ed. W. D. Niven (Nova York: Dover, 1965), vol. 1, pp. 377-409. Ver especialmente o parágrafo final do artigo.

7. J. C. Maxwell, "The Kinetic Theory of Gases", em *Nature* 16 (1877): 245-246.

98 A. F. CHALMERS

Todos os desenvolvimentos importantes no interior da teoria cinética ocorreram depois dessa falsificação. Mais uma vez, é afortunado que a teoria não tenha sido abandonada diante de falsificações por mensurações dos calores específicos dos gases, como o falsificacionista ingênuo pelo menos seria forçado a insistir.

Um quarto exemplo, a Revolução Copernicana, será explicado em maior detalhe na seção seguinte. O exemplo vai enfatizar as dificuldades que surgem para o falsificacionista quando as complexidades de mudanças importantes em teorias são levadas em consideração. O exemplo estabelecerá também o cenário para uma discussão de uma tentativa mais recente e mais adequada de caracterizar a essência da ciência e de seus métodos.

5. A Revolução Copernicana

Era geralmente aceito na Europa medieval que a Terra ficava no centro de um universo finito e o Sol, os planetas e as estrelas orbitavam em torno dela. A física e a cosmologia que forneciam a moldura na qual estava disposta esta astronomia eram basicamente aquelas desenvolvidas por Aristóteles no século IV a.C. No século II d.C., Ptolomeu projetou um sistema astronômico detalhado que especificava as órbitas da lua, do Sol e de todos os planetas.

Nas primeiras décadas do século XVI, Copérnico projetou uma nova astronomia, uma astronomia envolvendo uma Terra móvel, que desafiava o sistema aristotélico e ptolemaico. De acordo com a visão copernicana, a Terra não é estacionária no centro do universo, mas orbita o Sol junto com os planetas. Na época em que a ideia de Copérnico havia sido concretizada, a visão de um mundo aristotélica fora substituída pela newtoniana. Os detalhes da história desta importante mudança de teoria, uma mudança que ocorreu durante um século e meio, não dão apoio às metodologias defendidas pelos indutivistas e falsificacionistas, e indicam uma necessidade de explicação da ciência e de seu crescimento diferente, mais complexamente estruturada.

Quando Copérnico publicou os detalhes de sua nova astronomia, em 1543, havia muitos argumentos que poderiam

AS LIMITAÇÕES DO FALSIFICACIONISMO 99

ser, e foram, dirigidos contra ela. Esses argumentos, relativos ao conhecimento científico da época, eram sólidos, e Copérnico não pôde defender satisfatoriamente sua teoria contra eles. No sentido de apreciar essa situação, é necessário ter familiaridade com alguns aspectos da visão de mundo aristotélica na qual se baseavam os argumentos contra Copérnico. Segue-se um esboço bem ligeiro de alguns dos pontos relevantes.

O universo aristotélico dividia-se em duas regiões distintas. A região sublunar era a região interna, estendendo-se da Terra central até dentro da órbita lunar. A região sobrelunar era o restante do universo finito, estendendo-se da órbita da lua à esfera das estrelas, e assinalava o limite externo do universo. Nada existia além da esfera externa, nem mesmo espaço. Espaço não preenchido é uma impossibilidade no sistema aristotélico. Todos os objetos celestes na região sobrelunar eram feitos de um elemento incorruptível chamado éter. O éter possuía uma propensão natural a mover-se em torno do centro do universo em círculos perfeitos. A ideia básica foi modificada e aumentada na astronomia ptolemaica. Visto que observações de posições planetárias em várias épocas não podiam ser conciliadas com órbitas circulares, centradas na Terra, Ptolomeu introduziu no sistema círculos ulteriores, chamados epiciclos. Os planetas moviam-se em círculos, ou epiciclos, e os centros deles moviam-se em círculos em torno da Terra. As órbitas podiam ser ulteriormente refinadas acrescentando-se epiciclos a epiciclos etc., de maneira que o sistema resultante fosse compatível com observações de posições planetárias e capaz de prever suas futuras posições.

Em contraste com o caráter ordenado, regular e incorruptível da região sobrelunar, que era marcada pela mudança, crescimento e declínio, geração e corrupção. Todas as substâncias na região sublunar eram misturas dos quatro elementos; ar, terra, fogo e água, e as proporções relativas dos elementos numa mistura determinavam as propriedades da substância por eles constituída. Cada elemento tinha um lugar natural no universo. O lugar natural da Terra era o centro do universo; da água, era a superfície da Terra; do ar, a região imediatamente acima da superfície da Terra: e do fogo, era o topo da atmosfera, próximo à órbita da Lua. Consequentemente, cada objeto terrestre teria

100 A. F. CHALMERS

um lugar natural na região sublunar dependendo da proporção relativa dos quatro elementos que ele continha. As pedras, sendo principalmente terra, tinham um lugar natural perto do centro da Terra, enquanto as chamas, sendo principalmente fogo, tinham um lugar natural perto da órbita da lua, e assim por diante. Todos os objetos tinham propensão a se mover em linhas retas, para cima ou para baixo, em direção ao seu lugar natural. Assim, as pedras tinham um movimento natural direto para baixo, em direção ao centro da Terra, e as chamas tinham um movimento natural direto para cima, afastando-se do centro da Terra. Todos os movimentos além dos naturais pressupõem uma causa. Por exemplo, as flechas têm de ser impulsionadas por um arco e as carroças têm de ser puxadas por cavalos.

Esse, então, é o esqueleto da mecânica e cosmologia aristotélicas pressuposto pelos contemporâneos de Copérnico e que era utilizado em argumentos contra a ideia de que a Terra se movia. Vejamos alguns dos mais fortes argumentos contra o sistema copernicano.

Talvez o argumento que constituía a mais séria ameaça a Copérnico fosse o chamado argumento da torre, que explico a seguir. Se a Terra gira sobre seu eixo, como supunha Copérnico, então qualquer ponto da superfície da Terra vai deslocar-se uma distância considerável em um segundo. Se uma pedra é jogada do alto de uma torre construída sobre a Terra em movimento, ela vai executar seu movimento natural e cair em direção ao centro da Terra. Enquanto ela estiver fazendo isso a torre estará partilhando do movimento da Terra, devido à sua rotação. Consequentemente, quando a pedra alcançar a superfície da Terra a torre terá se afastado da posição que ocupava no começo. Essa deverá, portanto, atingir o solo a alguma distância do pé da torre. Mas isso não acontece na prática. A pedra atinge o solo na base da torre. Conclui-se que a Terra não pode estar girando e que a teoria de Copérnico é falsa.

Outro argumento mecânico contra Copérnico diz respeito a objetos soltos tais como pedras, filósofos etc. que estão sobre a superfície da Terra. Se a Terra gira, por que tais objetos não caem da superfície da Terra, como as pedras cairiam de uma roda em rotação? E se a Terra, enquanto gira, move-se em torno do Sol, por que ela não deixa a Lua para trás?

AS LIMITAÇÕES DO FALSIFICACIONISMO 101

Alguns argumentos contra Copérnico baseados em considerações astronômicas já foram mencionados neste livro. Eles envolviam a ausência de paralaxe nas posições observadas das estrelas e o fato de que Marte e Vênus, quando vistos a olho nu, não mudavam notadamente de tamanho no decorrer do ano. Por causa dos argumentos que mencionei, e de outros semelhantes, os adeptos da teoria copernicana viram-se diante de sérias dificuldades. O próprio Copérnico estava profundamente imerso na metafísica aristotélica e não tinha resposta adequada para eles.

Em vista da força das circunstâncias contra Copérnico, poder-se-ia muito bem perguntar o que então poderia ser dito a favor da teoria copernicana em 1543. A resposta é "não muito". A principal atração da teoria copernicana reside na maneira concisa pela qual explicava diversas características do movimento planetário, que só poderiam ser explicadas pela teoria ptolemaica rival de um modo prolixo e artificial. As características são o movimento retrógrado dos planetas e o fato de que, diferentemente dos outros planetas, Mercúrio e Vênus permanecem sempre na proximidade do Sol. Um planeta regressa a intervalos regulares, isto é, interrompe seu movimento em direção a oeste entre as estrelas (como visto da Terra) e por um curto período retoma seu caminho rumo ao leste antes de continuar novamente seu deslocamento para oeste. No sistema ptolemaico, o movimento retrógrado era explicado pela manobra um tanto *ad hoc* de acrescentar epiciclos projetados especialmente para o propósito. No sistema copernicano, não era necessário tal movimento artificial. O movimento retrógrado é uma consequência natural do fato de que a Terra e os planetas juntos orbitam o Sol contra o fundo de estrelas fixas. Observações similares aplicam-se ao problema da constante proximidade do Sol, de Mercúrio e de Vênus. Essa é uma consequência natural do sistema copernicano uma vez que fica estabelecido que as órbitas de Mercúrio e Vênus estão no interior da órbita da Terra. No sistema ptolemaico, as órbitas do Sol, Mercúrio e Vênus têm de ser artificialmente ligadas para que se alcance o resultado desejado.

Algumas características matemáticas da teoria copernicana estavam a seu favor na época. Fora elas, os dois sistemas rivais estavam mais ou menos pareados no que se referia à simplicida

102 A. F. CHALMERS

de e ao acordo com as observações de posições planetárias. Órbitas circulares centradas no Sol não podiam ser conciliadas com a observação, de modo que Copérnico, como Ptolomeu, tinha de acrescentar epiciclos, e o número total de epiciclos necessários para produzir órbitas em conformidade com as observações conhecidas era mais ou menos o mesmo para os dois sistemas. Em 1543, os argumentos a partir da simplicidade matemática que trabalhavam a favor de Copérnico não podiam ser vistos como uma compensação adequada aos argumentos mecânicos e astronômicos que militavam contra ele. Não obstante, vários filósofos naturais matematicamente capazes foram atraídos pelo sistema copernicano, e seus esforços para defendê-lo foram gradativamente bem-sucedidos nos cento e poucos anos seguintes.

A pessoa que contribuiu mais significativamente para a defesa do sistema copernicano foi Galileu. Ele o fez de duas maneiras. Primeiro, usou um telescópio para observar os céus, e dessa forma transformou os dados observacionais que a teoria copernicana tinha de explicar.[8] Em segundo lugar, planejou os inícios de uma nova mecânica que deveria substituir a mecânica aristotélica e com referência à qual os argumentos mecânicos contra Copérnico eram desarmados.

Quando, em 1609, Galileu construiu seus primeiros telescópios e experimentou-os nos céus, ele fez descobertas dramáticas. Viu que existiam muitas estrelas invisíveis a olho nu. Viu que Júpiter tinha luas e que a superfície da Lua da Terra era coberta de montanhas e crateras. Observou também que o tamanho aparente de Marte e Vênus, como vistos através do telescópio, mudava da maneira prevista pelo sistema copernicano. Mais tarde, Galileu deveria confirmar que Vênus tinha fases como a Lua, como Copérnico previra mas que se chocava com o sistema ptolemaico. As luas de Júpiter desarmaram o argumento aristotélico contra Copérnico baseado no fato de que a Lua permanecia junto à Terra que, confirmadamente, se movia. Agora, os aristotélicos estavam diante do mesmo problema em relação a Júpiter e suas luas. A superfície da Lua semelhante à

---

8. Minhas observações sobre Galileu e o telescópio e diversos outros aspectos de minha avaliação da física de Galileu partem do relato provocativo de Feyerabend em *Against Method: Outline of an Anarchistic Theory of Knowledge* (Londres: New Left Books, 1975), pp. 69-164.

AS LIMITAÇÕES DO FALSIFICACIONISMO

da Terra derrotou a distinção aristotélica entre os céus perfeitos e incorruptíveis e a Terra cambiante e corruptível. A descoberta das fases de Vênus assinalaram um sucesso para os copernicanos e um novo problema para os ptolemaicos. É inegável que, uma vez que as observações feitas por Galileu através de seu telescópio são aceitas, as dificuldades enfrentadas pela teoria copernicana diminuem.

As observações acima sobre Galileu e o telescópio levantam um sério problema epistemológico. Por que observações feitas através de um telescópio deveriam ser preferíveis a observações a olho nu? Uma resposta a essa questão pode utilizar uma teoria ótica do telescópio que explica suas propriedades ampliadoras e também dá uma explicação das várias aberrações às quais podemos esperar que as imagens telescópicas estejam sujeitas. Mas o próprio Gailleu não utilizou uma teoria ótica para esse propósito. A primeira teoria ótica capaz de dar apoio nessa direção foi projetada pelo contemporâneo de Galileu, Kepler, no início do século XVII, e essa teoria foi aperfeiçoada e ampliada nas décadas seguintes. Uma segunda maneira de enfrentar nossa questão referente à superioridade do telescópio em relação às observações a olho nu é demonstrar a efetividade do telescópio de um modo prático, focalizando-o em torres distantes, navios etc., mostrando como o instrumento aumenta e torna os objetos mais distintamente visíveis. Contudo, há uma dificuldade com esse tipo de justificativa do uso do telescópio em astronomia. Quando objetos terrestres são vistos através de um telescópio, é possível separar o objeto visto das aberrações provocadas pelo telescópio devido à familiaridade do observador com uma torre, um navio etc. Isso não se aplica quando um observador vasculha os céus por algo que não sabe o que é. É significativo a este respeito que o desenho de Galileu da superfície da Lua tal como ele a viu através de um telescópio contenha algumas crateras que de fato não existem. Presumivelmente, essas "crateras" eram aberrações oriundas do funcionamento dos telescópios, longe de serem perfeitos, de Galileu. Já foi dito o suficiente neste parágrafo para indicar que a justificativa das observações telescópicas não era assunto simples. Aqueles adversários de Galileu que questionavam suas descobertas não eram todos reacionários estúpidos e teimosos. As justificativas ficaram disponíveis e cada

104 A. F. CHALMERS

vez mais adequadas à medida que telescópios cada vez melhores foram sendo construídos e teorias óticas de seu funcionamento foram sendo desenvolvidas. Mas tudo isso levou tempo. A maior contribuição de Galileu à ciência foi sua obra de mecânica. Ele configurou alguns dos fundamentos da mecânica newtoniana que deveria substituir a de Aristóteles. Distinguiu claramente a velocidade da aceleração e assegurou que objetos em queda livre movem-se com uma aceleração constante independente de seu peso, caindo a uma distância proporcional ao quadrado do tempo da queda. Ele negou a afirmação aristotélica de que todo movimento requer uma causa; em seu lugar, propôs uma lei circular da inércia, de acordo com a qual um objeto em movimento não sujeito a forças pode mover-se indefinidamente num círculo em torno da Terra em velocidade uniforme. Ele analisou o movimento de um projétil determinando-o num componente horizontal movendo-se com velocidade constante obedecendo sua lei de inércia, e um componente vertical sujeito à aceleração constante para baixo. Mostrou que o percurso resultante de um projétil era uma parábola. Desenvolveu o conceito de movimento relativo e argumentou que o movimento uniforme de um sistema não pode ser detectado por meios mecânicos sem acesso a algum ponto de referência fora do sistema.

Esses importantes desenvolvimentos não foram alcançados instantaneamente por Galileu. Emergiram gradualmente por um período de meio século, culminando em seu livro *Two New Sciences*,[9] publicado pela primeira vez em 1638, quase um século depois da publicação da mais importante obra de Copérnico. Galileu tornou suas novas concepções significativas e cada vez mais precisas por meio de ilustrações e experimentos pensados. Ocasionalmente, Galileu descrevia experimentos reais, por exemplo, experimentos envolvendo o rolamento de esferas em planos inclinados, embora a quantidade desses experimentos que Galileu tenha realmente realizado é uma questão bastante polêmica.

A nova mecânica de Galileu permitiu ao sistema copernicano defender-se contra algumas das objeções antes mencionadas.

---

9. Galileu Galilei, *Two New Sciences*, trad. Stillman Drake (Madison: University of Wisconsin Press, 1974).

AS LIMITAÇÕES DO FALSIFICACIONISMO 105

Um objeto preso ao topo de uma torre e partilhando com a torre um movimento circular em torno do centro da Terra pode continuar nesse movimento junto com a torre depois de cair, e pode, consequentemente, atingir o solo no pé da torre. Galileu levou adiante o argumento e afirmou que a exatidão de suas leis da inércia podia ser demonstrada jogando-se uma pedra do topo de um mastro de um navio em movimento uniforme: observar--se-ia que ela atingia o tombadilho no pé do mastro; mas ele não afirmava ter realizado o experimento. Galileu teve menos sucesso ao explicar por que os objetos soltos não despencam da superfície da Terra em rotação. Retrospectivamente, isto pode ser atribuído às inadequações de seu princípio de inércia e de sua falta de uma concepção clara da gravidade enquanto força.

Embora o grosso da obra científica de Galileu tivesse a finalidade de reforçar a teoria copernicana, o próprio Galileu não projetou uma astronomia detalhada, e parece ter seguido os aristotélicos em sua preferência por órbitas circulares. Foi o contemporâneo de Galileu, Kepler, que contribuiu com uma brecha importante nessa direção quando descobriu que cada órbita planetária podia ser representada por uma elipse isolada, com o Sol no foco. Isso eliminou o complexo sistema de epiciclos que tanto Copérnico como Ptolomeu julgavam necessário. Nenhuma simplificação similar é possível no sistema ptolemaico, centrado na Terra. Kepler teve à sua disposição os registros de posições planetárias de Tycho Brahe, que eram mais acurados do que aqueles disponíveis para Copérnico. Depois de uma cuidadosa análise dos dados, Kepler chegou às suas três leis do movimento planetário: os planetas movem-se em órbitas elípticas em torno do Sol; uma linha unindo um planeta ao Sol cobre áreas iguais em tempos iguais; o quadrado do período de um planeta é proporcional ao cubo de sua distância média ao Sol.

Galileu e Kepler certamente fortaleceram a questão em favor da teoria copernicana. Contudo, mais desenvolvimentos eram necessários antes que aquela teoria estivesse seguramente baseada numa física abrangente. Newton foi capaz de tirar vantagem das obras de Galileu, Kepler e outros para construir essa física abrangente que publicou em seu *Principia* em 1687. Ele formulou uma clara concepção de força como a causa da aceleração em vez do movimento, uma concepção que tinha estado

106 A. F. CHALMERS

presente de maneira bastante confusa nos escritos de Galileu e Kepler. Newton substituiu a lei da inércia circular de Galileu por sua própria lei da inércia linear, de acordo com a qual os corpos continuam a se mover em linhas retas numa velocidade uniforme a menos que sofram a ação de uma força. Outra contribuição importante de Newton foi, é claro, a lei da gravidade, que possibilitou a Newton explicar a exatidão aproximada das leis do movimento planetário de Kepler e da queda livre de Galileu. No sistema newtoniano, os domínios dos corpos celestes e dos corpos terrestres foram unificados, cada conjunto de corpos movendo-se sob a influência de forças de acordo com as leis do movimento de Newton. Uma vez que a física de Newton havia sido elaborada, foi possível aplicá-la em detalhe à astronomia. Tornou-se possível, por exemplo, investigar os detalhes da órbita lunar, levando em conta seu tamanho finito, a rotação da Terra, a oscilação da Terra sobre seu eixo, e assim por diante. Tornou-se também possível investigar o desvio dos planetas da lei de Kepler devido à massa finita do Sol, forças interplanetárias etc. Desenvolvimentos tais como esses deveriam ocupar os sucessores de Newton pelo próximo par de séculos.

A história que esbocei aqui deve ser suficiente para indicar que a revolução copernicana não ocorreu a partir da queda de um ou dois chapéus da Torre de Pisa. Ficou claro também que nem os indutivistas nem os falsificacionistas dão um relato da ciência compatível com ela. Os novos conceitos de força e inércia não surgiram como resultado de observação e experimentação cuidadosas. Tampouco surgiram por meio da falsificação de conjecturas audaciosas e da substituição contínua de uma conjectura audaciosa por outra. As formulações iniciais da nova teoria, envolvendo concepções novas incompletamente formuladas, foram mantidas com perseverança e desenvolvidas a despeito de aparentes falsificações. Apenas depois de um novo sistema de física ter sido projetado – processo que envolveu o trabalho intelectual de muitos cientistas por vários séculos – é que a nova teoria pôde ser comparada com sucesso aos resultados da observação e do experimento de forma detalhada. Nenhuma explicação da ciência pode ser aceita como suficiente a menos que possa acomodar fatores como esses.

AS LIMITAÇÕES DO FALSIFICACIONISMO

OUTRAS LEITURAS

A crítica de Lakatos a tudo com exceção dos tipos mais sofisticados de falsificacionismo está em seu artigo "Falsification and the Methodology of Scientific Research Programmes", em *Criticism and the Growth of Knowledge*, ed. I. Lakatos e A. Musgrave (Cambridge: Cambridge University Press, 1974), pp. 91-196. Outras críticas clássicas estão em P. Duhem, *The Aim and Structure of Physical Theory* (Nova York: Atheneum, 1962), e W.V.O. Quine no artigo "Two Dogmas of Empiricism", em seu *From a Logical Point of View* (Nova York: Harper and Row, 1961), pp. 20-46. Explicações históricas da revolução copernicana que colocam dificuldades para os falsificacionistas estão em T. Kuhn, *The Copernican Revolution* (Nova York: Random House, 1959); A. Koyré, *Metaphysics and Measurement* (Londres: Chapman and Hall, 1968); e P. K. Feyerabend, *Against Method: Outline of an Anarchistic Theory of Knowlegde* (Londres: New Left Books, 1975). O artigo de Lakatos, "Popper on Demarcation and Induction", em *The Philosophy of Karl R. Popper*, ed. P. A. Schilpp (La Salle, Illinois: Open Court, 1974), critica a afirmação falsificacionista por ter resolvido os problemas da indução. Kuhn critica o falsificacionismo em *The Structure of Scientific Revolutions* (Chicago: Chicago University Press, 1970) e em "Logic of Discovery or Psychology of Research?", em *Criticism and the Growth of Knowledge*, ed. Lakatos e Musgrave, pp. 1-23.

VII

Teorias Como Estruturas: Programas de Pesquisa

1. *As teorias devem ser consideradas um todo estruturado*

O esboço da revolução copernicana apresentado no capítulo anterior sugere enfaticamente que os relatos indutivista e falsificacionista da ciência são por demais fragmentários. Ao se concentrarem nas relações entre as teorias e nas proposições de observações individuais ou de conjuntos, eles deixam de levar em conta as complexidades das principais teorias científicas. Nem a ênfase indutivista ingênua na derivação indutiva das teorias da observação, nem o esquema falsificacionista de conjecturas e falsificações são capazes de produzir uma caracterização adequada da gênese e crescimento de teorias realisticamente complexas. Quadros mais adequados envolvem a apresentação de teorias como espécies de todos estruturados.

Uma das razões pelas quais é necessário considerar as teorias como um todo estruturado origina-se de um estudo da história da ciência. O estudo histórico revela que a evolução e o progresso das principais ciências mostram uma estrutura que não é captada pelos relatos indutivista e falsificacionista. O desenvolvimento programático da teoria copernicana durante mais de um século já nos forneceu um exemplo. Mais adiante neste capítulo encontraremos outros. O argumento histórico não é, contudo, a única base para a afirmação de que as teorias constituem todos estruturais de algum tipo. Outro argumento, mais filosófico, está intimamente ligado à dependência que a

PROGRAMAS DE PESQUISA 109

observação tem da teoria. No capítulo III foi enfatizado que as proposições de observação devem ser formuladas na linguagem de alguma teoria. Consequentemente, as afirmações e os conceitos que nelas aparecem serão tão precisos e tão informativos quanto for precisa e informativa a linguagem em que forem expressos. Por exemplo, acho que se concordará que o conceito newtoniano de massa possui um sentido mais preciso que o conceito de democracia, digamos. Sugiro que o motivo para o sentido relativamente preciso do primeiro tem sua origem no fato de que o conceito desempenha um papel específico e bem definido em uma teoria precisa e estruturada, a mecânica newtoniana. Contrastando com isso, as teorias em que aparece o conceito "democracia" são notoriamente vagas e variadas. Caso seja válida esta ligação íntima sugerida entre a precisão de sentido de um termo ou afirmação e o papel desempenhado por aquele termo ou aquela afirmação numa teoria, então isso resulta de modo bastante direto na necessidade de teorias coerentemente estruturadas.

A dependência dos sentidos dos conceitos da estrutura da teoria em que ocorrem e a dependência da precisão dos primeiros da precisão e do grau de coerência desses últimos podem tomar-se mais plausíveis notando-se as limitações dos modos alternativos em que se pode pensar que um conceito adquira sentido. Uma tal alternativa é o ponto de vista de que os conceitos adquirem seu sentido por meio de uma *definição*. As definições devem ser rejeitadas como procedimento fundamental para o estabelecimento de sentidos. Os conceitos somente podem ser definidos em termos de outros conceitos, os sentidos dos quais são dados. Se os sentidos desses últimos conceitos forem eles mesmos estabelecidos por definições, fica claro que o resultado é um regresso infinito, a menos que os sentidos de alguns termos sejam conhecidos por algum outro meio. Um dicionário é inútil a menos que já se conheça o sentido de muitas palavras. Não era possível para Newton *definir* massa ou força em termos de conceitos pré-newtonianos. Foi necessário que ele transcendesse os termos do velho sistema conceitual e desenvolvesse um novo. Uma segunda alternativa é a sugestão de que o sentido do conceito é estabelecido pela observação, por meio de uma *definição ostensiva*. Uma dificuldade central dessa sugestão foi já discutida a respeito do conceito de "vermelho" nas páginas 54-55. Não se

110 A. F. CHALMERS

chega ao conceito de "massa" somente por meio da observação, por mais atentamente que se observem bolas de bilhar colidindo, pesos pendurados de molas, planetas em órbita etc., nem é possível ensinar a terceiros o sentido de massa simplesmente indicando tais eventos. Não é irrelevante lembrar nesse ponto que, se tentarmos ensinar um cão por meio da definição ostensiva, ele reagirá invariavelmente cheirando o dedo que aponta.

A afirmação de que os conceitos obtêm seus sentidos ao menos em parte do papel que desempenham numa teoria é sustentada pelas seguintes reflexões históricas.

Contrariamente ao mito popular, Galileu parece ter realizado poucas experiências em mecânica. Muitas das "experiências" a que ele se refere ao articular sua teoria são experiências de pensamento. Isso constitui um fato paradoxal para aqueles empiristas que pensam que as novas teorias derivam de alguma forma dos fatos, mas é bastante compreensível quando se percebe que a experimentação precisa somente poderá ser levada a cabo se tivermos uma teoria precisa capaz de produzir previsões sob a forma de afirmações precisas. Galileu se encontrava no processo de fazer uma importante contribuição para a construção de uma nova mecânica, que provaria ser capaz de suportar uma experimentação detalhada num estágio posterior. Não é necessariamente surpreendente que seus esforços envolvessem experiências de pensamento, analogias e metáforas ilustrativas em vez de experimentação detalhada. Sugiro que a história típica de um conceito, seja ele "elemento químico", "átomo", "o inconsciente" ou qualquer outro, envolve uma aparição inicial do conceito como uma ideia vaga, seguido por seu esclarecimento gradual quando a teoria na qual ele desempenha um papel assume uma forma mais precisa e coerente. A emergência do conceito de campo elétrico nos dá um exemplo especialmente notável, embora um tanto técnico. Quando primeiro o conceito foi introduzido, por Faraday, na quarta década do século XIX, ele era muito vago, e era articulado com a ajuda de analogias mecânicas e um uso metafórico de termos como "tensão", "poder" e "força". O conceito de campo tornou-se cada vez mais bem definido quando foram ficando mais bem especificadas as relações entre o campo elétrico e as outras quantidades eletromagnéticas.

PROGRAMAS DE PESQUISA 111

Quando Maxwell introduziu sua corrente de deslocamento, foi possível dar uma grande coerência à teoria sob a forma das equações de Maxwell, que estabeleceram claramente o interrelacionamento entre todas as quantidades do campo eletromagnético. Foi a essa altura que o sentido de "campo elétrico" na teoria eletromagnética clássica alcançou alto grau de clareza e precisão. Foi também nesse ponto que se concedeu aos campos uma independência própria e dispensou-se o éter, que havia sido considerado necessário para dar aos campos uma base mecânica.

Mencionamos até agora dois motivos para que as teorias devam ser vistas como estruturas organizadas de alguma espécie: o fato do estudo histórico demonstrar que as teorias possuem essa característica e o fato de que é somente por meio de uma teoria coerentemente estruturada que os conceitos adquirem um sentido preciso. Um terceiro motivo tem origem na necessidade da ciência de crescer. Está claro que a ciência avançará mais eficientemente se as teorias forem estruturadas de maneira a conter em seu interior indícios e receitas bastante claros quanto a como elas devem ser desenvolvidas e estendidas. Elas devem ser estruturas abertas para que ofereçam um *programa* de pesquisa. A mecânica de Newton forneceu um programa para os físicos dos séculos XVIII e XIX, o programa para explicar todo o mundo físico em termos de sistemas mecânicos que envolvem várias forças e são governados pelas leis do movimento de Newton. Este programa coerente pode ser comparado à moderna sociologia, grande parte da qual está suficientemente preocupada com dados empíricos para satisfazer os critérios falsificacionistas da boa ciência, o que não ocorre com os indutivistas, e que, entretanto, fracassa miseravelmente ao emular o sucesso da física. Sugiro, seguindo Lakatos, que a diferença crucial se encontra na coerência relativa das duas teorias. As modernas teorias sociológicas não enunciam um programa coerente como guia para pesquisas futuras.

2. *Os programas de pesquisa de Lakatos*

O resto do capítulo será dedicado a um resumo de uma tentativa notável de analisar teorias enquanto estruturas organizadas, a "Metodologia dos Programas de Pesquisa Científica", de Imre

112 A. F. CHALMERS

Lakatos. Lakatos[1] desenvolveu sua descrição da ciência como uma tentativa de melhorar o falsificacionismo popperiano e superar as objeções a ele.

Um programa de pesquisa lakatosiano é uma estrutura que fornece orientação para a pesquisa futura de uma forma tanto negativa quanto positiva. A *heurística negativa* de um programa envolve a estipulação de que as suposições básicas subjacentes ao programa, seu núcleo irredutível, não devem ser rejeitadas ou modificadas. Ele está protegido da falsificação por um cinturão de hipóteses auxiliares, condições iniciais etc. A *heurística positiva* é composta de uma pauta geral que indica como pode ser desenvolvido o programa de pesquisa. Um tal desenvolvimento envolverá suplementar o núcleo irredutível com suposições adicionais numa tentativa de explicar fenômenos previamente conhecidos e prever fenômenos novos. Os programas de pesquisa serão *progressivos* ou *degenerescentes,* dependendo de sucesso ou fracasso persistente quando levam à descoberta de fenômenos novos. Para evitar que o leitor se desencoraje diante dessa barragem de termos novos, deixe-me apressar em explicá-los de forma bastante simples.

O núcleo irredutível de um programa é, mais que qualquer outra coisa, a característica que o define. Ele assume a forma de alguma hipótese teórica muito geral que constitui a base a partir da qual o programa deve se desenvolver. Aqui estão alguns exemplos. O núcleo irredutível da astronomia copernicana seriam as suposições que a Terra e os planetas orbitam um Sol estacionário e que a Terra gira em seu eixo uma vez por dia. O núcleo irredutível da física newtoniana é composto das leis do movimento de Newton mais a sua lei da atração gravitacional. O núcleo irredutível do materialismo histórico de Marx seria a suposição de que a mudança histórica deva ser explicada com base nas lutas de classes, a natureza das classes e os detalhes das lutas sendo determinados, em última análise, pela base econômica.

O núcleo irredutível de um programa é tornado infalsificável pela "decisão metodológica de seus protagonistas".[2]

---

1. I. Lakatos, "Falsification and the methodology of scientific research programa mes", em *Criticism and the Growth of Knowledge,* ed. I. Lakatos e A. Musgrave (Cambridge: Cambridge University Press, 1974), pp. 91-196.

2. Id., ibid., p. 133.

PROGRAMAS DE PESQUISA 113

Qualquer inadequação na correspondência entre um programa de pesquisa articulado e os dados de observação deve ser atribuída não às suposições que constituem seu núcleo irredutível, mas a alguma outra parte da estrutura teórica. O labirinto de suposições que constituem esta outra parte da estrutura é aquilo a que Lakatos se refere como cinturão protetor. Ele consiste não somente nas hipóteses auxiliares explícitas que suplementam o núcleo irredutível, mas também em suposições subjacentes à descrição das condições iniciais e também em proposições de observação. Era necessário, por exemplo, que o núcleo irredutível do programa de pesquisa copernicano fosse aumentado pela adição de numerosos epiciclos às órbitas planetárias, inicialmente circulares, e era necessário também mudar a estimativa de distância das estrelas da Terra, previamente aceita. Caso o comportamento planetário observado diferisse do previsto pelo programa de pesquisa copernicano em algum ponto de seu desenvolvimento, então o núcleo irredutível poderia ser protegido com a modificação dos epiciclos ou a adição de novos epiciclos. Eventualmente outras suposições, inicialmente implícitas, seriam desenterradas e modificadas. O núcleo irredutível foi protegido mudando-se a teoria subjacente à linguagem de observação, de modo que informações telescópicas substituíram as observações a olho nu, por exemplo. As condições iniciais também vieram a ser eventualmente modificadas, com a adição de novos planetas.

A heurística negativa de um programa é a exigência de que, durante o desenvolvimento do programa, o núcleo irredutível deve permanecer intacto e sem modificações. Qualquer cientista que modifique este núcleo optou por sair deste programa de pesquisa específico. Tycho Brahe escolheu sair do programa de pesquisa copernicano e iniciou um outro quando propôs que todos os planetas à exceção da Terra têm sua órbita ao redor do Sol, enquanto o Sol orbita uma Terra estacionária. A ênfase de Lakatos no elemento convencional ligado ao trabalho no interior de um programa de pesquisa, na necessidade de que os cientistas *se decidam* a aceitar seu núcleo, tem muito em comum com a posição de Popper no que diz respeito às proposições de observação, discutida na seção 2 do capítulo anterior. A principal diferença é que, enquanto em Popper as decisões têm a ver

114 A. F. CHALMERS

apenas com a aceitação de afirmações singulares, em Lakatos o expediente é aumentado de modo a ser aplicável às afirmações *universais* que compõem o núcleo. No que diz respeito à ênfase de Lakatos sobre as decisões explícitas dos cientistas individuais eu tenho reservas semelhantes às que mencionei em relação a Popper. A questão será mais extensamente discutida em capítulos posteriores.

A heurística positiva, aquele aspecto de um programa de pesquisa que indica aos cientistas o tipo de coisa que devem fazer, antes das que não devem fazer, é algo mais vago e difícil de caracterizar especificamente do que a heurística negativa. A heurística positiva indica como o núcleo deve ser suplementado para explicar e prever fenômenos reais. Nas palavras do próprio Lakatos, "A heurística positiva consiste em um conjunto de sugestões ou indícios parcialmente articulados de como mudar, desenvolver, as 'variantes refutáveis' de um programa de pesquisa, como modificar, sofisticar, o cinturão protetor 'refutável'".[3] O desenvolvimento de um programa de pesquisa envolverá não somente a adição de hipóteses auxiliares adequadas, mas também o desenvolvimento de técnicas matemáticas e experimentais adequadas. Por exemplo, desde o começo do programa copernicano ficou claro que eram necessárias técnicas matemáticas adequadas para manipular os movimentos epicíclicos, técnicas melhoradas para observações astronômicas e teorias adequadas que governassem o uso de uma variedade de instrumentos para a elaboração e aplicação detalhada do programa.

Lakatos ilustrou a noção de heurística positiva com a história do início do desenvolvimento da teoria gravitacional de Newton.[4] Newton chegou primeiro à lei da atração do inverso do quadrado considerando o movimento elíptico de um planeta um ponto ao redor de um Sol como um ponto. Claro estava que, se a teoria gravitacional fosse colocada na prática ao movimento planetário, seria necessário que o programa se desenvolvesse desse modelo idealizado para um modelo mais realista. Mas esse desenvolvimento envolvia a solução de problemas teóricos e não seria realizado sem um considerável trabalho teórico. O próprio

---

3. Id, ibid, p. 135.
4. Id, ibid, pp. 145-146.

PROGRAMAS DE PESQUISA 115

Newton, enfrentando um programa definido, isto é, orientado por uma heurística positiva, progrediu de forma considerável. Primeiro, levou em consideração o fato de que um Sol, como um planeta, move-se sob a influência de sua atração mútua. Levou em consideração então o tamanho finito dos planetas e tratou-os como esferas. Depois de resolver o problema matemático apresentado por este passo, Newton prosseguiu e deu margem para outras complicações, como as que são introduzidas pela possibilidade de um planeta girar e o fato de que existem forças gravitacionais entre os planetas, bem como entre cada um deles e o Sol. Quando Newton tinha progredido até este ponto no programa, seguindo um caminho que se havia apresentado mais ou menos necessário desde o início, ele começou a se preocupar com a correspondência entre sua teoria e a observação. Quando esta correspondência deixou a desejar, ele foi capaz de prosseguir para planetas não esféricos, e assim por diante. Além de um programa teórico contido na heurística positiva, um programa experimental bastante definido foi sugerido. Aquele programa incluía o desenvolvimento de telescópios mais precisos, juntamente com teorias auxiliares necessárias para o seu uso na astronomia, como aquelas que fornecem os meios adequados para levar em conta a refração da luz na atmosfera terrestre. A formulação inicial do programa de Newton implicava também a vantagem de se construir aparatos sensíveis o suficiente para detectar a atração gravitacional numa escala de laboratório (a experiência de Cavendish).

O programa implícito na teoria gravitacional de Newton dava uma forte orientação heurística. Lakatos dá um relato bastante detalhado da teoria do átomo de Bohr como outro exemplo convincente.[5] Um traço importante desses exemplos de programas de pesquisa em desenvolvimento é o estágio comparativamente tardio em que o teste de observação torna-se importante. Isso está de acordo com os meus comentários sobre a construção de Galileu das origens da mecânica na seção anterior. O início de trabalho num programa de pesquisa ocorre sem consideração da observação ou apesar das aparentes falsificações desta. Um programa de pesquisa deve ter uma chance de realizar seu pleno

---

5. Id., ibid., pp. 140-154.

116 A. F. CHALMERS

potencial. Um cinturão protetor adequado e apropriadamente sofisticado deve ser construído. Em nosso exemplo da revolução copernicana, isso incluía o desenvolvimento de uma mecânica e de uma ótica adequadas. Quando um programa foi desenvolvido até um estágio em que é apropriado submetê-lo a testes de observação, são as confirmações, mais que as falsificações, de especial importância, segundo Lakatos.[6] Exige-se que um programa de pesquisa tenha sucesso, ao menos intermitentemente, em fazer previsões novas que sejam confirmadas. A noção de uma previsão "nova" foi discutida na seção 4 do capítulo V. A teoria de Newton experimentou sucessos dramáticos desse tipo quando Galle observou o planeta Netuno e Cavendish detectou primeiro a atração gravitacional em escala de laboratório. Sucessos tais eram as marcas do caráter progressivo do programa. Em contraste, a astronomia ptolemaica tinha fracassado em prever fenômenos novos durante toda a Idade Média. Na época de Newton, a teoria ptolemaica era nitidamente uma teoria degenerescente.

Duas das maneiras em que o mérito de um programa de pesquisa deve ser avaliado surgiram do esboço que vimos. Em primeiro lugar, um programa de pesquisa deve possuir um grau de coerência que envolva o mapeamento de um programa definido para a pesquisa futura. Segundo, um programa de pesquisa deve levar à descoberta de fenômenos novos, ao menos ocasionalmente. Um programa de pesquisa deve satisfazer às duas condições para se qualificar como programa científico. Lakatos oferece tanto o marxismo quanto a psicologia freudiana como programas que satisfazem ao primeiro critério mas não ao segundo, e a sociologia moderna como um programa que satisfaz talvez ao segundo mas não ao primeiro.

3. *Metodologia em um programa de pesquisa*

No interior do arcabouço de Lakatos deve-se discutir a metodologia científica a partir de dois pontos de vista: o primeiro

---

6. Uso "confirmação" aqui da mesma maneira como nos capítulos anteriores para me referir a resultados de um teste experimental que se mostram como sustentando uma teoria, antes que como prova de uma teoria. Lakatos utilizou "verificação" onde eu usei "confirmação".

PROGRAMAS DE PESQUISA 117

relativo ao trabalho a ser feito dentro de um único programa de pesquisa, o outro relativo à comparação dos métodos de programas de pesquisa competitivos. O trabalho no interior de um único programa de pesquisa envolve a expansão e a modificação de seu cinturão protetor pela adição e articulação de várias hipóteses. Quais os tipos de adições e modificações que devem ser permitidos por uma boa metodologia científica e quais os tipos que devem ser excluídos como não-científicos? A resposta de Lakatos a esta pergunta é franca. Qualquer movimento é permitido, contanto que não seja *ad hoc*, no sentido discutido na seção 2 do capítulo V. Modificações ao cinturão protetor de um programa de pesquisa devem ser capazes de serem testadas independentemente. Cientistas individuais ou grupos de cientistas são convidados a desenvolver o cinturão protetor de qualquer maneira que quiserem, contanto que seus passos ofereçam a oportunidade de novos testes e, portanto, a possibilidade de novas descobertas. Tomemos, como ilustração, um exemplo do desenvolvimento da teoria de Newton que consideramos várias vezes antes e consideremos a situação com que se confrontaram Leverrier e Adams quando se dedicaram à problemática órbita do planeta Urano. Esses cientistas escolheram modificar o cinturão protetor do programa propondo que as condições iniciais não eram adequadas. Sua proposta detalhada era científica porque era testável independentemente e, como sucedeu, levou à descoberta do planeta Netuno. Mas outras respostas possíveis ao problema seriam genuinamente científicas no relato de Lakatos. Outro cientista poderia ter proposto uma modificação na teoria ótica que governava a operação dos telescópios usados na investigação. Esse movimento teria sido científico se, por exemplo, tivesse envolvido a previsão de um novo tipo de aberração, de tal forma que a existência da nova aberração pudesse ser testada por experiências óticas. Outro passo poderia ter sido envolvido colocando em dúvida alguma suposição do cinturão protetor, tais como as relativas à refração da atmosfera terrestre. Um tal passo teria sido legítimo se tivesse oferecido a possibilidade de novos tipos de testes experimentais, conduzindo talvez à descoberta de alguma nova característica da atmosfera da Terra.

Dois tipos de movimentos são excluídos pela metodologia de Lakatos. Hipóteses *ad hoc*, e hipóteses não independentemente

118 A. F. CHALMERS

testáveis são excluídas. Em nosso caso, por exemplo, não teria sido científico propor que o movimento importuno do planeta Urano era assim por ser o seu movimento natural. O outro tipo de passo excluído é aquele que viola o núcleo, conforme mencionamos. Um cientista que tentasse lidar com a órbita de Urano propondo que a força entre Urano e o Sol obedecia a algo mais que a lei do inverso do quadrado estaria escolhendo abandonar o programa de pesquisa newtoniano.

O fato de que qualquer parte de um labirinto teórico complexo possa ser responsável por uma falsificação aparente coloca um problema sério para o falsificacionista que confia num método incondicional de conjecturas e refutações. Para ele, a inabilidade em localizar a origem do problema resultou num caos não-metódico. O relato da ciência de Lakatos é suficientemente estruturado para evitar aquela consequência. A ordem é mantida pela inviolabilidade do núcleo irredutível de um programa e pela heurística positiva que o acompanha. A proliferação de conjecturas engenhosas dentro desse arcabouço levará ao progresso, com a condição de que algumas das previsões resultantes das conjecturas engenhosas provem ser ocasionalmente bem-sucedidas. As decisões de reter ou rejeitar uma hipótese são determinadas de forma bastante direta pelos resultados dos testes experimentais. Aquelas que sobrevivem aos testes experimentais são retidas provisoriamente e as que não sobrevivem são rejeitadas, embora algumas decisões estejam abertas à apelação, à luz de alguma hipótese engenhosa posterior, testável independentemente. A importância de uma observação para uma hipótese sendo testada não é tão problemática dentro de um programa de pesquisa, pois o núcleo irredutível e a heurística positiva servem para definir uma linguagem de observação bastante estável.

4. *A comparação de programas de pesquisa*

Enquanto os méritos relativos de hipóteses competitivas dentro de um programa de pesquisa podem ser determinados de uma forma relativamente direta, a comparação de programas de pesquisa rivais é mais problemática. *Grosso modo*, devem-se julgar os méritos relativos de programas de pesquisa à medida que eles estejam progredindo ou degenerando. Um programa

PROGRAMAS DE PESQUISA 119

degenerescente cederá espaço para um rival mais progressista, como a astronomia ptolemaica que cedeu espaço para a teoria copernicana.

Uma das maiores dificuldades com esse critério para a aceitação ou rejeição de programas de pesquisa está associada ao fator tempo. Quanto tempo deve passar antes que se possa decidir que um programa degenerou seriamente, que ele é incapaz de levar à descoberta de fenômenos novos? A parábola de Lakatos, reproduzida nas páginas 96-97 indica a dificuldade. Nesse desenvolvimento imaginário dentro da astronomia newtoniana, nunca foi possível estar certo de que um sucesso importante não se encontrava do outro lado da esquina. Para darmos um exemplo histórico genuíno, mais de setenta anos passaram-se antes que a previsão de Copérnico a respeito das fases de Vênus fosse confirmada como correta, e vários séculos antes que a previsão copernicana de que as estrelas fixas deviam mostrar paralaxe fosse confirmada. Por causa da incerteza do resultado de tentativas futuras de desenvolver e testar um programa de pesquisas, não se pode nunca dizer, de programa algum, que ele degenerou para além de toda a esperança. Sempre é possível que alguma modificação engenhosa de seu cinturão protetor conduza a alguma descoberta espetacular, que trará o programa de volta à vida e o colocará numa fase progressiva.

A história das teorias da eletricidade dá um exemplo das mudanças de sorte de programas de pesquisas rivais. Um programa, que chamarei de teoria de ação à distância, considerava a eletricidade um fluido ou partículas de alguma espécie, residindo em corpos carregados eletricamente ou fluindo através de circuitos elétricos. Supunha-se que elementos separados da eletricidade agiam uns nos outros instantaneamente, à distância, através do espaço vazio, com uma força que dependia da separação e do movimento dos elementos. O outro programa era a teoria de campo iniciada por Faraday, segundo a qual os fenômenos elétricos podem ser explicados em termos de ações que acontecem no meio que cerca os corpos eletrificados e os circuitos elétricos, mais que em termos do comportamento de uma substância em seu interior. Antes dos sucessos de Faraday, a teoria da ação à distância é que era progressiva. Ela levou à descoberta da capacidade de uma garrafa de Leyden armazenar

120   A. F. CHALMERS

eletricidade e à descoberta de Cavendish da lei do inverso do quadrado da atração e da repulsão entre corpos; entretanto, superaria a abordagem da ação à distância com a descoberta de Faraday da indução eletromagnética e sua invenção do motor elétrico, do dínamo e do transformador na década de 1930. A teoria de campo progrediu de forma ainda mais dramática quando, umas poucas décadas mais tarde, Hertz apresentou as ondas de rádio previstas no programa. Entretanto, a teoria da ação à distância não havia sido concluída. Foi desse programa que surgiu a noção de elétron. Ele havia sido previsto de uma forma vaga pelo teórico da ação à distância W. Weber, na primeira metade do século XIX, e fora predito de maneira mais precisa por H. A. Lorentz, em 1892, e foi eventualmente detectado, experimentalmente, por J. J. Thompson e por outros mais tarde, na mesma década. O desenvolvimento da teoria eletromagnética clássica teria sido grandemente prejudicado se a abordagem da ação à distância houvesse sido abandonada mais no início do século por causa do progresso superior do programa de campo. Incidentalmente, a interação entre os dois programas e o fato de que a teoria eletromagnética clássica surgiu como uma reconciliação dos dois programas, herdando, de um lado, os campos e, do outro, os elétrons, sugerem que os programas de pesquisa não são tão autônomos quanto argumenta o relato de Lakatos.

Dentro desse relato, então, não se pode nunca fazer a afirmação sem as restrições de que um programa de pesquisa é "melhor" que um rival. O próprio Lakatos admite que os méritos relativos de dois programas somente podem ser decididos "olhando-se para trás". Por ter deixado de oferecer um critério bem definido para a rejeição de qualquer programa de pesquisa coerente, ou para escolher entre programas de pesquisas rivais, poder-se-ia desejar dizer, com Feyerabend, que a metodologia de Lakatos é "um *ornamento verbal*, como um memorial de épocas mais felizes, quando era ainda possível administrar um negócio complexo e frequentemente catastrófico como a ciência, seguindo-se umas poucas regras simples e 'racionais'".[7] A questão aqui levantada será discutida mais detalhadamente no capítulo IX.

---

7. P. K. Feyerabend, Consolations for the Specialist, em *Criticism and the Growth of Knowledge*, ed. Lakatos e Musgrave, p. 215.

PROGRAMAS DE PESQUISA 121

OUTRAS LEITURAS

A fonte base é I. Lakatos, "Falsification and the Methodology of Scientific Research Programmes", em *Criticism and the Growth of Knowledge*, ed. I. Lakatos e A. Musgrave (Cambridge: Cambridge University Press, 1974), pp. 91-196. Alguns estudos históricos do ponto de vista de Lakatos são E. Zahar, "Why Did Einstein's Programme Supersede Lorentz's?", *British Journal for the Philosophy of Science* 24 (1973): 95123, 223-263; I. Lakatos e E. Zahar, "Why Did Copernicus Programme Supersede Ptolemy's?", em *The Copernican Achievement*, ed. R. Westman (Berkeley, Calif.: California University Press, 1975); e os estudos em Colin Howson, ed., *Method and Appraisal in the Physical Sciences* (Cambridge: Cambridge University Press, 1976). A maioria dos trabalhos de Lakatos foi reunida e publicada em dois volumes por John Worrall e Gregory Currie (Cambridge: Cambridge University Press, 1978). O ponto em que os programas de pesquisa de Lakatos são autosuficientes é criticado por Noretta Koertge, "Intertheoretic Criticism and the Growth of Science", em *Boston Studies in Philosophy of Science*, vol. 8, ed. R. C. Buck e R. S. Cohen (Dordrecht: Reidel Publishing, Co., 1971, pp. 160-173. As posições de Lakatos e Kuhn são comparadas e Kuhn defendido em D. Bloor, 'Two Paradigms of Scientific Knowledge?", *Science Studies* 1 (1971): 101-115. A noção de uma previsão nova é seguida por Alan E. Musgrave, "Logical Versus Historical Theories of Confirmation", *British Journal for the Philosophy of Science* 25 (1974): 1-23.

VIII

Teorias Como Estruturas: Os Paradigmas de Kuhn

1. Comentários introdutórios

Um segundo ponto de vista de que uma teoria científica é uma estrutura complexa de algum tipo é o que recebeu muita atenção nos últimos anos. Refiro-me ao ponto de vista desenvolvido por Thomas Kuhn, cuja primeira versão apareceu em seu livro *A estrutura das revoluções científicas,* publicado inicialmente em 1962.[1] Kuhn iniciou sua carreira acadêmica como físico e voltou então sua atenção para a história da ciência. Ao fazê-lo descobriu que seus preconceitos sobre a natureza da ciência haviam se esfacelado. Veio a perceber que os relatos tradicionais da ciência, fosse indutivista ou falsificacionista, não suportam uma comparação com o testemunho histórico.

A teoria da ciência de Kuhn foi desenvolvida subsequentemente como uma tentativa de fornecer uma teoria mais corrente com a situação histórica tal como ele a via. Uma característica-chave de sua teoria é a ênfase dada ao caráter revolucionário do progresso científico, em que uma revolução implica o abandono de uma estrutura teórica e sua substituição por outra, incompatível. Outro traço essencial é o importante papel desempenhado na teoria de Kuhn pelas características sociológicas das comunidades científicas.

---

1. T. S. Kuhn, *The Structure of Scientific Revolutions* (Chicago: University of Chicago Press, 1970).

OS PARADIGMAS DE KUHN 123

As abordagens de Lakatos e Kuhn têm algumas coisas em comum. Em especial, ambas fazem a seus relatos filosóficos a exigência de resistirem à crítica da história da ciência. O relato de Kuhn precede a metodologia dos programas de pesquisa científica de Lakatos e acho justo dizer que Lakatos adaptou alguns dos resultados de Kuhn para seus próprios propósitos. O relato de Lakatos foi apresentado em primeiro lugar neste livro porque é visto, da maneira melhor, como a culminação do programa popperiano em uma resposta direta a ele, e uma tentativa de melhorar os limites do falsificacionismo. A diferença mais importante entre Kuhn, de um lado, e Popper e Lakatos, de outro, é a ênfase do primeiro nos fatores sociológicos. O "relativismo" de Kuhn será discutido e criticado mais adiante no livro. Neste capítulo eu me limitarei a um simples resumo dos pontos de vista de Kuhn.

O quadro de Kuhn da maneira como progride a ciência pode ser resumido no seguinte esquema aberto:

pré-ciência – ciência normal – crise-revolução – nova ciência normal – nova crise

A atividade desorganizada e diversa que precede a formação da ciência torna-se eventualmente estruturada e dirigida quando a comunidade científica atém-se a um único *paradigma*. Um paradigma é composto de suposições teóricas gerais e de leis e técnicas para a sua aplicação adotadas por uma comunidade científica específica. Os que trabalham dentro de um paradigma, seja ele a mecânica newtoniana, ótica de ondas, química analítica ou qualquer outro, praticam aquilo que Kuhn chama de *ciência normal*. Os cientistas normais articularão e desenvolverão o paradigma em sua tentativa de explicar e de acomodar o comportamento de alguns aspectos relevantes do mundo real tais como relevados por meio dos resultados de experiências. Ao fazê-lo, experimentarão, inevitavelmente, dificuldades e encontrarão falsificações aparentes. Se dificuldades desse tipo fugirem ao controle, um estado de crise se manifestará. Uma crise é resolvida quando surge um paradigma inteiramente novo que atrai a adesão de um número crescente de cientistas até que eventualmente o paradigma original, problemático, é abandonado. A mudança descontínua constitui uma *revolução científica*. O novo

124 A. F. CHALMERS

paradigma, cheio de promessa e aparentemente não assediado por dificuldades supostamente insuperáveis, orienta agora a nova atividade científica normal até que também encontre problemas sérios e o resultado seja outra revolução.

Com este resumo como uma prelibação, vamos adiante e vejamos em maior detalhe os vários componentes do esquema de Kuhn.

2. Paradigmas e ciência normal

Uma ciência madura é governada por um único paradigma.[2] O paradigma determina os padrões para o trabalho legítimo dentro da ciência que governa. Ele coordena e dirige a atividade de "solução de charadas" do grupo de cientistas normais que trabalham em seu interior. A existência de um paradigma capaz de sustentar uma tradição de ciência normal é a característica que distingue a ciência da não-ciência, segundo Kuhn. A mecânica newtoniana, a ótica de ondas e o eletromagnetismo clássico todos constituíram e talvez constituam paradigmas e se qualificam como ciências. Grande parte da sociologia moderna não tem um paradigma e, consequentemente, deixa de qualificar-se como ciência.

Como será explicado mais adiante, é da natureza de um paradigma iludir uma definição precisa. É, entretanto, possível descrever alguns dos componentes típicos que entram em sua composição. Entre esses componentes estarão leis explicitamente declaradas e suposições teóricas comparáveis aos componentes do núcleo irredutível de um programa de pesquisa lakatosiano. É assim que as leis do movimento de Newton formam parte do paradigma newtoniano, e as questões de Maxwell formam parte do paradigma que constitui a teoria eletromagnética clássica. Os paradigmas devem também incluir maneiras-padrão de aplicação das leis fundamentais a uma variedade de tipos de situação. Por exemplo, o paradigma newtoniano deverá incluir métodos

---

2. Desde que escreveu *The Structure of Scientific Revolutions* Kuhn reconheceu que originalmente utilizou "paradigma" num sentido ambíguo. Em seu pós-escrito à edição de 1970, ele distingue um sentido geral do termo, ao qual ele agora se refere como a *"matriz disciplinar"*, e um sentido restrito do termo, que ele substituiu por "exemplar". Continuo a usar "paradigma" em seu sentido geral, para me referir ao que Kuhn passou a chamar de matriz disciplinar.

OS PARADIGMAS DE KUHN 125

para aplicar as leis de Newton aos movimentos planetários, aos pêndulos, às colisões de bolas de bilhar e assim por diante. A instrumentação e as técnicas instrumentais necessárias para fazer com que as leis do paradigma se apliquem ao mundo real estarão também incluídas no paradigma. A aplicação do paradigma newtoniano na astronomia envolve o uso de tipos aprovados de telescópios, juntamente com as técnicas para o seu uso e uma variedade de técnicas para a correção dos dados coletados com sua ajuda. Um componente adicional dos paradigmas consiste em alguns princípios metafísicos muito gerais que orientam o trabalho no interior de um paradigma. Durante todo o século XIX, o paradigma newtoniano foi governado por uma suposição parecida com "Todo o mundo físico deve ser explicado como um sistema mecânico que opera sob a influência de várias forças segundo os ditames das leis do movimento de Newton", e o programa cartesiano no século XVII envolvia o princípio "Não há vácuo e o universo físico é um grande mecanismo em que todas as forças assumem a forma de um impulso". Finalmente, todos os paradigmas conterão algumas recomendações metodológicas muito gerais tais como "Faça tentativas sérias para o seu paradigma corresponder à natureza", ou "Trate os fracassos na tentativa de fazer o seu paradigma corresponder à ciência como problemas sérios".

A ciência normal implica tentativas detalhadas de articular um paradigma com o objetivo de melhorar a correspondência entre ele e a natureza. Um paradigma será sempre suficientemente impreciso e aberto para que se precise fazer muito trabalho desse tipo.[3] Kuhn retrata a ciência normal como uma atividade de resolução de problemas governada pelas regras de um paradigma. Os problemas serão tanto de natureza teórica quanto experimental. Dentro do paradigma newtoniano, por exemplo, problemas teóricos típicos envolvem projetar técnicas matemáticas para lidar com o movimento de um planeta sujeito a mais de uma força de atração e desenvolver suposições adequadas para aplicar as leis de Newton ao movimento dos fluidos. Entre os problemas experimentais estão incluídos a melhoria da precisão das observações telescópicas e o desenvolvimento de técnicas

---

3. Conforme a noção um tanto mais precisa de uma heurística positiva de Lakatos.

126 A. F. CHALMERS

experimentais capazes de produzir mensurações confiáveis da constante gravitacional. Os cientistas normais devem pressupor que um paradigma lhes dê os meios para a solução dos problemas propostos em seu interior. Um fracasso em resolver um problema é visto como um fracasso do cientista e não como uma falta de adequação do paradigma. Problemas que resistem a uma solução são vistos mais como *anomalias* do que como falsificações de um paradigma. Kuhn reconhece que todos os paradigmas conterão algumas anomalias (e.g. a teoria copernicana e o tamanho aparente de Vênus ou o paradigma newtoniano e a órbita de Mercúrio) e rejeita todo tipo de falsificacionismo.

Um cientista normal não deve ser crítico do paradigma em que trabalha. Somente assim ele será capaz de concentrar seus esforços na articulação detalhada do paradigma e de fazer o trabalho esotérico que é necessário para sondar a natureza em profundidade. É a necessidade de desacordo a respeito das coisas fundamentais que distingue a ciência normal e madura da atividade relativamente desorganizada da pré-ciência imatura. Segundo Kuhn, esta última é caracterizada pelo total desacordo e pelo debate constante a respeito dos fundamentos, tanto assim que é impossível se dedicar ao trabalho detalhado, esotérico. Haverá quase tantas teorias quanto há trabalhadores no campo, e cada teórico será obrigado a começar de novo e a justificar sua própria abordagem específica. Kuhn oferece como exemplo a ótica antes de Newton. Houve uma ampla diversidade de teorias sobre a natureza da luz desde o tempo dos antigos até Newton. Não se alcançou nenhum acordo geral, e nenhuma teoria detalhada, geralmente aceita, surgiu antes que Newton propusesse e defendesse sua teoria das partículas. Os teóricos rivais do período da pré-ciência não somente discordavam a respeito de suposições teóricas fundamentais mas também a respeito de todo tipo de fenômenos de observação relevantes às suas teorias. Na medida em que Kuhn reconhece o papel desempenhado por um paradigma na orientação da busca e interpretação de fenômenos observáveis, ele concilia a maior parte daquilo que descrevi como a dependência que a observação tem da teoria no capítulo III.

Kuhn insiste que há mais coisas num paradigma do que é possível tornar claro sob a forma de regras e orientações explícitas. Ele invoca a discussão de Wittgenstein da noção de "jogo"

OS PARADIGMAS DE KUHN   127

para ilustrar parte do que quer dizer. Wittgenstein argumentou explicar em detalhe as condições suficientes e necessárias para que uma atividade seja um jogo. Quando se tenta, descobre-se invariavelmente uma atividade incluída na nossa definição, mas que não gostaríamos de considerar um jogo, ou uma atividade excluída pela definição, mas que gostaríamos de considerar um jogo. Kuhn afirma que a mesma situação existe quanto aos paradigmas. Quando se tenta dar uma caracterização precisa e explícita de algum paradigma na história da ciência ou na atual, fica sempre aparente que algum trabalho dentro do paradigma viola a caracterização. Kuhn insiste, contudo, que este estado de coisas não torna insustentável o conceito de paradigma, como a situação semelhante em relação aos "jogos" não exclui o uso legítimo daquele conceito. Embora não haja uma caracterização explícita e completa, os cientistas individuais adquirem conhecimento de um paradigma por meio de sua educação científica. Resolvendo problemas-padrão, desempenhando experiências-padrão e, eventualmente, fazendo pesquisa sob orientação de um supervisor que já é um praticante treinado dentro do paradigma, um aspirante a cientista fica conhecendo os métodos, as técnicas e os padrões daquele paradigma. Ele não será mais capaz de fazer um relato explícito dos métodos e habilidades que adquiriu, mas um mestre carpinteiro é capaz de descrever perfeitamente o que está por trás de suas habilidades. Grande parte do conhecimento de um cientista normal será *tácita*, no sentido desenvolvido por Michael Polanyi.[4]

Por causa da maneira como ele é treinado – e como é necessário que seja treinado para trabalhar de forma eficiente – um cientista normal típico não estará cônscio da natureza precisa do paradigma em que trabalha e não será capaz de articulá-la. Disso não se pode afirmar, entretanto, que um cientista não será capaz de tentar articular as pressuposições implicadas em seu paradigma, caso haja necessidade. Tal necessidade surgirá quando um paradigma for ameaçado por um rival. Nestas circunstâncias será necessário tentar detalhar as leis gerais, os princípios metafísicos e metodológicos etc. envolvidos num paradigma, para defendê-lo contra as alternativas envolvidas no novo paradigma

---

4. Ver M. Polanyi, *Personal Knowledge* (Londres: Routledge and Kegan Paul, 1973) e *Knowing and Being* (Londres: Routledge and Kegan Paul, 1969).

128 A. F. CHALMERS

ameaçador. Na próxima seção resumirei o relato de Kuhn de como um paradigma pode entrar em dificuldades e ser substituído por um rival.

3. Crise e revolução

O cientista normal trabalha confiantemente dentro de uma área bem definida ditada por um paradigma. O paradigma lhe apresenta um conjunto de problemas definidos justamente com os métodos que acredita serem adequados para a sua solução. Caso ele culpe o paradigma por qualquer fracasso em resolver um problema, estará aberto às mesmas acusações de um carpinteiro que culpa suas ferramentas. No entanto, fracassos serão encontrados e podem, eventualmente, atingir um grau de seriedade que constitua uma crise séria para o paradigma e que possa conduzir à rejeição de um paradigma e sua substituição por uma alternativa incompatível.

A mera existência de enigmas não resolvidos dentro de um paradigma não constitui uma crise. Kuhn reconhece que os paradigmas sempre encontrarão dificuldades. Anomalias haverá sempre. É somente sob conjuntos especiais de condições que as anomalias podem se desenvolver de maneira a solapar a confiança num paradigma. Uma anomalia será considerada particularmente séria se for vista atacando os próprios fundamentos de um paradigma e resistindo, entretanto, persistentemente, às tentativas dos membros de uma comunidade científica normal para removê-la. Kuhn cita como exemplo os problemas associados com o éter e o movimento da Terra em relação a ele na teoria eletromagnética de Maxwell, perto do fim do século XIX. Um exemplo menos técnico seriam os problemas colocados pelos cometas para o cosmo pleno e ordenado de esferas cristalinas interconectadas de Aristóteles. As anomalias serão também consideradas sérias se forem importantes para alguma necessidade social urgente. Os problemas que assediavam a astronomia ptolemaica eram urgentes à luz da necessidade da reforma do calendário na época de Copérnico. Relacionado também com a seriedade de uma anomalia será o período de tempo que ela resista a tentativas de removê-la. O número de anomalias sérias é um fator adicional a influenciar o começo de uma crise.

OS PARADIGMAS DE KUHN 129

Segundo Kuhn, uma análise das características de um período de crise na ciência exige tanto a competência de um psicólogo quanto a de um historiador. Quando as anomalias passam a apresentar problemas sérios para um paradigma, um período de "acentuada insegurança profissional" começa.[5] As tentativas de resolver o problema tornam-se cada vez mais radicais e as regras colocadas pelo paradigma para a solução dos problemas tornam-se, progressivamente, mais frouxas. Os cientistas normais começam a se empenhar em disputas metafísicas e filosóficas e tentam defender suas inovações – de *status* dúbio, do ponto de vista do paradigma – com argumentos filosóficos. Os cientistas começam a expressar abertamente seu descontentamento e inquietação com o paradigma reinante. Kuhn cita a resposta de Wolfgang Pauli, ao que viu como a crise crescente da física por volta de 1924. Pauli, exasperado, confessou a um amigo: "No momento a física está mais uma vez terrivelmente confusa. De qualquer forma, é difícil demais para mim; desejaria ter sido um comediante de cinema ou algo parecido e nunca ter ouvido falar em física".[6] Uma vez que um paradigma tenha sido enfraquecido e solapado a tal ponto, que seus proponentes perdem a confiança nele, chega o tempo da revolução.

A seriedade de uma crise se aprofunda quando aparece um paradigma rival. "O novo paradigma, ou um indício suficiente para permitir uma articulação posterior, surge de imediato, algumas vezes no meio da noite, na mente de um homem profundamente imerso na crise."[7] O novo paradigma será diferente do antigo e incompatível com ele. As diferenças radicais serão de vários tipos.

Cada paradigma verá o mundo como composto de diferentes tipos de coisas. O paradigma aristotélico via o universo dividido em dois reinos, a região sobrelunar, incorruptível e imutável, e a região terrestre, corruptível e mutável. Paradigmas posteriores viram o universo todo como sendo composto dos mesmos tipos de substâncias materiais. A química anterior a Lavoisier afirma que o mundo continha uma substância chamada flogisto, expulsa dos materiais quando queimados. O novo

---

5. Kuhn, *The Structure of Scientific Revolutions*, pp.67-68.

6. Id, ibid, p.84.

7. Id, ibid, p.91.

130 A. F. CHALMERS

paradigma de Lavoisier implica que não havia semelhante coisa, ao passo que existe o gás oxigênio que desempenha um papel muito diferente na combustão. A teoria eletromagnética de Maxwell implicava um éter que ocupava o espaço todo, enquanto a recolocação radical de Einstein eliminava o éter. Paradigmas rivais considerarão diferentes tipos de questões como legítimas ou significativas. Questões a respeito do peso eram importantes para os teóricos do flogisto e insignificantes para Lavoisier. Questões a respeito da massa dos planetas eram fundamentais para os newtonianos e heréticas para os aristotélicos. O problema da Terra relativa ao éter, de significação profunda para os físicos pré-einsteinianos, foi dissolvido por Einstein. Propondo, igualmente, diferentes tipos de questões, os paradigmas envolverão padrões diferentes e incompatíveis. A ação não explicada à distância era permitida pelos newtonianos mas desprezada pelos cartesianos por ser metafísica, ou mesmo oculta. A ação sem causa carecia de sentido para Aristóteles e era axiomática para Newton. A transmutação tem lugar importante na física moderna (como na alquimia medieval) mas era completamente contrária aos objetivos do programa atomístico de Dalton. Um certo número de eventos possíveis de descrição da microfísica moderna envolve uma indeterminabilidade que não tem lugar no programa newtoniano.

A maneira pela qual um cientista vê um aspecto específico do mundo será orientada pelo paradigma em que está trabalhando. Kuhn argumenta que há uma explicação para os proponentes de paradigmas rivais estarem "vivendo em mundos diferentes". Cita como prova o fato de que mudanças nos céus começaram a ser notadas, registradas e discutidas pelos astrônomos do Ocidente depois da proposta da teoria copernicana. Antes disso, o paradigma aristotélico havia dito que não poderia haver mudanças na região sobrelunar e, consequentemente, nenhuma mudança foi observada. As mudanças notadas eram explicadas como perturbações na atmosfera superior. Outros exemplos de Kuhn, e de outros mais, já foram dados no capítulo III.

A mudança de adesão de cientistas individuais de um paradigma para uma alternativa incompatível é semelhante, segundo Kuhn, a uma "troca gestáltica" ou a uma "conversão religiosa". Não haverá argumento puramente lógico que

OS PARADIGMAS DE KUHN 131

demonstre a superioridade de um paradigma sobre outro e que force, assim, um cientista racional a fazer a mudança. Uma das razões por que não é possível tal demonstração é o fato de estar envolvida uma variedade de fatores no julgamento que um cientista faz dos méritos de uma teoria científica. A decisão de um cientista individual dependerá da prioridade que ele dá a esses fatores. Eles incluirão coisas tais como simplicidade, a ligação com alguma necessidade social urgente, habilidade de resolver algum tipo de problema específico e assim por diante. Assim, um cientista pode ser atraído para a teoria copernicana por causa da simplicidade de certas características matemáticas dela. Outro será atraído por nela ver a possibilidade de reforma do calendário. Um terceiro poderá ter sido impedido de adotar a teoria copernicana por causa de seu envolvimento com a mecânica terrestre e sua consciência dos problemas que a teoria copernicana apresenta para ela. Um quarto poderia rejeitar o copernicanismo por motivos religiosos.

Um segundo motivo para que não exista nenhuma demonstração logicamente obrigatória da superioridade de um paradigma sobre outro origina-se no fato de que os proponentes de paradigmas rivais aderem a conjuntos diferentes de padrões, de princípios metafísicos etc. Julgado pelos seus próprios padrões, o paradigma A pode ser superior ao paradigma B, ao passo que, se forem usados como premissas os padrões, o julgamento poderá ser invertido. A conclusão de um argumento só é obrigatória se suas premissas forem aceitas. Partidários de paradigmas rivais não aceitarão as premissas uns dos outros e assim não serão, necessariamente, convencidos pelos seus argumentos. É por esse tipo de motivo que Kuhn compara as revoluções científicas às revoluções políticas. Exatamente da maneira como "as revoluções políticas objetivam mudar as instituições políticas de formas proibidas pelas próprias instituições" e, consequentemente, "fracassa o resumo político"; assim, a escolha "entre paradigmas prova ser uma escolha entre modos incompatíveis de vida em comunidade", e argumento algum pode ser "lógica ou probabilisticamente convincente".[8] Isso não quer dizer, entretanto, que vários argumentos não se encontram entre os fatores importantes que influenciam as decisões dos cientistas.

---

8. Id., ibid., pp. 93-94.

132 A. F. CHALMERS

Do ponto de vista de Kuhn, os tipos de fatores que se mostram eficientes em fazer com que os cientistas mudem de paradigma é uma questão a ser descoberta pela investigação psicológica e sociológica.

Há, então, um certo número de motivos interrelacionados para que, quando um paradigma compete com outro, não haja um argumento logicamente convincente que faça com que um cientista racional abandone um pelo outro. Não há um critério único pelo qual um cientista deva julgar o mérito ou a promessa de um paradigma e, ainda mais, proponentes de programas competitivos aderirão a conjuntos diferentes de padrões e verão o mundo de formas diferentes e o descreverão numa linguagem também diferente. O objetivo de argumentos e de discussões entre os partidários de paradigmas rivais deve ser antes a persuasão que a compulsão. Imagino que neste parágrafo tenha resumido o que se encontra por detrás da afirmação de Kuhn de que os paradigmas rivais são "incomensuráveis".

Uma revolução científica corresponde ao abandono de um paradigma e adoção de um novo, não por um único cientista somente, mas pela comunidade científica relevante como um todo. À medida que um número cada vez maior de cientistas individuais, por uma série de motivos, é convertido ao novo paradigma, há um "deslocamento crescente na distribuição de adesões profissionais".[9] Para que a revolução seja bem-sucedida, esse deslocamento deverá, então, difundir-se de modo a incluir a maioria da comunidade científica relevante, deixando apenas uns poucos dissidentes. Esses serão excluídos da nova comunidade científica e se refugiarão, talvez, no departamento de filosofia. De qualquer forma, eles provavelmente morrerão.

4. *A função da ciência normal e das revoluções*

Alguns aspectos dos escritos de Kuhn poderiam dar a impressão de que seu relato da natureza da ciência é puramente *descritivo*, isto é, que seu objetivo não é outro que descrever as teorias científicas ou paradigmas e a atividade dos cientistas. Fosse esse o caso, então o relato da ciência de Kuhn teria pouco valor como *teoria* da ciência. Uma suposta teoria da ciência, baseada apenas

---

9. Id, ibid, p. 158.

OS PARADIGMAS DE KUHN 133

na descrição, estaria aberta a algumas das mesmas objeções que foram levantadas contra o relato indutivista ingênuo de como se chegava às próprias teorias científicas. A menos que o relato descritivo da ciência seja formado por alguma teoria, nenhuma orientação é dada quanto a que tipos de atividades e produtos de atividades devem ser descritos. Especialmente as atividades e as produções de cientistas picaretas precisariam ser documentadas com tantos detalhes quanto as de um Einstein ou de um Galileu.

É um erro, contudo, considerar a caracterização da ciência de Kuhn se originando somente de uma descrição do trabalho dos cientistas. Kuhn insiste que seu relato constitui uma teoria da ciência porque inclui uma explicação da *função* de seus vários componentes. Segundo Kuhn, a ciência normal e as revoluções servem funções necessárias, de modo que a ciência deve implicar essas características ou algumas outras que serviriam para desempenhar as mesmas funções. Vejamos quais são estas funções, segundo Kuhn.

Os períodos de ciência normal dão aos cientistas a oportunidade de desenvolver os detalhes esotéricos de uma teoria. Trabalhando no interior de um paradigma, cujos fundamentos dão como pressupostos, eles são capazes de executar trabalhos teóricos e experimentais rigorosos, necessários para levar a correspondência entre o paradigma e a natureza a um grau cada vez mais alto. É por meio de sua confiança na adequação de um paradigma que os cientistas são capazes de devotar suas energias a tentativas de resolver os enigmas detalhados que se lhes apresentam no interior de um paradigma, em vez de se empenharem em disputas a respeito da legitimidade de suas suposições e métodos fundamentais. É necessário que a ciência normal seja amplamente não-crítica. Caso todos os cientistas fossem críticos de todas as partes do arcabouço no qual trabalhassem todo o tempo, trabalho algum seria feito em profundidade.

Se todos os cientistas fossem e permanecessem cientistas normais, então uma ciência específica ficaria presa em um único paradigma e não progrediria nunca para além dele. Este seria um erro grave, do ponto de vista kuhniano. Um paradigma incorpora um arcabouço conceitual específico por meio do qual o mundo é visto e no qual ele é descrito, e um conjunto específico de técnicas experimentais e teóricas para fazer corresponder o paradigma à natureza. Mas não há motivo algum, *a priori,* para

134 A. F. CHALMERS

que se espere que um paradigma seja perfeito, ou mesmo o melhor disponível. Não existem procedimentos indutivos para se chegar a paradigmas perfeitamente adequados. Consequentemente, a ciência deve conter em seu interior um meio de romper de um paradigma para um paradigma melhor. Esta é a função das revoluções. Todos os paradigmas serão inadequados, em alguma medida, no que se refere à sua correspondência com a natureza. Quando esta falta de correspondência se torna séria, isto é, quando aparece crise, a medida revolucionária de substituir todo um paradigma por outro torna-se essencial para o efetivo progresso da ciência.

O progresso por meio de revoluções é a alternativa de Kuhn para o progresso cumulativo característico dos relatos indutivistas da ciência. De acordo com este último ponto de vista, o conhecimento científico cresce continuamente à medida que observações mais numerosas e mais variadas são feitas, possibilitando a formação de novos conceitos, o refinamento de velhos conceitos e a descoberta de novas relações lícitas entre eles. Do ponto de vista específico de Kuhn isto é um engano por ignorar o papel desempenhado pelos paradigmas na orientação da observação e da experiência. Exatamente porque os paradigmas possuem uma influência tão persuasiva sobre a ciência praticada no interior deles é que a substituição de um por outro precisa ser revolucionária.

Vale a pena mencionar outra função servida pelo relato de Kuhn. Os paradigmas de Kuhn não são tão preciosos que possam ser substituídos por um conjunto explícito de regras, como foi mencionado acima. É bem possível que cientistas diferentes ou diferentes grupos de cientistas interpretem e apliquem o paradigma de uma maneira um tanto diferente. Face à mesma situação, nem todos os cientistas chegarão à mesma conclusão ou adotarão a mesma estratégia. Isso possui a vantagem de o número de estratégias tentadas ser multiplicado. Os ricos são distribuídos, assim, por meio da comunidade científica e aumentadas as chances de algum sucesso a longo prazo. "De que outra forma", pergunta Kuhn, "poderia o grupo como um todo distribuir as suas apostas?"[10]

---

10. I. Lakatos e A. Musgrave, eds, *Criticism and the Growth of Knowledge* (Cambridge: Cambridge University Press, 1974), p. 241.

OUTRAS LEITURAS

A obra principal de Kuhn é, claro, *The Structure of Scientific Revolutions*. A edição de 1970 do livro (Chicago: Chicago University Press) contém um pós-escrito no qual seus pontos de vista são em alguma medida refinados e modificados. A modificação de Kuhn de sua ideia original de um paradigma é discutida em maiores detalhes em "Second Thoughts on Paradigms", em *The Structure of Scientific Theories*, ed. F. Suppe (Urbana : University of Illinois Press, 1973), pp. 459-482. *Criticism and the Growth of Knowledge*, ed. I. Lakatos e A. Musgrave (Cambridge: Cambridge University Press, 1974), contém trabalhos que envolvem um conflito entre as abordagens popperianas e kuhnianas da ciência. Kuhn compara seus pontos de vista com os de Popper em "Logic of Discovery or Psychology of Research?", pp. 1-23 e responde aos seus críticos popperianos em "Reflexions on My Critics", pp. 231-278. Uma coleção de ensaios mais recente da autoria de Kuhn é *The Essential Tension: Selected Studies in Scientific Tradition and Change* (Chicago: Chicago University Press, 1977). Que a posição de Kuhn é uma posição sociológica está evidente em seu "Comment (on the Relation between Science and Art)", *Comparative Studies in Society and History* 11 (1969): 403-412. O. Bloor defende Kuhn contra Lakatos em "Two Paradigms of Scientific Knowledge?", *Science Studies* 1 (1971): 101-115. Para uma tentativa para axiomatizar o ponto de vista da ciência de Kuhn (I) por J. Sneed, e uma discussão dessa tentativa por Kuhn e W. Stegmuller, ver os Proceedings of the 5th International Congress of Logic, Methodology and Philosophy of Science em Londres, Ontário, agosto-setembro de 1975.

IX

Racionalismo *versus* relativismo

Resumi nos dois capítulos anteriores duas análises contemporâneas da ciência que diferem em aspectos fundamentais. Lakatos e Kuhn oferecem distinções conflitantes entre a ciência e a não-ciência, ou pseudociência. O conflito entre os pontos de vista de Kuhn, por um lado, e os de Lakatos e também de Popper, por outro, deu ocasião a um debate quanto às duas posições contrastantes associadas com os termos "racionalismo" e "relativismo" respectivamente. O debate diz respeito às questões de avaliação de teorias e sua escolha e a diferenciar a ciência da não-ciência. Neste capítulo começarei por caracterizar as duas posições que representam os extremos do debate, extremos a que me referirei respectivamente como racionalismo e relativismo. Discutirei, em seguida, a extensão em que Lakatos e Kuhn podem ser legitimamente caracterizados como racionalistas ou relativistas.

Na seção final começarei a colocar em dúvida os termos em que foi colocado o debate.

1. *Racionalismo*

O racionalista extremado afirma que há um critério único, atemporal e universal com referência ao qual se podem avaliar os méritos relativos de teorias rivais. Por exemplo, um indutivista pode aceitar como o seu critério universal o grau de corroboração indutiva que uma teoria recebe dos fatos aceitos, ao passo que um falsificacionista pode basear o seu critério no grau de falsificabilidade de teorias não falsificadas. Sejam quais forem os detalhes

RACIONALISMO *VERSUS* RELATIVISMO 137

da formulação do critério por um racionalista, uma característica importante dela é sua universalidade e seu caráter não-histórico. O critério universal será invocado quando se julgar os méritos relativos da física de Aristóteles e de Demócrito, a astronomia ptolemaica e a copernicana, a psicologia freudiana e a behaviorista ou o *big-bang* e as teorias do estado constante do universo. O racionalista extremado vê as decisões e as escolhas dos cientistas sendo guiadas pelo critério universal. O cientista racional rejeitará as teorias que deixem de corresponder a ele e, ao escolher entre duas teorias rivais, escolherá aquela que melhor corresponda a ele. O racionalista típico acreditará que as teorias que se conformam às exigências do critério universal são verdadeiras, ou aproximadamente verdadeiras, ou provavelmente verdadeiras.[1] A citação na página 32 descreve como um cientista que seja "sobre-humano", na medida em que age sempre racionalmente, operaria segundo um racionalista indutivista.

O racionalista acha a distinção entre a ciência e a não-ciência fácil de compreender. São científicas apenas aquelas teorias capazes de ser claramente avaliadas no critério universal e que sobrevivem ao teste. É assim que um racionalista indutivista poderá decidir que a astrologia não é uma ciência por não ser derivada indutivamente dos fatos da observação, enquanto um falsificacionista poderá decidir que o marxismo não é científico por não ser falsificável. O racionalista típico aceitará como evidência que se deva dar um alto valor ao conhecimento desenvolvido segundo o critério universal. Ainda mais se compreender o processo como meio de se chegar à verdade. A verdade, a racionalidade e a ciência, portanto, são vistas como intrinsecamente boas.

2. *Relativismo*

O relativista nega que haja um padrão de racionalidade universal não-histórico, em relação ao qual possa se julgar que uma teoria é melhor que outra. Aquilo que é considerado melhor ou pior em relação às teorias científicas variará de indivíduo para indivíduo e de comunidade para comunidade. O objetivo

---

1. A noção de verdade é problemática. Ela será discutida com algum detalhe no capítulo XIII.

da busca do conhecimento dependerá do que é importante ou daquilo que é valorizado pelo indivíduo ou comunidade em questão. Por exemplo, o controle material sobre a natureza receberá um alto *status* entre as sociedades capitalistas do Ocidente, tipicamente, mas receberá um *status* baixo numa cultura em que o conhecimento é projetado para produzir sentimentos de contentamento ou de paz.

O dito do velho filósofo grego Protágoras "o homem é a medida de todas as coisas" expressa um relativismo quanto aos indivíduos, ao passo que o comentário de Kuhn de que "não há padrão mais alto que o assentimento da comunidade relevante" expressa um relativismo em relação às comunidades.[2] As caracterizações de progresso e as especificações de critérios para julgar os méritos das teorias serão sempre relativas ao indivíduo ou às comunidades que aderem a elas.

As decisões e as escolhas feitas por cientistas ou grupos de cientistas serão governadas por aquilo a que aqueles indivíduos ou grupos atribuem valor. Em uma dada situação não há um critério universal que dite uma decisão logicamente convincente para o cientista "racional". Uma compreensão das escolhas feitas por um cientista específico requererá uma compreensão daquilo que o cientista valoriza e envolverá uma investigação psicológica, enquanto as escolhas feitas por uma comunidade dependerão daquilo que ela valoriza e uma compreensão dessas escolhas envolverá uma investigação sociológica. O relato de Boris Hessen da adoção da física newtoniana no século XVII como uma resposta às necessidades tecnológicas da época pode ser lido como um relato relativista com relação às comunidades, enquanto a afirmação de Feyerabend, de que é a "ligação interna de todas as partes do sistema (copernicano) juntamente com sua crença na natureza básica do movimento circular que faz com que Copérnico diga que o movimento da terra é real", é um comentário coerente com um relativismo em relação aos indivíduos.[3]

---

2. O comentário de Kuhn está na p. 94 de *The Structure of Scientific Revolutions*. Sobre se ele expressa de forma adequada seu ponto de vista geral será discutido na seção 4.

3. O relato de Hessen, "The Social and Economic Roots of Newton's 'Principia'" está em N. I. Bukharin et al., *Science at the Crossroads* (Londres: Cass, 1971), pp. 149-212. A citação de Feyerabend é de *Science in a Free Society* (Londres: New Left Books, 1978), p. 50.

RACIONALISMO *VERSUS* RELATIVISMO 139

Visto que para o relativista os critérios para julgar os méritos das teorias dependerão dos valores ou dos interesses do indivíduo ou da comunidade que os nutre, a distinção entre a ciência e a não-ciência variará de acordo com eles. Dessa forma, uma teoria das marés baseada na atração da lua constituía boa ciência para os newtonianos mas beirava o misticismo ocultista para Galileu, enquanto na sociedade contemporânea a teoria de Marx da mudança histórica é boa ciência para alguns e propaganda para outros. Para o relativista extremado, a relação entre ciência e não-ciência torna-se muito mais arbitrária e menos importante do que é para o racionalista. Um relativista negará a existência de uma categoria única, a "ciência", que é intrinsecamente superior a outras formas de conhecimento, embora muito possivelmente aconteça que indivíduos ou comunidades deem alto valor àquilo a que geralmente se conhece como ciência. Se a "ciência" (o relativista pode muito bem estar inclinado a usar aspas) é altamente respeitada em nossa sociedade, isso deve então ser compreendido analisando-se a nossa sociedade, e não simplesmente analisando a natureza da ciência.

Tomando essas caricaturas de racionalismo e relativismo como ponto de referência, consideremos agora, onde, na descrição, se encaixam Lakatos e Kuhn.

3. *Lakatos como racionalista*

Alguns dos escritos de Lakatos indicam que ele desejava defender uma posição semelhante àquela que chamei de racionalismo, e que ele via com horror a posição que rotulei de relativismo, uma versão da qual ele atribuiu a Kuhn. Segundo Lakatos, o debate "tem a ver com nossos valores intelectuais centrais".[4] Lakatos declarou explicitamente que o "problema central da filosofia da ciência é (...) o problema de explicitar condições *universais* sob as quais uma teoria seja científica", um problema que é "ligado intimamente ao problema da racionalidade da ciência" e cuja solução "deveria nos oferecer orientação quanto a quando é ou não

---

4. I. Lakatos e A. Musgrave, eds., *Criticism and the Growth of Knowledge* (Cambridge: Cambridge University Press, 1974), p. 93.

140 A. F. CHALMERS

racional a aceitação de uma teoria científica".[5] Do ponto de vista de Lakatos, uma posição relativista, segundo a qual não há padrão mais alto que o da comunidade relevante, não nos permite criticar aquele padrão. Se não há "maneira alguma de julgar uma teoria a não ser avaliando o número, fé e energia vocal de seus partidários", então a verdade se encontra no poder,[6] a mudança científica se transforma numa questão de "psicologia das multidões" e o progresso científico é, em sua essência, um "efeito de adesão aos vitoriosos".[7] Na ausência de critérios racionais que guiem a escolha de teorias, sua mudança aproxima-se da conversão religiosa.[8]

A retórica de Lakatos não deixa, portanto, muito espaço para a dúvida quanto ao fato de que ele desejava defender uma posição racionalista e deplorava a posição relativista. Façamos uma avaliação cuidadosa da extensão em que teve sucesso ao defender a posição racionalista.

O critério universal de Lakatos para a avaliação de teorias segue-se de seu princípio de que "a metodologia dos programas de pesquisa científica é mais adequada para a aproximação da verdade em nosso universo real que qualquer outra metodologia".[9] A ciência progride por meio da competição entre os programas de pesquisa. Um programa de pesquisa é melhor que um rival se for mais progressivo; a natureza progressiva de um programa depende de seu grau de coerência e a extensão em que ele tenha levado ao sucesso novas predições, como foi discutido no capítulo VII. O objetivo da ciência é a verdade, e, segundo Lakatos, a metodologia dos programas de pesquisa fornece a melhor maneira de avaliar em que extensão tivemos sucesso em nos aproximar dela.

"Eu (Lakatos) dou critérios de progressão ou de estagnação dentro de um programa e também regras para a 'eliminação' de programas de pesquisas completos".[10] Com a definição de padrões

---

5. J. Worrall e G. Currie, eds., *Imre Lakatos. Philosophical Papers. Volume I: The Methodology of Scientific Research Programmes* (Cambridge: Cambridge University Press, 1978), pp. 168-169, itálicos no original.

6. Lakatos e Musgrave (1974), p. 93.

7. Id., ibid., p. 178.

8. Id., ibid., p. 93.

9. Worrall e Currie (1978), vol. 1, p. 165, n. 2.

10. Id., ibid., p. 112.

RACIONALISMO *VERSUS* RELATIVISMO 141

de racionalidade "a metodologia dos programas de pesquisa pode nos ajudar a arquitetar leis para refrear ( ) a poluição intelectual".[11] Comentários como esse indicam que Lakatos tinha como objetivo propor um critério universal para julgar os programas de pesquisa, em especial, e o progresso científico, em geral.

Enquanto Lakatos realmente propôs algo que pretendia ser um critério universal da racionalidade ou cientificidade, ele não considerava este critério uma consequência só da lógica, ou tendo sido algum tipo de dádiva divina. Considerava-o uma conjectura testável A adequação da conjectura deveria ser testada confrontando-a com a história da ciência, ou, mais precisamente, dado o trabalho histórico realizado por Lakatos e seus seguidores, confrontando-a com a história da física.[12] Grosso modo, a metodologia proposta (e sua caracterização associada ao que constitui o progresso) deve ser avaliada pela extensão em que é capaz de explicar a "boa" ciência e sua história. À primeira vista, esse modo de procedimento parece circular A metodologia determina aquelas teorias na história da física que constituem a boa física, enquanto exatamente contra aquelas boas teorias é que a metodologia deve ser testada Dados os detalhes do relato de Lakatos e o esclarecimento que Worrall faz dele, entretanto, isso não acontece Há maneiras genuínas nas quais os testes contra a história da física podem corroborar ou desacreditar a metodologia de Lakatos A teoria de Lakatos ganha corroboração se pudermos demonstrar que episódios na história da ciência, que foram inexplicáveis em termos de metodologias rivais, são explicáveis nos termos da metodologia dos programas de pesquisa. Por exemplo, o estudo que Worrall faz da rejeição da teoria ondular da luz de Thomas Young e a retenção da teoria corpuscular de Newton no começo do século XIX apoiam Lakatos. A rejeição da teoria de Young, que apresenta problemas do ponto de vista das metodologias rivais e que havia

---

11. Lakatos e Musgrave (1974), p. 176.

12. Os detalhes da forma como Lakatos concebeu que sua metodologia seria tese tada na história da física estão apresentados em seu ensaio "History of Science and Its Rational Reconstructions", reimpressa em Worrall e Currie (1978), vol. 1, pp. 102-138. Ela foi esclarecida e melhorada por John Worrall na seção 5 de seu "Thomas Young and the 'Refutation' of Newtonian Optics: a Case Study of the Interaction of Philosophy of Science and History of Science", em C. Howson, ed., *Method and Appraisal in the Physical Sciences* (Cambridge: Cambridge University Press, 1976), pp. 107-179.

142 A. F. CHALMERS

sido explicada por teorias facilmente desacreditadas, como por um recurso a um culto ao herói por Newton, é demonstrada por Worrall como estando em completa harmonia com a metodologia de Lakatos. Uma segunda maneira pela qual a metodologia de Lakatos poderia ser concebivelmente corroborada é a seguinte: a metodologia pode servir para identificar um programa que recebeu um forte apoio da comunidade científica, mas que não se conforma com a metodologia dos programas de pesquisa e essa identificação pode levar, subsequentemente, a nova descoberta de alguma causa externa, tal como a intervenção de algum governo ou monopólio industrial. Se um episódio na história da ciência não se conforma com a metodologia de Lakatos, e se explicação alguma, externa, com corroboração independente, satisfatória pode ser encontrada, isso constituiria uma prova contra a metodologia, especialmente se uma metodologia rival é capaz de lidar com o exemplo histórico de uma forma superior.

Lakatos oferece então um critério universal de racionalidade conjectural e que deve ser testado na história da ciência. Mais ainda, afirma-se que seu critério passou por testes de episódios dos últimos duzentos e poucos anos da física de maneira superior aos critérios rivais que foram propostos. Os estudos de casos históricos levados a cabo por Lakatos e seus seguidores certamente sustentam em certa medida essa afirmação.

Alguns dos comentários de Lakatos sugerem que seu critério de racionalidade tinha a intenção de orientar a escolha de teorias. Isso é sugerido pelas citações colocadas anteriormente nesta seção, que indicam que Lakatos esperava dar regras para eliminar programas de pesquisa e opor-se à poluição intelectual. Contudo, apesar de conselhos como esse, a metodologia de Lakatos não é capaz de fornecer conselhos aos cientistas, e Lakatos reconheceu isso.[13] Especificamente, uma das consequências da metodologia de Lakatos não é que os cientistas devam adotar programas

---

13. "Eu, é claro, não indico ao cientista individual o que ele deve tentar fazer numa situação caracterizada por dois programas de pesquisa progressivas rivais (...) O que quer que eles *tenham feito* eu posso julgar: sou capaz de dizer se fizeram ou não progresso Mas não posso aconselhá-los – nem o desejo – a respeito de com que exatamente devem se preocupar e em que direção devem buscar o progresso." I. Lakatos, "Replies to Critics", *Boston Studies in the Philosophy of Science,* vol. 8, ed. R. C. Buck e R. S. Cohen (Dordrecht: Reidel Publishing Co, 1971), p. 178, itálicos no original.

RACIONALISMO *VERSUS* RELATIVISMO 143

progressivos e abandonar programas degenerescentes. Sempre é possível que um programa degenerescente seja reabilitado. "Só se pode ser 'esperto' depois que as coisas acontecem... E *preciso* que se perceba que nosso adversário, mesmo se ficou muito para trás, pode ainda ensaiar um retorno. Vantagem alguma para um dos lados pode ser considerada como absolutamente conclusiva."[14] Consequentemente, "pode-se ater racionalmente a um programa degenerescente até que este seja ultrapassado por um rival, *e mesmo depois*".[15] Embora a metodologia de Lakatos incorpore uma definição do que consistiu o progresso na física moderna, ela não oferece orientação para aqueles que têm como objetivo conseguir um tal progresso. Sua metodologia "é antes um guia para o historiador da ciência do que para o cientista".[16] Lakatos fracassou ao oferecer um relato racionalista da ciência em que muitos de seus comentários indicavam que era sua intenção fazê-lo.

Segundo Lakatos, um campo de indagação é uma ciência caso se conforme à metodologia dos programas de pesquisa científicos e não é caso se não se conforma, sempre tendo em mente que se trata de uma conjectura a ser testada na história da física. Está claro que Lakatos tinha como pressuposto que a física constitui o paradigma da racionalidade e da boa ciência. Ele supunha, sem argumento, que a ciência, tal como exemplificada na física, é superior às formas de conhecimento que não compartilham suas características metodológicas. Num momento ele considera a afirmação de que "a física possui uma verossimilhança maior que a astrologia" plausível e pergunta por que ela não deve ser aceita enquanto não for oferecida uma alternativa séria.[17] E a atitude destaca uma séria fraqueza em sua filosofia. Lakatos apresentou sua metodologia como uma resposta ao problema de se fazer uma distinção entre a racionalidade e a irracionalidade, de deter a poluição intelectual e iluminar questões "de relevância social e política vital", tais como o *status* do marxismo ou da pesquisa genética contemporânea.[18] Aparentemente grande parte da resposta havia

---

14. Worrall e Currie (1978), vol. 1, p. 113, itálicos no original.

15. Id., Ibid., p. 117, itálicos no original.

16. Id., Ibid., p. 154.

17. Id., Ibid., p. 166.

18. Ver, por exemplo, seu ensaio "Science and Pseudo-Science" em Worrall e Currie (1978), vol. 1, pp. 1-7.

144 A. F. CHALMERS

sido prevista por ele desde o início e sem argumento. Lakatos supôs que qualquer campo de indagação que não compartilhe das características principais da física não é uma ciência e é inferior a ela do ponto de vista da racionalidade.[19]

4. Kuhn como relativista

Kuhn menciona um certo número de critérios que podem ser usados para avaliar se uma teoria é melhor que uma teoria rival. Eles incluem "precisão de previsão, especialmente da previsão quantitativa; o equilíbrio entre os assuntos esotéricos e os cotidianos; o número de problemas diferentes resolvidos" e, também, embora não tão importantes, "simplicidade, escopo e compatibilidade com outras especialidades".[20] Critérios como esses constituem os valores da comunidade científica. Os meios pelos quais são especificados esses valores "devem, em última análise, ser psicológicos ou sociológicos. Isto é, devem ser uma descrição de um sistema de valores, de uma ideologia, juntamente com uma análise das instituições por meio das quais o sistema é transmitido e executado".[21] "Não há padrão mais alto que o assentimento da comunidade relevante".[22] Esses aspectos da posição de Kuhn são correspondentes à minha caracterização do relativismo. Se uma teoria é ou não melhor que outra é um assunto a ser julgado em relação aos padrões da comunidade apropriada, e os padrões variarão, tipicamente, com o cenário histórico e cultural da comunidade. O relativismo de Kuhn está enfatizado nas sentenças de conclusão do pós-escrito à "Estrutura das revoluções científicas". "O conhecimento científico, como a linguagem, é intrinsecamente a propriedade comum de um grupo ou então não é nada. Para compreendê-lo será necessário que saibamos as características especiais dos grupos que a criam e usam."[23]

---

19. Feyerabend em "On the Critique of Scientific Reason", em Howson (1976), pp. 309-339, faz uma distinção entre as questões "O que é a ciência?" e "O que é tão incrível a respeito da ciência?", e observa que Lakatos não ofereceu resposta alguma à segunda questão.

20. The Structure of Scientific Revolutions, p. 154.

21. Lakatos e Musgrave (1974), p. 21.

22. The Structure of Scientific Revolutions, p. 94.

23. Ibid., p. 210.

RACIONALISMO *VERSUS* RELATIVISMO 145

Kuhn nega ser um relativista. Em resposta à acusação de ser, escreveu: "As teorias científicas mais recentes são melhores que as antigas para a resolução de enigmas nos ambientes frequentemente bastante diferentes em que são aplicadas. Essa não é a posição de uma relativista, e demonstra o sentido em que sou um crente convencido do progresso cientifico".[24] Isso faria parecer que Kuhn é um racionalista especificando um critério universal em relação ao qual podem ser avaliados os méritos relativos das teorias, a saber, sua habilidade em resolver problemas. Não sou de opinião de que a afirmação de Kuhn de que sua posição não é relativista pode ser sustentada. Ele mesmo comenta que considerações baseadas na habilidade em resolver problemas "não são convincentes nem individual nem coletivamente" no que se refere aos méritos relativos dos paradigmas competitivos e que "considerações estéticas (segundo as quais pode-se dizer que a nova teoria é a mais 'elegante', 'mais adequada' ou 'mais simples' que a antiga) podem algumas vezes ser decisivas".[25] Isso nos traz de volta a uma posição relativista. Um problema adicional com o critério universal para o progresso baseado na habilidade de resolver problemas é a dificuldade de especificar essa noção de uma formação não-relativista. O relato da ciência do próprio Kuhn implica que o que deve ser considerado um problema é dependente do paradigma ou da comunidade. Meu exemplo pessoal preferido refere-se aos pesos atômico e molecular dos elementos que ocorrem naturalmente e os compostos no século XIX. Na época, essas determinações precisas constituíam problemas importantes. Pode-se apreciar, do ponto de vista do século XX, que os compostos que ocorrem naturalmente contêm algo que, do ponto de vista da química teórica, é uma mistura de isótopos arbitrária e teoricamente desinteressante, de modo que, como comentou F. Soddy, o cuidadoso esforço dos químicos do século XIX "aparece sendo de tão pouco interesse e significado quanto a determinação do peso médio de uma coleção de garrafas, algumas cheias e outras mais ou menos vazias".[26]

Enquanto Kuhn assegura que em algum sentido a ciência progride, ele nega, sem ambiguidades, que se possa dizer que ela

---

24. Ibid., p. 206.

25. Ibid., p. 206.

26. Tal como citado por Lakatos em Lakatos e Musgrave (1974), p. 140.

146 A. F. CHALMERS

progride em direção a uma verdade em qualquer sentido bem definido. No capítulo XIII tentarei explicar por que concordo com ele nesse aspecto.

A respeito da questão da escolha de teorias Kuhn insiste que não existem critérios de escolha que sejam logicamente convincentes. "Não há algoritmo neutro algum para a escolha de teorias, nenhum procedimento sistemático de decisões que, corretamente aplicado, deva levar cada indivíduo num grupo à mesma decisão."[27] Haverá, no interior de uma comunidade científica, valores sancionados por esta comunidade que orientam as escolhas dos cientistas individuais, incluindo-se a precisão, escopo, simplicidade, fertilidade e coisas semelhantes. Cientistas que têm esses valores farão escolhas diferentes na mesma situação concreta. Isso se deve ao fato de que eles podem atribuir pesos diferentes aos vários valores, e também podem aplicar diferentemente o mesmo critério na mesma situação concreta.

Para Kuhn, para um campo ser ou não ciência, dependerá de ele se conformar ou não ao relato da ciência oferecido na *Estrutura das revoluções científicas*. A característica mais importante de um campo de indagação quanto à distinção entre a ciência e a não-ciência, afirma Kuhn, é a extensão em que o campo é capaz de sustentar uma tradição científica normal. Nas palavras de Kuhn: "é difícil encontrar um outro critério que proclame de maneira tão clara um campo como ciência".[28]

O critério de demarcação de Kuhn foi criticado: por Popper, com base no fato de que ele dá uma ênfase excessiva ao papel da crítica na ciência; por Lakatos porque, entre outras coisas, ele não trata da importância da competição entre programas de pesquisa (ou paradigmas); e por Feyerabend, com base no fato da distinção de que o crime organizado e a filosofia de Oxford qualificam-se como ciência.[29]

Kuhn, como Lakatos, não argumenta que a ciência é superior a outros campos de indagação, mas supõe que o seja. Ele, na verdade, sugere que, se uma teoria da racionalidade entrar

---

27. *The Structure of Scientific Revolutions*, p. 200.

28. Ibid., p. 22.

29. A crítica de Popper está em seu "Normal Science and Its Dangers", em Lakaktos e Musgrave (1974), 51-58; a de Lakatos, ibid., p. 155; e a de Feyerabend, ibid., 200-201.

RACIONALISMO *VERSUS* RELATIVISMO 147

em conflito com a ciência, devemos mudar nossa teoria da racionalidade. "Supor, ao invés disso, que possuímos critérios de racionalidade independentes de nossa compreensão dos dados essenciais do progresso científico é abrir a porta ao reino da fantasia."[30] Essa alta consideração, não questionada, pela ciência como exemplar de racionalidade, que Kuhn compartilha com Lakatos, é, imagino, o único aspecto em que a posição de Kuhn difere do relativismo tal como o caracterizei.

O uso que Lakatos faz de termos como pânico contagioso, com referência à caracterização de estados de crise por Kuhn e "psicologia das multidões", com referência à sua caracterização das revoluções, é por demais extremo. Há neles, contudo, um elemento de verdade. No relato da ciência de Kuhn, os valores operativos no processo da ciência e que determinam a aceitação ou rejeição de teorias devem ser discernidos pela análise psicológica e sociológica da comunidade científica. Quando isso é tomado conjuntamente com a suposição de que a ciência contemporânea é o epítome do melhor da racionalidade, o que sobra é uma posição conservadora. A posição de Kuhn não deixa uma maneira de criticar as decisões e o modo de operações da comunidade científica. Enquanto a análise sociológica é básica de acordo com o relato de Kuhn, ela oferece pouca coisa à guisa de teoria sociológica e não oferece qualquer sugestão de como distinguir as formas aceitáveis e as inaceitáveis para se alcançar um consenso. Quanto a isso o relato de Lakatos é um pouco melhor, na medida em que oferece realmente meios para que se possa criticar *algumas* decisões da comunidade científica.

A discussão deste capítulo, até agora, poderia ser resumida notando-se que o objetivo de Lakatos era dar um relato racionalista da ciência e que ele fracassou, enquanto Kuhn negou que seu objetivo era dar um relato relativista da ciência, mas que, contudo, ele nos deu.

5. *Para uma mudança dos termos do debate*

Neste capítulo a discussão do racionalismo e do relativismo tratou quase que exclusivamente de avaliações e julgamentos sobre aspectos do conhecimento. Consideramos várias análises do tipo

---

30. Lakatos e Musgrave (1974), p. 264.

148 A. F. CHALMERS

de critérios que habilitam indivíduos ou grupos a julgar se uma teoria é melhor que uma teoria rival ou se um corpo de conhecimento específico é ou não científico. A propriedade desse tipo de questão para se compreender de forma fundamental a natureza da ciência é colocada em questão quando se chama a atenção para a existência do que parece ser uma distinção bastante direta entre alguns estados de coisas e julgamentos a respeito daquele estado de coisas feitos por indivíduos ou grupos. Não será possível, por exemplo, que alguma teoria seja melhor, no sentido de estar mais próxima da verdade, de ser melhor na resolução de problemas, ser um instrumento melhor de previsão ou seja lá o que for, do que uma teoria rival, embora nenhum indivíduo ou grupo assim a julgue? Não é verdade que indivíduos ou grupos podem estar errados em seus julgamentos sobre a natureza ou *status* de alguma teoria? A colocação desse tipo de pergunta sugere que pode muito bem haver uma maneira de analisar a ciência, seus objetivos e seu modo de progresso que se concentre nas características da própria ciência, sem levar em conta aquilo que possam pensar indivíduos ou grupos. No capítulo que se segue prepararei o caminho para uma análise desse tipo e, no capítulo XI, proporei um relato da mudança de teoria na física que não depende do julgamento de indivíduos ou grupos.

OUTRAS LEITURAS

A fonte clássica para o debate entre Kuhn por um lado e Popper e Lakatos por outro é I. Lakatos e A. Musgrave *Criticism and the Growth of Knowledge* (Cambridge: Cambridge University Press, 1979). A continuação desse volume é G. Radnitzky e G. Anderson, *Progress and Rationality in Science* (Dordrecht: Reidel Publishing Co., 1978). A posição de Lakatos é discutida e criticada em R. S. Cohen, P. K. Feyerabend e M. W. Wartofsky, *Essays in Memory of Imre Lakatos* (Dordrecht: Reidel Publishing Co., 1976). De interesse especial é o artigo de Alan Musgrave "Method or Madness?" nas pp. 457-491. A defesa da racionalidade por Lakatos é criticada por Feyerabend em *Against Method* (Londres: New Left Books, 1975), cap. 16, e em seu "On the Critique of Scientific Reason", em C. Howson, ed., *Method and Appraisal in the Physical Sciences* (Cambridge: Cambridge University Press, 1976), pp. 309-339. Um relato claro e de fácil leitura de uma posição relativista semelhante à de Kuhn é o de Harold I. Brown, *Perception, Theory and Commitment: The*

New Philosophy of Science (Chicago: University of Chicago Press, 1977). Um relato relativista da ciência na tradição da sociologia do conhecimento é o de D. Bloor, *Knowledge and Social Imagery* (Londres: Routledge and Kegan Paul, 1976). Uma tentativa útil de esclarecer algumas das questões do debate entre o racionalismo e o relativismo é a de Denise Russell, "Scepticism in Recent Epistemology", *Methodology and Science* 14 (1981): 139-154.

X

OBJETIVISMO

Da maneira como usarei o termo, objetivismo quanto ao conhecimento humano é um ponto de vista que enfatiza que itens do conhecimento, desde proposições simples até teorias complexas, possuem propriedades e características que transcendem as crenças e estados de consciência dos indivíduos que os projetam e contemplam. (Estaria de acordo com o ponto de vista objetivista observar que na própria posição objetivista que apresento neste capítulo pode haver contradições ou ela pode levar a consequências de que não estou consciente e que não me seriam bem-vindas). O objetivismo é oposto à perspectiva a que me referirei como individualismo, segundo a qual o conhecimento é compreendido em termos das crenças dos indivíduos. Para esclarecer no que faz supor o objetivismo, seria proveitoso dizer algumas coisas, primeiro a respeito do individualismo e contrastar, depois, o objetivismo com ele.

1. *Individualismo*

Do ponto de vista individualista o conhecimento é compreendido como um conjunto especial de crenças de indivíduos que reside em seus cérebros ou mentes. É um ponto de vista que certamente ganha sustentação no uso comum da língua. Se digo: "Eu conheço a data em que escrevi este parágrafo específico mas você não a conhece", então estou me referindo a algo que está entre as minhas crenças e que num certo sentido reside em minha mente ou em meu cérebro, mas que não se encontra entre

OBJETIVISMO 151

suas crenças e está ausente de sua mente ou cérebro. Se formulo a questão "Você sabe ou não a primeira lei de movimento de Newton?", estou fazendo uma pergunta com a qual você, como indivíduo, está familiarizado. Claro está que o individualista que aceita essa forma de compreender o conhecimento em termos de crença não aceitará todas as crenças como constituindo conhecimento genuíno. Se eu acredito que a primeira lei de Newton diz "As maçãs caem para baixo", então estou simplesmente enganado e minha crença equivocada não constituirá conhecimento. Se uma crença deve ser considerada conhecimento genuíno, deve ser possível então justificar a crença demonstrando-a como verdadeira, ou como provavelmente verdadeira, recorrendo-se às provas apropriadas. "O conhecimento, deste ponto de vista, é a crença verdadeira adequadamente provada, ou alguma fórmula semelhante."[1]

Se o conhecimento for visto da posição individualista, não é difícil ver como surge um problema fundamental. É o chamado regresso infinito dos motivos que remonta, a Platão, no mínimo. Se alguma afirmação deve ser justificada, isso então será feito recorrendo-se a outras afirmações que constituem as provas para ela. Mas temos aqui o problema de como justificar as próprias afirmações que constituem as provas. Se as justificarmos por um recurso adicional a mais afirmações de provas, então o problema se repete e continuará a repetir-se até que se descubra uma maneira de deter o regresso infinito iminente. Para darmos um exemplo fácil, suponha que tenho o problema de justificar a primeira lei de Kepler, de que os planetas movem-se ao redor do Sol numa elipse. Se o fizer, demonstrando que sua validade aproximada se segue das leis de Newton, minha justificação estará incompleta, a menos que eu justifique as leis de Newton. Se eu tentar justificar as leis de Newton recorrendo às provas experimentais, surge então a questão da validade das provas experimentais e assim por diante. Para que se evite o problema do regresso infinito, parece que seria necessário um conjunto de afirmações que não necessitem de justificativas que recorram a outras afirmações, mas que sejam, de alguma forma, autojustificantes. Um tal conjunto de afirmações constituiria,

---

1. D. M. Armstrong, *Belief, Truth and Knowledge* (Cambridge: Cambridge University Press, 1973), p. 137.

152 A. F. CHALMERS

então, os *fundamentos do conhecimento* e quaisquer crenças que devam adquirir o *status* de conhecimento deveriam ser justificadas rastreando-as de volta aos fundamentos.

Se o problema do conhecimento for interpretado dessa forma, não é difícil ver como surgem duas tradições rivais na teoria do conhecimento: o racionalismo clássico[2] e o empirismo. Falando de forma muito geral, podemos argumentar da maneira que se segue. Os seres humanos individuais têm duas maneiras de adquirir conhecimento a respeito do mundo: pensando e observando. Se dermos prioridade ao primeiro modo, chegaremos a uma teoria do conhecimento racionalista clássica, ao passo que, se dermos prioridade ao segundo chegaremos a uma teoria empiricista.

Segundo o racionalista clássico, os verdadeiros fundamentos do conhecimento são acessíveis à mente pensante. As proposições que constituem aqueles fundamentos são reveladas como claras, distintas e indiscutivelmente verdadeiras pela contemplação e raciocínio cuidadosos. A ilustração clássica da concepção racionalista do conhecimento é a geometria euclidiana. Os fundamentos daquele corpo específico de conhecimentos são concebidos como axiomas, afirmações tais como "apenas uma linha reta pode ser traçada juntando dois pontos". Pode-se dizer, de forma plausível, sobre tais axiomas, que eles são autoevidentemente verdadeiros (embora do ponto de vista moderno alguns deles sejam falsos à luz da teoria geral da relatividade de Einstein). Uma vez que eles sejam estabelecidos como verdadeiros, todos os teoremas que se seguem deles dedutivamente serão, também, verdadeiros. Os axiomas autoevidentes constituem os fundamentos seguros em relação aos quais o conhecimento geométrico é justificado, segundo o ideal racionalista. O primeiro racionalista clássico moderno, do tipo que esbocei aqui, foi René Descartes.

Para o empirista clássico, os verdadeiros fundamentos do conhecimento são acessíveis aos indivíduos por meio dos sentidos. Os empiristas supõem que os indivíduos possam estabelecer como verdadeiras algumas afirmações confrontando o

---

2. O racionalismo clássico não deve ser confundido com o racionalismo que contrastei com o relativismo no capítulo anterior. Espero que esses dois usos um tanto diferentes da palavra racionalismo não gerem confusão.

OBJETIVISMO 153

mundo por meio de seus sentidos. As afirmações assim estabelecidas constituem os fundamentos sobre os quais é construído o conhecimento adicional por algum tipo de inferência indutiva. John Locke foi um dos primeiros empiristas modernos. O ponto de vista indutivista da ciência, esboçado no capítulo I deste livro, representa um tipo de empirismo.

2. Objetivismo

Um indivíduo que nasce neste mundo, nasce num mundo em que há muito conhecimento. Alguém cujo objetivo seja tornar-se físico irá deparar com um corpo de conhecimentos que representa o estado atual do desenvolvimento da física, e precisará informar-se de grande parte dele se quiser fazer uma contribuição para o campo. O objetivista dá prioridade, em sua análise do conhecimento, às características dos itens ou corpos de conhecimento com que se confrontam os indivíduos, independentemente das atitudes, crenças ou outros estados subjetivos daqueles indivíduos. Falando de forma imprecisa, o conhecimento é tratado como algo exterior, antes que interior, às mentes ou cérebros dos indivíduos.

A ênfase objetivista pode ser ilustrada com referência a proposições muito simples. Dada uma linguagem, as proposições em seu interior terão propriedades, quer os indivíduos estejam delas cônscios ou não, nelas creiam ou não. Por exemplo, a proposição "meu gato e eu moramos numa casa em que não habitam animais" tem a propriedade de ser contraditória, enquanto as proposições "eu tenho um gato" e "hoje morreu uma cobaia" têm a propriedade de ser consequências da proposição "hoje meu gato branco matou a cobaia de alguém". Nesses exemplos simples, o fato de as proposições terem as propriedades que destaquei será bastante óbvio para qualquer pessoa que as contemple, mas não é necessário que assim seja. Um advogado num julgamento de um assassinato, por exemplo, pode, depois de uma análise cuidadosa, descobrir que o relatório de uma testemunha contradiz o de outra. Se esse for realmente o caso, trata-se, então, de qual era a intenção das testemunhas e se elas estavam ou não cônscias ou se acreditavam nisso. Além do mais, se o advogado do nosso exemplo não houvesse descoberto a inconsistência, ela poderia não ter sido descoberta de modo que

154 A. F. CHALMERS

ninguém dela se aperceberia. No entanto, permaneceria o fato de que o relatório das duas testemunhas era inconsistente. As proposições podem ter, portanto, propriedades, independentemente de qualquer indivíduo estar cônscio delas. Elas possuem propriedades "objetivas".

O labirinto de proposições que envolve um corpo de conhecimento em algum estágio de seu desenvolvimento terá, semelhantemente, propriedades que os próprios indivíduos que nele trabalham desconheçam. A estrutura teórica que constitui a física moderna é tão complexa que não pode ser identificada com as crenças de qualquer físico ou grupo de físicos. Muitos cientistas contribuem de maneiras separadas, com suas habilidades separadas, para o crescimento e a articulação da física, do mesmo modo que muitos trabalhadores combinam seus esforços na construção de uma catedral. E da mesma forma que o alegre construtor de campanários pode estar misericordiosamente ignorante das implicações de alguma descoberta de mau agouro feita pelos que escavam próximo aos fundamentos da catedral; assim, um teórico elevado pode estar ignorante da relevância de alguma descoberta experimental para a teoria em que trabalha. Em qualquer dos casos é possível que relações existam objetivamente entre as partes da estrutura independentemente da consciência que qualquer indivíduo tenha daquela relação.

Um ponto forte a favor da posição objetivista é que as teorias científicas podem ter consequências que os proponentes originais das mesmas não previam e que, até, ignoravam. Essas consequências, como a previsão de algum tipo novo de fenômeno ou um conflito inesperado com alguma outra área, existem como propriedades da nova teoria, que estão lá para serem descobertas pela prática científica adicional. Dessa forma, Poisson foi capaz de descobrir e demonstrar que a teoria ondular da luz de Fresnel tinha como consequência que deveria haver um ponto brilhante no centro do lado da sombra de um disco iluminado, uma consequência que o próprio Fresnel havia ignorado. Conflitos vários entre a teoria de Fresnel e a teoria de partículas newtoniana que ela contestava foram também descobertos. Por exemplo, a primeira previa que a luz deveria andar mais depressa no ar que na água, ao passo que a segunda previa que a velocidade na água deveria ser maior. Episódios como esses fornecem provas persuasivas para o ponto de vista de que as teorias científicas têm uma

OBJETIVISMO 155

estrutura objetiva externa à mente dos cientistas individuais e possui propriedades que podem ou não ser descobertas ou produzidas e que podem ou não ser compreendidas por cientistas individuais ou grupos de cientistas. Aqui está um exemplo um pouco mais detalhado, que deve servir para enfatizar esse aspecto e também para conduzir para outro aspecto relacionado.

Quando Clerk Maxwell desenvolveu sua teoria eletromagnética, na década de 1860, ele tinha em mente certo número de objetivos explícitos. Um deles era desenvolver uma explicação mecânica dos fenômenos eletromagnéticos. O desejo de Maxwell era colocar a teoria de Faraday, que envolvia conceitos tais como "linhas de força" etc., sobre aquilo que considerava fundamentos mais sólidos, reduzindo-a a uma teoria mecânica de um éter mecânico. No curso de seus esforços, Maxwell achou conveniente introduzir um novo conceito, sua corrente de deslocamento. Uma das consequências atraentes desse passo foi que ele levou à possibilidade de uma explicação eletromagnética da natureza da luz, como Maxwell foi capaz de demonstrar. Os aspectos que desejo enfatizar no contexto atual são os seguintes: em primeiro lugar, Maxwell ignorava uma das consequências mais dramáticas de sua própria teoria, a saber, que ela previa um novo tipo de fenômeno, as ondas de rádio que podem ser geradas por fontes elétricas oscilantes.[3] Que a teoria de Maxwell tinha realmente essa consequência, apesar do fato de Maxwell não ter percebido, foi descoberto e demonstrado, depois de alguns inícios incorretos, por G. F. Fitzgerald em 1881, dois anos após a morte de Maxwell. Em segundo lugar, é que a formulação da teoria eletromagnética por Maxwell marcaria o primeiro passo na derrota do ponto de vista de que todo o mundo físico poderia ser explicado como um sistema material governado pelas leis de Newton, um ponto de vista que Maxwell e sua escola apoiavam avidamente. A relação objetiva entre as teorias de Newton e Maxwell é de tal natureza que essa última não pode ser reduzida à primeira, apesar disso não ter sido apreciado até as primeiras décadas do século XX.

---

3. Para uma defesa dessa afirmação polêmica, ver A. F. Chalmers, "The Limitations of Maxwell's Electromagnetic Theory", *Isis* 64 (1973): 469-483. Para detalhes da tentativa de Maxwell de reduzir o eletromagnetismo à mecânica do éter, ver A. F. Chalmers, "Maxwells's Methodology and His Application of It to Electromagnetism", *Studies in History and Philosophy of Science*, 4 (1973): 107-164.

156 A. F. CHALMERS

O programa de reduzir o eletromagnetismo à mecânica do éter, cuja desejabilidade era consensual na escola maxwelliana, era um programa condenado desde seu início.

Pode-se falar mais sobre esse exemplo, que apoia a afirmação de que as situações problemáticas possuem existência objetiva. Enquanto maxwellianos como Oliver Lodge e Joseph Larmor estavam tentando projetar modelos do éter, alguns físicos da Europa continental haviam discernido outro programa que se originava da teoria da Maxwell. H. A. Lorentz, na Holanda, e H. Hertz, na Alemanha, vieram a saber que a teoria de Maxwell poderia ser estendida de maneira fecunda e aplicada a situações novas ignorando-se o éter mecânico que se alegava ser subjacente às quantidades de campo e, concentrando-se e investigando-se as propriedades dos campos tal como inter-relacionadas pelas equações de Maxwell. Esse caminho provou ser muito fecundo e levou eventualmente à teoria especial de relatividade de Einstein. O que quero enfatizar aqui é que o programa que Lorentz, Hertz e outros seguiram já estava, na verdade, presente nos escritos de Maxwell sob a forma de uma oportunidade objetivamente existente, uma oportunidade que os maxwellianos não compreenderam plenamente, mas que Lorentz compreendeu.

Popper traçou uma analogia entre situações problemáticas objetivamente existentes no interior da ciência e uma caixa para ninhos de pássaros em seu jardim. A caixa para ninhos representa uma situação problemática objetivamente existente e uma oportunidade para pássaros. Um dia algum pássaro poderá agarrar a oportunidade, resolver o problema e utilizar com sucesso a caixa para construir um ninho. O problema e a oportunidade existem para os pássaros quer eles reajam a elas ou não. De forma análoga, as situações problemáticas existem dentro da estrutura da ciência, quer sejam apreciadas e aproveitadas pelos cientistas ou não. O fato de que situações problemáticas fornecem oportunidades objetivas ajuda a explicar os exemplos de descobertas simultâneas na ciência, tal como a "descoberta" simultânea da lei da conservação de energia por vários trabalhadores independentes na década de 1840. Ao seguir questões relativas ao *status* de alguma teoria ou programa de pesquisa, o objetivista se concentrará nas características daquelas teorias ou programas, ao invés de ater-se às crenças, sentimentos de convicção ou outras atitudes dos indivíduos ou grupos que nelas trabalhem. Eles se preocuparão, por

OBJETIVISMO 157

exemplo, com a relação entre a teoria de Newton e a de Galileu, e estarão especialmente interessados em mostrar em que sentido se pode dizer que a primeira constitui um avanço em relação à segunda. Não se preocuparão com questões acerca da atitude de Galileu ou de Newton para com suas teorias. Se Galileu acreditava, ou não, firmemente na verdade de suas teorias, não será de importância fundamental para uma compreensão da física e seu crescimento, embora importante, é claro, se o objetivo fosse compreender Galileu.

3. *A ciência como uma prática social*

Delineei até este ponto uma posição objetivista que se concentra nas teorias tal como expressas explicitamente em proposições verbais ou matemáticas. Há na ciência mais que isso, contudo. Há também seu aspecto prático. Uma ciência, em algum estágio de seu desenvolvimento, envolverá um conjunto de técnicas para articular, aplicar e testar as teorias das quais é formada. O desenvolvimento de uma ciência ocorre de forma análoga à construção de uma catedral enquanto resultado do trabalho combinado de um certo número de indivíduos, cada qual aplicando suas habilidades especializadas. Como disse J. R. Ravetz, "o conhecimento científico é realizado por um esforço social complexo, e é obtido do trabalho de muitos artífices em sua interação muito especial com o mundo da natureza".[4] Uma caracterização completa da ciência incluiria a caracterização das habilidades e técnicas que ela implica.

Uma característica geral importante da física desde Galileu é o fato de que ela implica experiências. A experiência envolve uma interferência planejada na natureza, orientada pela teoria. Uma situação artificial é construída para o propósito de explorar e testar a teoria. A prática experimental desse tipo estava ausente da física antes de Galileu. Uma consequência importante do fato de a física envolver a experiência de forma fundamental será discutida nos capítulos XIII e XIV.

Os detalhes das técnicas experimentais envolvidas na física mudaram, claro, na medida em que ela se desenvolveu.

---

4. J. R. Ravetz, *Scientific Knowledge and Its Social Problems* (Oxford: Oxford University Press, 1971), p. 81.

158 A. F. CHALMERS

O experimentador individual, ao construir o seu aparato, ao julgar a confiabilidade de seu funcionamento e ao usá-lo para obter dados utilizará habilidades profissionais, que aprendeu em parte nos manuais, mas principalmente por tentativa e erro e pela convivência com colegas mais experientes. Qualquer que seja a confiança do experimentador individual na confiabilidade dos resultados que produz, esta confiança subjetiva não será suficiente para qualificar aqueles resultados como parte do conhecimento científico. Os resultados devem ser capazes de resistir a procedimentos de testes adicionais conduzidos, talvez, em primeiro lugar, pelos colegas do experimentador e depois, se a estrutura social da ciência for semelhante à da nossa, pelos árbitros dos periódicos. Se os resultados sobreviverem a tais testes e forem publicados, sua adequação estará aberta para ser testada numa frente mais ampla. Pode acontecer que os resultados publicados sejam descartados à luz de outros desenvolvimentos experimentais ou teóricos. Isso tudo sugere que uma descoberta experimental, quer se trate da existência de uma nova partícula fundamental, uma estimativa nova e mais precisa da velocidade da luz ou qualquer outra, é vista corretamente como o produto de uma atividade social complexa, mais que como a crença ou possessão de um indivíduo.

Outra característica geral da física moderna que a distingue da física de Galileu, e de muitos outros corpos de conhecimento, é o fato de que suas teorias são expressas principalmente em termos matemáticos. Uma caracterização completa de uma ciência em algum estágio de seu desenvolvimento incluiria a caracterização das técnicas teóricas e matemáticas envolvidas. Um exemplo que já encontramos neste livro é o método, introduzido por Galileu, de dividir um setor em componentes e lidar com cada um separadamente. Outro exemplo é a técnica de Fourier de tratar qualquer forma ondular como uma superposição de curvas de seno. Uma das diferenças cruciais entre as teorias da luz apresentadas por Young e por Fresnel foi a disponibilidade para esta última da matemática apropriada.[5]

---

5. Ver John Worrall, "Thomas Young and the 'Refutation' of Newtonian Optics: a Case Study in the Interaction of Philosophy of Science and History of Science", em C. Howson, ed., *Method and Appraisal in the Physical Sciences* (Cambridge: Cambridge University Press, 1976), pp. 107-179.

OBJETIVISMO 159

Uma caracterização objetivista da física em algum estágio de seu desenvolvimento incluirá, então, uma especificação das proposições teóricas disponíveis para os cientistas individuais e as técnicas experimentais e matemáticas disponíveis para seu trabalho.

4. O objetivismo apoiado por Popper, Lakatos e Marx

O ponto de vista sobre o conhecimento que eu, seguindo Musgrave,[6] me referi como objetivismo foi adotado, na realidade, defendido fortemente, por Popper e Lakatos. Um livro de ensaios de autoria de Popper tem por título, de forma significativa, *Objective Knowledge*. Assim diz uma passagem daquele livro:

> Minha... tese envolve a existência de dois sentidos diferentes do conhecimento ou do pensamento: (1) *conhecimento ou pensamento no sentido subjetivo*, consistindo de um estado mental, ou da consciência ou de uma disposição a comportar-se ou a agir, e (2) conhecimento ou pensamento num sentido objetivo, consistindo em problemas, teorias e argumentos enquanto tal O conhecimento nesse sentido objetivo é completamente independente da afirmação de qualquer pessoa de que sabe; é independente também da crença de qualquer um, ou da disposição de assentir; ou de afirmar, ou agir. O *conhecimento no sentido objetivo é* o *conhecimento sem conhecedor;* é o *conhecimento* sem um sujeito que sabe [7]

Lakatos apoiava plenamente o objetivismo de Popper e era sua intenção que a metodologia dos programas de pesquisa científica constituísse um relato objetivista da ciência. Ele falou da "separação entre o conhecimento e seu reflexo distorcido nas mentes individuais"[8] e numa passagem mais longa observou,

> ... uma teoria pode ser pseudocientífica mesmo apesar de ser eminentemente "plausível" e todo mundo crer nela, e ela pode ser cientificamente valiosa embora ninguém creia nela. Uma teoria pode ter

---

6. A. Musgrave, "The Objectivism of Poppers's Epistemology", em *The Philosophy of Karl Popper*, ed. P. A. Schilpp, pp. 560-596.

7. K. R. Popper, *Objective Knowledge* (Oxford: Oxford University Press, 1979), pp. 108-109, itálicos no original.

8. I. Lakatos, "History of Science and Its Rational Reconstructions", *Boston Studies in the Philosophy of Science*, vol. 8, ed. R. C. Buck e R. S. Cohen (Dordrecht: Reidel Publishing Co., 1971), p. 99.

160 A. F. CHALMERS

um valor científico supremo ainda que ninguém *a compreenda,* ou nem mesmo creia nela.

O valor cognitivo de uma teoria nada tem a ver com sua influência *psicológica* nas mentes das pessoas. Crenças, compromisso e compreensão são estados da mente humana Mas o valor objetivo, científico de uma teoria. é independente da mente humana que a cria ou a compreende [9]

Lakatos insistiu que era essencial adotar uma posição objetivista ao escrever a história do desenvolvimento interno de uma ciência. "Um historiador interno popperiano não precisará ter interesse algum nas *pessoas* envolvidas, ou em suas crenças a respeito de suas próprias atividades."[10] Consequentemente, a história do desenvolvimento interno de uma ciência será "a história da ciência descorporificada".[11]

Num certo sentido, o materialismo histórico, a teoria da sociedade e mudança social iniciada por Karl Marx é uma teoria objetivista na qual a abordagem objetivista que descrevi em relação ao conhecimento está aplicada à sociedade como um todo O objetivismo de Marx está evidente em seu conhecido comentário "não é a consciência dos homens que determina o seu ser, mas, ao contrário, seu ser social é que determina a sua consciência".[12] Do ponto de vista materialista, os indivíduos nascem em alguma parte de uma estrutura social preexistente que não escolhem e sua consciência é formada por aquilo que eles fazem e experimentam naquela estrutura. Embora os indivíduos possam vir a ter alguma compreensão da natureza da estrutura social em que vivem, haverá sempre uma "separação entre a estrutura e a operação da sociedade e seus reflexos distorcidos nas mentes individuais". O resultado das ações sociais de um indivíduo será determinado pelos detalhes da situação e será tipicamente bem

---

9. J. Worrall e G. Currie, eds., *Imre Lakatos, Philosophical Papers. Volume I: The Methodology of Scientific Research Programmes* (Cambridge: Cambridge University Press, 1978), p. 1, itálicos no original.

10. Lakatos, "History of Science and Its Rational Reconstructions", p. 127, itálicos no original.

11. Id., ibid., p. 105.

12. Karl Marx, "A Contribution to the Critique of Political Economy", em *Karl Marx: Selected Works,* 2 vols. (Moscou: Cooperative Publishing Society, 1935), vol. 1, p. 356.

OBJETIVISMO 161

diferente daquilo que era a intenção do indivíduo. Da mesma forma que um físico que tenta contribuir para o desenvolvimento da física confronta-se com uma situação objetiva, que delimita as possibilidades de escolha e de ação e que influencia o resultado de tal ação, também, um indivíduo que espera contribuir para a mudança social se confronta com uma situação objetiva, que delimita as possibilidades de escolha e ação e que influencia o resultado de tal escolha e ação. Uma análise da situação objetiva é tão essencial para a compreensão da mudança social quanto o é para a mudança científica.

Tentarei, no próximo capítulo, dar um relato da mudança de teoria na física que é completamente objetivista.

OUTRAS LEITURAS

As fontes principais para os escritos de Popper a respeito do objetivismo são *Objective Knowledge* (Oxford: Oxford University Press, 1972), especialmente os capítulos 3 e 4, e também o capítulo 14 de seu *The Open Society and Its Enemies*, vol. 2 (Londres: Routledge and Kegan Paul, 1980). O objetivismo de Popper é resumido por A. Musgrave em seu "The Objectivism of Popper's Epistemology", em *The Philosophy of Karl R. Popper*, ed. P. A. Schilpp (La Salle, Illinois: Open Court, 1974), pp. 560-596. A posição de Popper é criticada por D. Bloor em "Popper's Mystification of Objective Knowledge", *Science Studies* 4 (1974): 65-76. A ciência enquanto atividade social é discutida de forma útil em J. R. Ravetz, *Scientific Knowledge and Its Social Problems* (Oxford: Oxford University Press, 1971); J. Ziman, *Public Knowledge* (Cambridge: Cambridge University Press, 1968) e Leslie Sklair, *Organized Knowledge* (St. Albans: Paladin, 1973). Um relato mais popular, não preocupado basicamente com problemas epistemológicos, é o de Bernard Dixon, *What is Science For?* (Londres: Collins, 1973). Uma versão do marxismo que enfatiza o aspecto objetivista e que contém algumas indicações de um relato objetivista do conhecimento é a defendida pelo filósofo francês contemporâneo Louis Althusser. Suas obras mais relevantes são *Reading Capital* (Londres: New Left Books, 1970) e *For Marx* (Harmondsworth: Allen Lane, 1969). A esse respeito, também é relevante Dominique Lecourt, *Marxism and Epistemology* (Londres: New Left Books, 1975).

XI

UM RELATO OBJETIVISTA DAS MUDANÇAS TEÓRICAS NA FÍSICA

1. *As limitações do objetivismo de Lakatos*

O relato de mudança de teoria que desejo sugerir é uma modificação da metodologia dos programas de pesquisas científicas de Lakatos.[1] Antes de apresentá-lo, discutirei, nesta seção, as limitações do relato de mudança de teoria de Lakatos, ou melhor, explicarei por que penso que ele não ofereceu nenhum relato de mudança de teoria.

A metodologia de Lakatos envolve as decisões e as escolhas dos cientistas. Elas estão envolvidas na adoção por parte dos cientistas de um núcleo irredutível e de uma heurística positiva. Segundo Lakatos, o núcleo irredutível do programa de Newton "é 'irrefutável' pelas decisões metodológicas de seus protagonistas",[2] e um programa de pesquisa tem "um núcleo irredutível aceito convencionalmente (e dessa forma 'irrefutável' por uma decisão provisória)".[3] A heurística positiva é uma política de

---

1. O relato objetivista de mudança de teoria esboçado neste capítulo apareceu previamente em meu "Towards an Objectivist Account of Theory Change", *British Journal for the Philosophy of Science* 30 (1979): 227-233 e com mais detalhes em "An Improvement and a Critique of Lakato's Methodology of Scientific Research Programmes", *Methodology and Science* 13 (1980): 2-27. Fico grato aos editores desses periódicos pela permissão de reproduzir aqui o material.

2. I. Lakatos e A. Musgrave, *Criticism and the Growth of Knowledge* (Cambridge: Cambridge University Press, 1974), p. 133.

3. I. Lakatos, "History of Science and Its Rational Reconstructions", *Boston Studies in the Philosophy of Science,* vol. 8, ed. R. C. Buck e R. S. Cohen (Dordrecht: Reidel Publishing Co., 1971), p. 99.

MUDANÇAS TEÓRICAS NA FÍSICA 163

pesquisa ou "plano preconcebido"[4] que os cientistas escolhem adotar. "Quais os problemas que os cientistas, trabalhando em programas de pesquisa poderosos, que escolhem racionalmente, são determinados pela heurística positiva do programa."[5]

A questão importante aqui é se há ou não intencionalidade nos cientistas estarem cônscios dos preceitos contidos na metodologia de Lakatos. Se não estão, torna-se difícil perceber como a metodologia pode *explicar* a mudança científica. Simplesmente notar que as mudanças na história da física ocorreram em conformidade com a metodologia dos programas de pesquisas científicas é não explicar por que isso aconteceu. Por outro lado, se a intenção é a de que os cientistas atuem conscientemente de acordo com a metodologia de Lakatos, existem problemas adicionais. Em primeiro lugar, é difícil entender como os cientistas, nesses últimos duzentos anos, poderiam ter estado conscientes dos preceitos de uma metodologia que só foi projetada recentemente. O próprio Lakatos indicou o abismo que separa a metodologia expressa por Newton e a que ele seguiu na prática.[6] Em segundo lugar, a metodologia de Lakatos não é adequada para ditar as escolhas dos cientistas, como vimos, de acordo com sua própria declaração de que sua metodologia não tinha a intenção de dar conselhos aos cientistas. Em terceiro lugar, qualquer tentativa de relatar uma mudança de teoria que depende de forma crucial das decisões e escolhas conscientes dos cientistas deixa de levar plenamente em conta a "separação entre o conhecimento objetivo... e seus reflexos distorcidos nas mentes individuais".

Uma suposição feita por Lakatos, e também por Popper e por Kuhn, é a de que a mudança de teoria deve ser explicada com referência às decisões e escolhas dos cientistas. Uma vez

---

4. Id., ibid.

5. Lakatos e Musgrave (1974), p.137.

6. I. Lakatos, "Newton's Effect on Scientific Standards", em *Imre Lakatos. Philosophical Papers Volume I: The Methodology of Research Programmes* (Cambridge: Cambridge University Press, 1978), pp. 193-222. "A confusão, a pobreza da *teoria de realização científica* de Newton contrasta dramaticamente com a clareza e a riqueza de *realização científica*", p. 220, itálicos no original. Gregory Currie demonstrou que as decisões de cientistas no passado devem ser explicadas com referência à maneira pela qual avaliavam a situação, e não em termos de alguma metodologia contemporânea, em seu "The Role of Normative Assumptions in Historical Explanation". *Philosophy of Science* 47 (1980): 456-473.

164 A. F. CHALMERS

que Lakatos e Popper deixam de dar preceitos adequados para a escolha de teorias, eles deixam de dar um relato da mudança de teorias, enquanto Kuhn tolera, sem críticas, quaisquer escolhas sancionadas pela comunidade científica. No restante deste capítulo tentarei modificar a metodologia de Lakatos de forma a evitar a fusão de escolha de teoria e mudança de teoria.

2. Oportunidades objetivas

Introduzi, na seção 2 do capítulo X, a noção de uma oportunidade objetiva para o desenvolvimento de uma teoria ou programa. O relato de mudança de teoria na física que desejo propor aproveita aquela noção. Dada uma teoria e sua prática associada em algum ponto de seu desenvolvimento, apresenta-se uma variedade de oportunidades para o desenvolvimento dessa teoria. Algumas linhas de desenvolvimento teórico serão possíveis em virtude das técnicas experimentais disponíveis. Utilizarei a expressão "grau de fertilidade" para descrever a conglomeração de oportunidades presentes num programa de pesquisa em algum estágio de seu desenvolvimento. O grau de fertilidade de um programa em algum momento crítico será propriedade objetiva daquele programa, possuído por ele, quer seja ou não percebido por algum cientista particular. Isso difere, portanto, da noção de Lakatos de uma heurística positiva, que é uma política de pesquisa adotada de forma mais ou menos consciente por cientistas. O grau de fertilidade de um programa mede a proporção em que ele contém dentro de si oportunidades objetivas para o desenvolvimento ou a extensão em que ele abre novas linhas de investigação.

Uma descrição, por Stillman Drake, da extensão em que a física de Galileu abriu novas linhas de investigação captura o espírito do que está envolvido no grau de fertilidade. Ela diz:

> Foi Galileu que, aplicando consistentemente a matemática à física e a física à astronomia, primeiro uniu a matemática, a física e a astronomia de uma forma verdadeiramente significativa e fecunda. As três disciplinas tinham sempre sido consideradas essencialmente separadas; Galileu revelou suas relações pares triplas, abrindo,

MUDANÇAS TEÓRICAS NA FÍSICA 165

assim, novos campos de investigação para homens de interesses e habilidades amplamente divergentes.[7]

Outras ilustrações podem ser tiradas dos casos estudados para apoiar a metodologia de Lakatos. Por exemplo, usando o estudo de E. Zahar da eventual substituição do programa de eletromagnetismo de H. A. Lorentz pela teoria especial de relatividade de Einstein,[8] podemos dizer que em 1905 a teoria de Einstein possuía um maior grau de fertilidade que a de Lorentz. Porque a teoria de Einstein envolvia algumas afirmações muito gerais quanto às propriedades do espaço e do tempo, as oportunidades se apresentaram para a exploração das consequências daquelas afirmações em muitas áreas da física. Em contraste, a teoria de Lorentz estava firmemente ancorada na teoria eletromagnética e não poderia ser aplicada fora dela de forma semelhante. Em seu estudo da competição entre a teoria ondular de Young e a teoria corpuscular da luz de Newton, Worrall, referindo-se à situação em 1810, escreve: "por causa do estado compativelmente menos desenvolvido da mecânica dos meios elásticos relativo à mecânica das partículas rígidas, a heurística do programa crepuscular era... bastante mais definida que a do programa ondular".[9] A teoria corpuscular possuía um grau mais alto de fertilidade que o programa de ondas em 1810.

Ajudarei a esclarecer minha noção de grau de fertilidade característico de um programa se tentar responder a algumas objeções a ele para as quais minha atenção já foi chamada. Essas são: (i) o conceito é por demais vago para permitir uma medida quantitativa do grau de fertilidade de um programa, (ii) ele tem a consequência funesta de que, quanto mais vago for um programa ou uma teoria, maior será seu grau de fertilidade, já que um programa ou teoria suficientemente vagos serão compatíveis virtualmente com quaisquer linhas de desenvolvimento; (iii) o

---

7. Stillman Drake, *Galileo Studies* (Ann Arbor: University of Michigan Press, 1970), p. 97.

8. Elie Zahar, "*Why* Did Einstein's Programme Supersede Lorentz's?", em *Method and Appraisal in the Physical Sciences*, ed. C. Howson (Cambridge: Cambridge University Press, 1976), pp. 211-275.

9. John Worrall, "Thomas Young and the 'Refutation' of Newtonian Optics: a Case Study in the Interaction of Philosophy of Science and History of Science", ibid., p. 158. No original a expressão toda está em itálico.

166 A. F. CHALMERS

grau de fertilidade é destituído de valor como instrumento para o historiador, já que oportunidades de desenvolvimento somente vêm à luz depois que são aproveitadas, de modo que explicitar o grau de fertilidade de um programa não é mais que registrar como ele foi de fato desenvolvido; (iv) o grau de fertilidade não ajuda a explicar o crescimento da ciência, já que o grau de fertilidade de um programa só pode ser adequadamente analisado e apreciado em retrospecto.

Quanto à objeção (i), concordo que não será possível fornecer os meios para construir uma medida quantitativa do grau de fertilidade de um programa. Afirmo, entretanto, que é frequentemente possível fazer comparações qualitativas entre os graus de fertilidade de programas rivais, conforme indicam os exemplos que tirei dos estudos lakatosianos. Isso é tudo o que é necessário para permitir um relato objetivista da mudança de teoria, como espero demonstrar.[10] A objeção (ii), caso fosse válida, seria devastadora para a minha posição. Há dois motivos pelos quais ela não é válida. Em primeiro lugar, um curso de ação vago não deve ser contado como uma oportunidade no sentido dado. Um exemplo desse último deve ser especificado de forma precisa, em termos das técnicas definidas experimentalmente, matemática e teoricamente à disposição dos cientistas em algum momento histórico, juntamente com as teorias e as hipóteses específicas que constituem o núcleo irredutível e o cinturão protetor de um programa naquele momento, e fornecendo a matéria-prima em que se podem aplicar as técnicas mencionadas. O segundo motivo para se rejeitar a objeção (ii) é que o desenvolvimento, para o qual uma teoria com um alto grau de fertilidade deve fornecer muitas oportunidades, não é um desenvolvimento qualquer, mas um desenvolvimento na direção de predições novas num sentido semelhante ao de Lakatos.

A melhor maneira de refutar a objeção (iii) é dando exemplos de oportunidades de desenvolvimento que, de fato, não foram aproveitadas. A física de Arquimedes deu oportunidades

---

10. Na medida em que os graus de fertilidade podem ser comparados mas não medidos individualmente, o grau de fertilidade encontra-se na mesma situação que um certo número de outras noções da filosofia da ciência tais como, por exemplo, o grau de falsificabilidade de Popper. Ver K. R. Popper, *The Logic of Scientific Discovery* (Londres: Hutchinson, 1968), cap. 6.

MUDANÇAS TEÓRICAS NA FÍSICA 167

de desenvolvimento que passaram despercebidas por séculos. Em sua obra sobre o equilíbrio e centros de gravidade, e sobre hidrostática, ele apresentou técnicas que poderiam muito bem ter sido levadas para outras áreas e postas para funcionar em outras matérias-primas existentes. Por exemplo, a técnica para formular os fundamentos de uma teoria numa forma matemática idealizada, tratanto os sistemas num espaço euclidiano, matemático, uma técnica que ele introduziu na estática, poderia ter sido levada para a dinâmica, considerando-se alavancas móveis, bem como estacionárias, e objetos caindo por um meio, bem como flutuando neles. Foi somente com Galileu que se aproveitaram tais oportunidades, em cuja época, claro, havia mais matéria-prima para o trabalho que havia estado disponível para Arquimedes.[11] As obras de Ptolomeu e Alhazen forneceram oportunidades para o desenvolvimento da ótica que não foram aproveitadas até a época de Galileu e Kepler. Em sua investigação do problema V. Ronchi escreve:

> Embora não saibamos quem foi o primeiro a inventar lentes de óculos, *sabemos*, com alguma exatidão, quando elas foram introduzidas pela primeira vez: em algum ano entre 1280 e 1285. O primeiro telescópio não apareceu, contudo, até cerca de 1590. Por que se demorou três séculos para colocar-se uma lente em frente da outra?[12]

Ele então prossegue e tenta explicar por que esta oportunidade objetiva não foi aproveitada. Admitidamente, ao descrever estas oportunidades objetivas faz-se uso de material da história, da física e da filosofia que não estava disponível nos períodos históricos sob investigação. As caracterizações adequadas das oportunidades objetivas e dos graus de fertilidade são possíveis somente em retrospecto. Ao afirmar a objeção (iv) está correta. Entretanto, longe de ser uma objeção à minha posição, o fato de que os cientistas não estão cônscios do grau de fertilidade dos programas em que trabalham – e nem precisam estar – constitui

---

11. Para as relações entre a obra de Arquimedes e Galileu, ver Maurice Clavelin, *The Natural Philosophy of Galileo* (Cambridge: Cambridge University Press, 1974), cap. 3.

12. V. Ronchi, "The Influence of the Early Development of Optics on Science and Philosophy", em *Galileo: Man of Science*, ed. E. McMullin (Nova York: Basic Books, 1967), pp. 195-206, itálicos no original.

168 A. F. CHALMERS

sua força. É exatamente essa característica que torna possível um relato objetivista da mudança de teoria que evita os elementos subjetivistas presentes nos relatos lakatosianos.

3. *Um relato objetivista das mudanças teóricas na física*

Dentro de limites importantes, a serem explicitados na seção seguinte, estou agora na posição de oferecer um relato objetivista de mudança de teoria na física moderna. O relato se apoia numa suposição importante, a saber, que na sociedade, ou sociedades em que se pratica a física, há cientistas com as habilidades, os recursos e o enfoque mental para desenvolver aquela ciência. É preciso que eu seja capaz de supor, por exemplo, que as situações em que uma análise objetivista revele a existência de certas técnicas teóricas ou experimentais, haverá cientistas ou grupos de cientistas com os recursos físicos e mentais para colocar em prática aquelas técnicas. Presumo que esta suposição foi preenchida em grande parte na Europa nos duzentos e tantos anos de existência da física.

Caso seja preenchida a minha suposição sociológica, podemos então supor que, se está presente uma oportunidade objetiva para o desenvolvimento de um programa, mais cedo ou mais tarde algum cientista ou grupo de cientistas dela se aproveitarão. O efeito será que um programa que oferece mais oportunidades objetivas para o desenvolvimento que seu rival tenderá a ultrapassar este na medida em que se aproveitam dessas oportunidades. Esse será o caso ainda que a maioria dos cientistas escolha trabalhar no programa com o grau menor de fertilidade. Nesse último caso, a minoria que escolhe trabalhar no programa que oferece muitas oportunidades para o desenvolvimento terá logo sucesso, enquanto a maioria, aqueles que apresentam o ponto de vista majoritário, lutará em vão para se aproveitar das oportunidades não existentes. François Jacob pega o espírito de minha posição quando escreve:

> (Nesta) discussão infindável entre o que é e o que poderia ser, na busca de uma fresta que revele uma outra possibilidade, a margem de liberdade do investigador individual é algumas vezes muito estreita. A importância do indivíduo decresce uma vez que aumenta

MUDANÇAS TEÓRICAS NA FÍSICA

o número de praticantes: se uma observação não for feita hoje, aqui, será frequentemente feita amanhã em alguma outra parte.[13]

A minha posição pode ser ilustrada estendendo-se a analogia das caixas para ninhos que utilizei no capítulo X ilustrando o caráter objetivo das situações problemáticas. Comparamos um jardim, em que há um grande número de caixas para ninhos, com um segundo jardim, em tudo o mais semelhante, à exceção do fato de que nele não se encontram caixas para ninhos. Dado que o ambiente de cada jardim está adequadamente povoado por pássaros, então é altamente provável que, após alguns meses ou anos, muito mais pássaros terão feito seus ninhos no jardim equipado com as caixas para ninhos que no outro. Essa eventualidade é explicada de forma adequada em termos das oportunidades objetivas para o aninhamento que um jardim oferece, em contraste com o outro. O que é importante a respeito desse exemplo para o meu propósito é que não haverá necessidade de se referir às decisões dos pássaros e a racionalidade ou falta dela daquelas decisões em minha explicação.

Caso seja preenchida minha suposição sociológica, um programa com um alto grau de fertilidade tenderá a expulsar um programa com um grau de fertilidade menor. Entretanto, um alto grau de fertilidade não é suficiente para garantir o sucesso de um programa, pois não pode haver garantias de que as oportunidades, quando aproveitadas, darão frutos. Um programa com um alto grau de fertilidade pode vir a dar em nada. Um exemplo é a teoria do *vortex* apresentada por William Thompson, que objetivava explicar as propriedades dos átomos e das moléculas representando-as como vórtices num éter perfeitamente elástico e não-viscoso. O grau em que aquela teoria oferecia escopo para o desenvolvimento foi descrito de forma contundente por Clerk Maxwell.[14] Todavia, seu seguimento não levou ao sucesso e foi logo superado por programas que tiveram mais sucesso. Um relato objetivista da mudança de teoria necessita, então, levar em conta não somente os graus de fertilidade

---

13. Francois Jacob, *The Logic of Life: a History of Heredity* (Nova York: Vintage Books, 1976), p. 11.

14. J. C. Maxwell, "Atom", em *The Scientific Papers of James Clerk Maxwell*, vol. 2, ed. W. D. Niven (Nova York: Dover, 1965), pp. 445-484, esp. p. 471.

170 A. F. CHALMERS

relativos de programas rivais, mas também seu sucesso na prática. Considerações do grau de fertilidade necessitam ser aumentadas por um relato objetivista da extensão em que programas rivais levam a previsões novas.

Não tenho contribuição especial alguma a fazer para melhorar os relatos de previsões novas que aparecem na literatura especializada.[15] Gostaria de esclarecer, contudo, que há uma ligação íntima entre predições novas e o grau de fertilidade. As confirmações de previsões novas podem, elas mesmas, resultar na abertura de novos caminhos para a pesquisa futura, e aí se encontra parte de sua importância. Por exemplo, quando Hertz teve sucesso em produzir as ondas de rádio, confirmando assim uma previsão nova da teoria eletromagnética de Maxwell, materializou-se todo tipo de novas oportunidades para investigar as propriedades das ondas eletromagnéticas, de medir a velocidade da luz de formas novas e mais precisas, de desenvolver as micro-ondas como uma investigação nova das propriedades da matéria, de abrir uma nova área na astronomia, e assim por diante. Um relato objetivista da mudança de teoria precisaria levar em conta a extensão em que os programas tiveram sucesso em conduzir a fenômenos novos e a extensão em que as próprias descobertas ofereceram oportunidades objetivistas para novos caminhos de exploração.

Os programas que contêm um núcleo irredutível coerente que oferece oportunidades para progredir se desenvolverão de fato de maneira coerente, uma vez que estas oportunidades sejam aproveitadas. O grau de fertilidade de um programa será aumentado ainda mais se o desenvolvimento conduzir a sucessos de previsão. As linhas de desenvolvimento que destroem a coerência do núcleo e que, consequentemente, não oferecem oportunidades para o desenvolvimento, fracassarão por esse mesmo motivo. Por exemplo, a presença da lei do inverso do quadrado como parte do núcleo da teoria de Newton deve ser explicada em termos do grau de fertilidade que se origina daquela suposição e as previsões bem-sucedidas a que ela levou. Em contraste, tentativas de modificar o programa introduzindo-se

---

15. Para tentativas de fazer isso ver Zahar, "Why Did Einstein's Programme SuŚ persede Lorentz's?" e A. Musgrave, "Logical Versus Historical Theories of Confirmation", *British Journal for the Philosophy of Science* 25 (1974): 1-23.

MUDANÇAS TEÓRICAS NA FÍSICA 171

uma lei de força que difere levemente da lei do inverso do quadrado desapareceram gradualmente por não oferecerem oportunidades para o desenvolvimento coerente, apesar do fato de que alguns cientistas decidiram modificar dessa maneira o núcleo.[16] A continuidade da ciência que Lakatos identifica na persistência do núcleo irredutível é assim explicada por um apelo ao grau de fertilidade dos programas de uma forma que não invoca as decisões metodológicas dos cientistas.

4. *Alguns comentários de advertência*

Tentarei proteger, nesta seção, meu relato objetivista da mudança de teoria na física de algumas falsas interpretações que a experiência me ensinou serem frequentemente atribuídas a ele.

Tentei dar um relato de mudança de teoria que não dependa das decisões metodológicas dos cientistas. Ao fazê-lo, certamente não estou sugerindo que de alguma forma a ciência progride por si só, sem intervenção dos seres humanos. Se as oportunidades objetivas inerentes a um programa dentro da física devem ser aproveitadas, então isso deverá ser feito pela aplicação das habilidades dos cientistas individuais. Sem eles, a física sequer existiria, quanto mais progrediria. Apesar disso, caso esteja correto meu relato sobre a mudança de teoria, o processo de mudança de teoria transcende as intenções conscientes, as escolhas de decisões dos físicos. Não afirmo, por exemplo, que os cientistas devam escolher trabalhar na teoria com o grau mais alto de fertilidade, especialmente tendo em vista o fato de que um cientista típico não estará numa posição boa para apreciar todas as oportunidades de desenvolvimento oferecidas por um programa ou teoria. O meu relato da mudança supõe que, caso exista uma oportunidade para desenvolvimento, algum cientista ou grupo de cientistas eventualmente se aproveitarão dela, mas não supõe que qualquer cientista ou grupo de cientistas específico estejam cônscios de todas as oportunidades de desenvolvimento. Meu relato separa o problema da mudança da teoria do problema da escolha de teoria.

---

16. Tentativas de modificar o núcleo irredutível do programa de Newton são mencionados em A. Musgrave "Method or Madness", *Essays in Memory of Imre Lakatos,* ed. R. S. Cohen, P. K. Feyerabend e M. W. Wartofsky (Dordrecht: Reidel Publishing Co., 1976), pp. 457-491, esp. pp. 464-473.

172 A. F. CHALMERS

Não há nenhuma garantia absoluta de que a suposição sociológica, de que depende o relato objetivista da mudança de teoria na física, será sempre preenchida. Não foi preenchida na Europa medieval e há fortes motivos para crer que esteja sendo solapada na sociedade contemporânea. É provável que a maneira como as dotações para pesquisas é influenciada pelos governos e monopólios industriais na sociedade contemporânea seja tal que não se possam aproveitar algumas oportunidades objetivas, de modo que o progresso da física esteja ficando controlado cada vez mais por fatores externos à física. Contudo, minha suposição sociológica foi preenchida, *grosso modo*, por duzentos e poucos anos de física e é nesse campo que afirmo ser aplicável meu relato de mudança de teoria. Caso não seja preenchida minha suposição sociológica, então torna-se necessário um relato de mudança de teoria muito diferente. Não estou afirmando ter oferecido um relato geral da mudança de teoria.

A suposição sociológica não será nunca preenchida de modo completo. A estrutura do progresso da física a prazo muito curto envolverá inevitavelmente coisas como a personalidade dos cientistas, a medida e a maneira como eles se comunicam etc. A longo prazo, todavia, se houver cientistas com as habilidades e os recursos disponíveis para aproveitarem-se das oportunidades para desenvolvimentos existentes, posso afirmar que o progresso da física será explicável em termos do meu relato de mudança de teoria. A escala temporal apropriada para o meu relato objetivista da mudança de teoria e que distingue o prazo curto do longo é aquela em que afirmações como "a teoria de Einstein substitui a de Lorentz" fazem sentido.

OUTRAS LEITURAS

C. Howson, *Method and Appraisal in the Physical Sciences* (Cambridge: Cambridge University Press, 1976) contém alguns estudos excelentes a favor da metodologia de Lakatos. Afirmo que, reescritos de forma adequada, constituem apoio para o meu relato objetivista da mudança de teoria.

XII

A Teoria Anarquista do Conhecimento de Feyerabend

Um dos relatos de ciência contemporâneos mais estimulantes e provocadores é aquele que foi pitorescamente apresentado e defendido por Paul Feyerabend; nenhuma avaliação da natureza e do *status* da ciência estaria completa sem alguma tentativa de entrar em acordo com ele. Neste capítulo resumirei e avaliarei aquilo que considero características-chave da posição de Feyerabend, principalmente tal como aparecem em seu livro *Against Method*.[1]

1. *Vale-tudo*

Feyerabend defende fortemente a afirmação de que nenhuma das metodologias da ciência que foram até agora propostas são bem-sucedidas. A maneira principal, embora não a única, em que sustenta esta afirmação é demonstrar de que forma aquelas metodologias são incompatíveis com a história da física. Muitos de seus argumentos contra as metodologias que rotulei de indutivismo e falsificacionismo assemelham-se àquelas que aparecem nos primeiros capítulos desse livro. Na verdade, os pontos de vista anteriormente expressos devem algo aos escritos de Feyerabend. Ele argumenta de forma convincente que as metodologias da ciência fracassaram em fornecer regras adequadas para orientar as atividades dos cientistas. Além do mais ele sugere que, dada a complexidade da história, é extremamente implausível esperar que a ciência seja explicável com base em

---

1. Paul Feyerabend, *Against Method: Outline of an Anarchistic Theory of Knowledge* (Londres: New Left Books, 1975).

174 A. F. CHALMERS

algumas poucas regras metodológicas simples. Citando Feyerabend extensamente:

A ideia de que a ciência pode e deve ser governada de acordo com regras fixas e universais é simultaneamente não-realista e perniciosa. E *não-realista*, pois supõe uma visão por demais simples dos talentos do homem e das circunstâncias que encorajam ou causam seu desenvolvimento. E é *perniciosa*, pois a tentativa de fazer valer as regras aumentará forçosamente nossas qualificações profissionais à custa de nossa humanidade. Além disso, a ideia é *prejudicial à ciência*, pois negligencia as complexas condições físicas e históricas que influenciam a mudança científica. Ela torna a ciência menos adaptável e mais dogmática...

Os estudos tais como os citados nos capítulos precedentes falam *contra* a validade universal de qualquer regra. Todas as metodologias possuem suas limitações e a única "regra" que sobrevive é o "vale-tudo".[2]

Se as metodologias da ciência forem compreendidas em termos de regras para a orientação das escolhas e das decisões dos cientistas, então me parece que a posição de Feyerabend é correta Dada a complexidade de qualquer situação realista dentro da ciência e a impossibilidade de previsão do futuro naquilo que se refere ao desenvolvimento da ciência, não é razoável esperar uma metodologia que dita que, dada uma situação, um cientista deve adotar a teoria A, rejeitar a teoria B ou preferir a teoria A à teoria B. Regras tais como "adote aquela teoria que recebe o máximo de apoio indutivo dos fatos aceitos" e "rejeite as teorias que são incompatíveis com os fatos geralmente aceitos" são incompatíveis com aqueles episódios da ciência comumente considerados suas fases mais progressivas. O caso de Feyerabend contra o método atinge as metodologias, interpretadas como fornecedoras de regras para a orientação dos cientistas Dessa maneira ele é capaz de dar as boas-vindas a Lakatos como companheiro anarquista porque sua metodologia não fornece regras para teoria ou para a escolha de programas. "A metodologia dos programas de pesquisa fornece *padrões* que ajudam o cientista a avaliar a situação histórica em que ele toma suas decisões; não contém regras que lhe digam o que fazer."[3] Os

---

2. Id., ibid., pp. 295-296, itálicos no original.

3. Id., ibid., p. 196, itálicos no original.

A TEORIA ANARQUISTA DE FEYERABEND 175

cientistas, portanto, não devem ser restringidos pelas regras da metodologia. Neste sentido, vale tudo.

Uma passagem de um artigo de Feyerabend, escrito uma década antes de *Against Method*, ilustra o fato de que "vale-tudo" não deve ser interpretado de forma ampla demais. Naquela passagem Feyerabend tenta distinguir entre o cientista razoável e o charlatão.

> A distinção não se encontra no fato de que os primeiros (pessoas "respeitáveis") sugerem o que é plausível e prometem sucesso, ao passo que os últimos (charlatães) sugerem o que é implausível, absurdo e fadado ao fracasso. Não *pode* se encontrar nisso, pois nunca sabemos de antemão que teoria será bem-sucedida e qual teoria fracassará. Demora muito para decidir essa questão e cada passo individual que leva a uma tal decisão está por sua vez aberto à revisão... Não, a distinção entre o charlatão e o pensador respeitável encontra-se na pesquisa realizada, uma vez adotado um certo ponto de vista. O charlatão contenta-se, geralmente, em defender o ponto de vista em sua forma original, não desenvolvida, metafísica, e não está de forma alguma preparado para testar sua utilidade em todos aqueles casos que parecem favorecer o oponente, ou mesmo a admitir que o problema existe. E esta investigação adicional, seus detalhes, o conhecimento das dificuldades do estado geral dos conhecimentos, o reconhecimento de objeções, que distingue o "pensador respeitável" do charlatão. O conteúdo original de sua teoria não o faz. Se ele acha que Aristóteles merece mais uma chance, deixemo-lo e aguardemos os resultados. Se ele ficar contente com esta afirmação e não começar a elaborar uma nova dinâmica, se não estiver familiarizado com as dificuldades iniciais de sua posição, então a questão perde o interesse. Caso ele, entretanto, não permaneça satisfeito com o aristotelismo na forma em que existe hoje, mas tente adaptá-lo à situação atual na astronomia, na física, na microfísica, fazendo novas sugestões, encarando velhos problemas com um novo ponto de vista, fique então grato que finalmente há alguém com ideias incomuns e não tente detê-lo desde o início com argumentos irrelevantes e mal-orientados.[4]

---

4. Paul Feyerabend, "Realism and Instrumentalism: Comments on the Logic of Factual Support", em *The Critical Approach to Science an Philosophy*, ed. M. Bunge (Nova York: Free Press, 1964), p. 305, itálicos no original. Feyerabend nem sempre fica feliz com aqueles críticos que supõem que ele ainda endossa o que escreveu no passado (ver *Against Method*, p. 114). Não me importa muito se Feyerabend aceita ainda a mensagem da passagem citada ou não. À exceção de algumas dúvidas sobre a orientação individualista da passagem, eu certamente a aceito e, o que é mais importante, nenhum dos argumentos de *Against Method* a denunciam.

176   A. F. CHALMERS

Resumindo, se você quer fazer uma contribuição para a física, por exemplo, não é necessário que esteja familiarizado com as metodologias da ciência contemporânea, mas sim que esteja familiarizado com aspectos da física. Não será suficiente seguir somente os caprichos e inclinações de maneira desinformada. Na ciência não se dá o fato de que vale tudo num sentido sem limites.

Feyerabend argumenta, com sucesso, contra o método na extensão em que mostrou que não é aconselhável que as escolhas e decisões dos cientistas sejam restringidas por regras estabelecidas ou implícitas nas metodologias da ciência. Caso seja adotada a estratégia do capítulo precedente, contudo, separando o problema da mudança de teoria e da escolha de teoria, os problemas relativos a regras para orientar a escolha de teoria não constituem problemas para um relato de mudança de teoria. Imagino que meu relato de mudança de teoria na física está imune à crítica que Feyerabend faz do método.

2. Incomensurabilidade

Um componente importante da análise da ciência de Feyerabend[5] é seu ponto de vista sobre a incomensurabilidade, que tem algo em comum com o ponto de vista de Kuhn sobre o assunto mencionado no capítulo VIII. O conceito de incomensurabilidade de Feyerabend origina-se naquilo a que me referi no capítulo III como a dependência que a observação tem da teoria. Os sentidos e as interpretações dos conceitos e as proposições de observação que os empregam dependerão do contexto teórico em que ocorram. Em alguns casos, os princípios fundamentais de duas teorias rivais podem ser tão radicalmente diferentes que não é nem mesmo possível formular os conceitos básicos de uma teoria nos termos da outra, com a consequência que as duas rivais não compartilham das proposições de observação. Nesses casos não é possível comparar logicamente as teorias rivais. Não será possível deduzir logicamente algumas das consequências

---

5. Feyerabend discute as relações entre seus pontos de vista e os de Kuhn em seu "Changing Patterns of Reconstruction", *British Journal for the Philosophy of Science* 28 (1977): 351-382, seção 6. A outra fonte principal para os pontos de vista de Feyerabend sobre a incomensurabilidade está em *Against Method*, cap. 17.

A TEORIA ANARQUISTA DE FEYERABEND   177

de uma teoria dos princípios de sua rival para propósitos de comparação. As duas teorias serão incomensuráveis. Um dos exemplos de incomensurabilidade de Feyerabend é a relação entre a mecânica clássica e a teoria de relatividade. De acordo com a primeira – interpretada realisticamente, isto é, como tentando descrever o mundo, tanto o observável quanto o não-observável, como ele realmente é[6] – os objetos físicos possuem forma, massa e volume. Essas propriedades existem nos objetos físicos e podem ser mudadas como resultado de interferência física. Na teoria da relatividade, interpretada realisticamente, propriedades como forma, massa e volume não mais existem, mas tornam-se relações entre objetos e um quadro de referência, e podem ser mudadas, sem interação física nenhuma, mudando-se de um quadro de referência para outro. Consequentemente, qualquer proposição de observação que se refira a objetos físicos dentro da mecânica clássica terá um sentido diferente de uma observação semelhante na teoria da relatividade. As duas teorias são incomensuráveis e não podem ser comparadas por meio de suas consequências lógicas. Citando o próprio Feyerabend:

> O novo sistema conceitual que surge (na teoria da relatividade) não se limita a *negar* o estado clássico das coisas, ele nem mesmo nos permite formular *afirmações* que expressem tais estados de coisas. Não compartilha e não pode compartilhar uma única afirmação com seu predecessor – sempre supondo que não usamos as teorias como esquemas classificatórios para a ordenação de fatos neutros... o esquema positivista, com seus "óculos popperianos" entra em colapso,[7]

Outros pares de teorias incomensuráveis mencionados por Feyerabend incluem a mecânica quântica e a mecânica clássica, a teoria do ímpeto e a mecânica newtoniana, e o dualismo mente-corpo e o materialismo.

O fato de um par de teorias rivais serem incomensuráveis não resulta em que elas não possam ser absolutamente comparadas. Uma das maneiras de comparar um tal par de teorias é confrontar cada uma delas com uma série de situações observáveis

---

6. O realismo será discutido no próximo capítulo.

7. *Against Method*, pp.275-276, itálicos no original.

178 A. F. CHALMERS

e manter um registro do grau em que cada uma das teorias rivais é compatível com aquelas situações, interpretadas em seus próprios termos. Outras maneiras de comparar teorias a que se refere Feyerabend envolvem considerações de que se elas são lineares ou não-lineares, coerentes ou incoerentes, se são aproximações ousadas ou aproximações seguras e assim por diante.[8] Se estamos preocupados com o problema de escolha de teoria, surge então, um problema relativo a quais dos vários critérios de comparação devem ser preferidos nas situações de conflito de critérios. Segundo Feyerabend, a escolha entre critérios e, consequentemente, a escolha entre teorias incomensuráveis é, em última análise, subjetiva.

A transição dos critérios que não envolvem conteúdo transforma assim a escolha de teoria de uma rotina "racional" e "objetiva" e unidimensional em uma discussão complexa que envolve preferências conflitantes e a propaganda nela desempenhará um papel importante, como o faz em todos os casos que envolvem preferências.[9]

A incomensurabilidade, do ponto de vista de Feyerabend, embora não remova todos os meios de comparação de teorias rivais incomensuráveis, leva a um aspecto da ciência necessariamente subjetivo.

O que permanece (depois que removemos a possibilidade de comparar logicamente as teorias pela comparação de conjuntos de consequências dedutivas) são julgamentos estéticos, julgamentos de gosto, preconceitos metafísicos, desejos religiosos, em resumo, *o que permanece são nossos desejos subjetivos.*[10]

Eu aceito o ponto de vista de Feyerabend de que algumas teorias rivais não podem ser comparadas por meios lógicos. Sugiro que sua inferência de consequências subjetivistas desse fato necessita ser questionada e rebatida de várias maneiras. Se nos concentrarmos na questão de escolha de teoria, então estou preparado para admitir que haverá algum elemento subjetivo envolvido quando um cientista escolhe adotar ou trabalhar numa teoria e não em outra, embora tais escolhas devam ser

---

8. "Changing Patterns of Reconstruction", p. 365, n. 2.

9. Ibid., p. 366.

10. *Against Method*, p. 285, itálicos no original.

A TEORIA ANARQUISTA DE FEYERABEND   179

influenciadas por fatores "externos" tais como perspectivas de carreira e a disponibilidade de fundos, além dos tipos de considerações mencionadas por Feyerabend nas citações anteriores. Acho necessário dizer, no entanto, que, embora os julgamentos e desejos individuais sejam subjetivos num certo sentido e não possam ser determinados por argumentos logicamente convincentes, isso não significa que eles sejam imunes a argumentos racionais. É possível criticar as preferências dos indivíduos, por exemplo, mostrando-se que elas são seriamente inconsistentes ou demonstrando que têm consequências que o próprio indivíduo possuidor dos mesmos não acharia boas.[11] Estou cônscio de que as preferências dos indivíduos não são determinadas apenas pela argumentação racional e sei também que elas serão fortemente moldadas e influenciadas pelas condições materiais nas quais existe e age o indivíduo. (Uma mudança importante nas perspectivas de carreira terá provavelmente um efeito *maior* nas preferências de um indivíduo que um argumento racional, para dar um exemplo superficial). Contudo, os julgamentos e desejos subjetivos dos indivíduos não são sacrossantos nem simplesmente dados. Estão abertos à crítica e à mudança pelos argumentos e pela alteração das condições materiais. Feyerabend recebe bem essa conclusão de que a ciência contém um elemento subjetivo porque oferece ao cientista um grau de liberdade que está ausente das "partes mais vulgares" da ciência.[12] Terei mais a dizer a respeito da concepção de liberdade de Feyerabend numa seção posterior.

Meu segundo tipo de resposta aos comentários de Feyerabend sobre a incomensurabilidade nos afasta da questão da escolha de teoria. O estudo de Zahar sobre a rivalidade entre as teorias de Lorentz e Einstein, modificada adequadamente à luz de meu relato objetivista da mudança de teoria, explica como e por que a teoria de Einstein eventualmente substituiu a de Lorentz. A explicação se encontra nos termos que a teoria

---

11. Se um indivíduo cujas preferências são assim criticadas responde insistindo que não se importa se suas preferências forem seriamente inconsistentes e que, além disso, não tem uma resposta às objeções comuns às inconsistências, eu, por meu lado, não vejo razão alguma para que se levem a sério os pontos de vista desse indivíduo. A distinção do próprio Feyerabend entre charlatães e pensadores "respeitáveis" é relevante para isso.

12. *Against Method*, p.285.

180 A. F. CHALMERS

de Einstein oferecia mais oportunidades objetivas de desenvolvimento que a de Lorentz, e que essas oportunidades deram
resultados quando aproveitadas. Aquela explicação é possível
apesar do fato de as teorias serem parcialmente incomensuráveis
no sentido de Feyerabend,[13] embora não seja uma explicação
subjetivista. Deve-se admitir que escolhas e decisões subjetivas
estarão envolvidas nas condições especificadas pelas suposições
sociológicas de que depende meu relato objetivista de mudança
de teoria. O relato supõe que existem cientistas com as habilidades apropriadas e os recursos para se aproveitarem das oportunidades de desenvolvimento que se apresentam. Cientistas diferentes e diferentes grupos de cientistas poderão fazer escolhas
diferentes em resposta a uma mesma situação, mas meu relato
da mudança de teoria não depende das preferências individuais
que orientam essas escolhas.

3. A ciência não é necessariamente superior a outras áreas do conhecimento

Outro aspecto importante do ponto de vista de Feyerabend sobre a ciência tem a ver com a relação entre a ciência e as outras
formas de conhecimento. Ele mostra que muitas metodologias
tomam como pressuposto, sem argumento, que a ciência (ou
talvez a física) constitui o paradigma da racionalidade. E assim
que Feyerabend escreve de Lakatos:

> Tendo terminado sua " reconstrução" da ciência moderna, ele (Laka-
> tos) a dirige contra outros campos *como se já houvesse sido estabelecido*
> que a ciência moderna é superior à mágica ou à ciência aristotélica
> e que não possui resultados ilusórios. Não há, contudo, sequer uma
> sobra desse tipo de argumento. "Reconstruções racionais" *tomam
> como dado* "a sabedoria científica básica", elas não *demonstram* que
> isto é melhor que a "sabedoria básica" dos bruxos e das feiticeiras.[14]

Feyerabend reclama, justificadamente, que os defensores
da ciência a julgam superior a outras formas de conhecimento

---

13. Embora Feyerabend não liste esse par de teorias como exemplos de teorias
incomensuráveis, ele parece comprometido com o fato de que o são em vista
de a teoria de Lorentz incorporar a mecânica clássica e os conceitos clássicos de
tempo, espaço e massa.

14. *Against Method*, p. 205, itálicos no original.

A TEORIA ANARQUISTA DE FEYERABEND 181

sem investigar de forma adequada essas outras formas. Ele observa que os "racionalistas críticos" e os defensores de Lakatos examinaram a ciência detalhadamente, mas que "sua atitude para com o marxismo ou a astrologia ou outras heresias tradicionais é muito diferente. Aqui são considerados suficientes os exames mais superficiais e os argumentos mais inferiores".[15] E apoia sua afirmação com exemplos.

Feyerabend não está preparado para aceitar como necessária a superioridade da ciência sobre outras formas de conhecimento. Além do mais, à luz de sua tese sobre a incomensurabilidade, ele rejeita a ideia de que poderá existir um argumento decisivo a favor da ciência sobre outras formas de conhecimento não comensuráveis com ela. Caso se deva comparar a ciência com outras formas de conhecimento, será necessário investigar a natureza, objetivos e métodos da ciência e dessas outras formas de conhecimento. Isso será feito pelo estudo de "registros históricos – manuais, trabalhos originais, registros de reuniões e de conversas particulares, cartas e coisas do gênero".[16] Não se pode mesmo supor, sem investigação adicional, que uma forma de conhecimento sob investigação esteja conforme as regras da lógica tal como são geralmente compreendidas pelos filósofos e racionalistas contemporâneos. Uma falha em se conformar com as exigências da lógica clássica pode muito bem ser um defeito, embora não necessariamente. Um exemplo oferecido por Feyerabend trata da moderna mecânica. Para se pensar se os modos de raciocínio envolvidos em alguma versão daquela teoria violam ou não os ditames da lógica clássica é necessário investigar a mecânica quântica e a maneira como funciona. Uma tal investigação poderá revelar um novo tipo de lógica operando, podendo-se demonstrar que ela tem certas vantagens sobre a lógica mais tradicional no contexto da mecânica quântica. Por outro lado, é claro, a descoberta de violações da lógica *pode* constituir uma crítica séria da mecânica quântica. Tal seria o caso, por exemplo, se fossem descobertas contradições que tivessem consequências indesejáveis; por exemplo, se fosse descoberto que, para cada evento previsto, estava também prevista a negação daquele

---

15. P. Feyerabend, "On the Critique of Scientific Reason", em *Method and Appraisal in the Physical Sciences*, ed. C. Howson, p. 315, n. 9.

16. *Against Method*, p. 253.

182 A. F. CHALMERS

evento. Não acho que Feyerabend discordaria, mas não penso também que ele dá muita ênfase a isso.

Reiterando, posso aceitar uma parte substancial dos pontos de vista de Feyerabend sobre a comparação da física com outras formas de conhecimento. Se desejarmos saber quais são os objetivos e métodos de uma forma de conhecimento e em que medida alcançaram esses objetivos, é preciso que estudemos essa forma de conhecimento. Posso mesmo apoiar Feyerabend com meu próprio exemplo. Embora seja em certa medida uma caricatura da história da filosofia, pode-se dizer que nos dois mil anos que antecederam Galileu, os filósofos argumentaram se as teorias matemáticas eram aplicáveis ao mundo físico: os platonistas dando uma resposta positiva e os aristotélicos uma resposta negativa. Galileu decidiu a questão, não produzindo um argumento filosófico decisivo, mas fazendo a coisa. Nós aprendemos sobre a maneira em que é possível caracterizar alguns aspectos do mundo físico analisando a física desde Galileu. Para compreender a natureza talvez cambiante da física é preciso que a investiguemos, enquanto se desejarmos compreender outras formas de conhecimento é necessário que investiguemos essas outras formas. Não é legítimo, por exemplo, rejeitar o marxismo baseado no fato de que ele não se conforma com alguma noção preconcebida do método científico, como faz Popper, ou defendê-lo com bases semelhantes, como faz Althusser.

Embora eu concorde com o ponto básico de Feyerabend aqui, o uso que quero dar a ele é um tanto diferente. A falsa suposição de que há um método científico universal a que devem se conformar todas as formas de conhecimento desempenha um papel prejudicial em nossa sociedade, aqui e agora, especialmente considerando-se o fato de que a versão do método científico a que geralmente se recorre é grosseiramente empiricista ou indutivista. Isso é especialmente verdadeiro na área da teoria social, quando se defendem teorias que servem para manipular aspectos de nossa sociedade num nível superficial (pesquisa de mercado, psicologia behaviorista), mas que, para compreendê-la e ajudar-nos a mudá-la em algum nível mais profundo, são defendidas em nome da ciência. Em vez de concentrar-se em problemas sociais prementes como esses, Feyerabend contrasta a ciência com o vodu, com a astrologia e coisas semelhantes e argumenta que esses últimos não podem

A TEORIA ANARQUISTA DE FEYERABEND   183

ser excluídos recorrendo-se a algum critério de cientificidade ou racionalidade. Há dois motivos para que eu esteja infeliz com esta ênfase. O primeiro é que não estou convencido de que um estudo detalhado como vodu ou astrologia revelaria que eles possuem objetivos bem definidos e métodos de alcançá los, embora, já que não fiz a análise, deva admitir que isso é mais ou menos um preconceito. Certamente nada que Feyerabend escreve me encoraja a mudar de opinião. O segundo motivo é que o *status* do vodu, da astrologia e similares não é um problema urgente em nossa sociedade, aqui e agora. Simplesmente não estamos numa posição de ter uma "livre escolha" entre a ciência e o vodu, da racionalidade ocidental e a da tribo Nuer.

4. *Liberdade do indivíduo*

Grande parte da tese de Feyerabend em *Against Method* é negativa. Ela envolve a negativa da afirmação de que há um método capaz de explicar a história da física e que a superioridade da física sobre outras formas de conhecimento pode ser estabelecida recorrendo-se a algum método científico. Há, no entanto, um lado positivo do caso de Feyerabend. Ele defende aquilo a que se refere como a "atitude humanitária". Segundo essa atitude, os seres humanos individuais devem ser livres e possuir liberdade num sentido semelhante ao que John Stuart Mill defendeu em seu ensaio *"On Liberty"*. Feyerabend é a favor da "tentativa de aumentar a liberdade, de levar uma vida cheia e compensadora" e apoia Mill na defesa do "cultivo da individualidade, que é a única coisa a produzir ou que podem produzir seres humanos bem desenvolvidos".[17] Desse ponto de vista humanitário, a visão anarquista de ciência de Feyerabend ganha sustentação porque, no interior da ciência, ele aumenta a liberdade dos indivíduos encorajando a remoção de todas as restrições metodológicas, ao passo que, num contexto mais amplo, ele encoraja a liberdade dos indivíduos de escolher entre a ciência e outras formas do conhecimento.

Do ponto de vista de Feyerabend, a institucionalização da ciência em nossa sociedade é inconsistente com a atitude humanitária. Nas escolas, por exemplo, a ciência é ensinada

---

17. Ibid., p. 20.

184 A. F. CHALMERS

rotineiramente. "Dessa forma, enquanto um americano pode escolher a religião que desejar, não lhe é permitido exigir que seus filhos aprendam mágica em vez de ciência na escola. Existe uma separação entre Estado e religião mas não há uma separação entre o Estado e a ciência".[18] O que precisamos fazer ao considerar isso, escreve Feyerabend, é "liberar a sociedade do estrangulamento de uma ciência ideologicamente petrificada, da mesma forma que nossos ancestrais liberaram *a nós* do estrangulamento da única religião verdadeira!".[19] Na imagem que Feyerabend faz de uma sociedade livre, a ciência não terá preferência sobre outros tipos de conhecimento ou outras tradições. Um cidadão maduro em uma sociedade livre é "uma pessoa que aprendeu a se decidir e *decidiu* a favor daquilo que considera mais adequado para si". A ciência será estudada como fenômeno histórico "juntamente com outras histórias de fadas como os mitos das sociedades 'primitivas'" de forma que cada indivíduo "tenha a informação necessária para chegar à uma decisão livre".[20] Na sociedade ideal de Feyerabend, o Estado é ideologicamente neutro. Sua função é orquestrar a luta entre as ideologias para assegurar que os indivíduos mantenham sua liberdade de escolha e não tenham uma ideologia imposta a eles contra sua vontade.[21]

A noção da liberdade e da independência do indivíduo que Feyerabend tomou de Mill está aberta à objeção padrão. Aquela noção que vê a liberdade do indivíduo como uma liberdade de todas as restrições, negligencia o lado positivo da questão, a saber, as possibilidades no interior de uma estrutura social a que os indivíduos têm acesso. Por exemplo, se analisarmos a liberdade de expressão em nossa sociedade apenas do ponto de vista da liberdade de censura, deixamos de examinar questões como a extensão em que vários indivíduos têm acesso aos meios de comunicação. O filósofo do século XVIII, David Hume, ilustrou bem o que estou querendo mostrar quando criticou a ideia

---

18. Ibid., p. 299.

19. Ibid., p. 307.

20. Ibid., p. 308, itálicos no original.

21. O ideal de uma sociedade livre de Feyerabend é abordado em *Against Method*, mas desenvolvido detalhadamente em seu *Science in a Free Society* (Londres: New Left Books, 1978).

A TEORIA ANARQUISTA DE FEYERABEND   185

de John Locke em *Contrato Social*. Locke havia interpretado o contrato social como livremente adotado por membros de uma sociedade democrática e havia argumentado que qualquer pessoa que não desejasse endossar o contrato tinha a liberdade de emigrar. Hume respondeu:

É possível dizermos seriamente que um camponês pobre ou um artesão tem livre escolha de deixar o seu país quando não conhece a língua ou costumes estrangeiros e vive dia-a-dia com o parco salário que recebe? Poderíamos igualmente afirmar que um homem, pelo fato de permanecer num navio dá seu livre consentimento ao domínio do capitão, embora tenha sido levado a bordo adormecido e precise saltar ao mar e se afogar no momento em que o abandonar.[22]

Cada indivíduo nasce numa sociedade que existe antes dele e que, nesse sentido, não é escolhida livremente. A liberdade que um indivíduo possui dependerá da posição que ocupa na estrutura social, de modo que uma análise da estrutura social é um pré-requisito para uma compreensão da liberdade do indivíduo. Há pelo menos um momento em *Against Method* em que Feyerabend indica estar cônscio desse tipo de coisa. Numa nota de rodapé a um comentário sobre a liberdade de pesquisa ele nota:

O cientista está ainda restrito pelas propriedades de seus instrumentos, a quantidade de dinheiro disponível, a inteligência de seus assistentes, a atitude de seus colegas, de seus companheiros – ele (ou ela) está restrito por coerções inúmeras, físicas, fisiológicas, sociológicas e históricas.[23]

A ideia subsequente de Feyerabend sobre a liberdade do indivíduo deixa de dar uma atenção adequada às coerções que operam na sociedade. Da mesma forma que um cientista que espera fazer uma contribuição à ciência tem que enfrentar uma situação objetiva, também um indivíduo que espera melhorar a sociedade enfrenta uma situação objetiva. Além do mais, da mesma maneira que um cientista numa dada situação terá à sua disposição uma variedade de técnicas teóricas e experimentais,

---

22. A citação de Hume " Of the Original Contract" está em E. Barker, *Social Contract: Essays by Locke, Hume and Rousseau* (Londres: Oxford University Press, 1976), p. 156. Os pontos de vista específicos de Locke criticados nessa passagem podem ser encontrados nas pp. 70-72 do mesmo volume.

23. *Against Method*, p. 187.

186 A. F. CHALMERS

um reformador, numa situação social específica, terá acesso a um conjunto de técnicas políticas. Nos dois tipos de situação as ações e aspirações do indivíduo podem ser adequadamente avaliadas e analisadas somente em relação às matérias-primas a serem trabalhadas e às "ferramentas" ou "meios de produção" disponíveis.[24] Se devemos mudar para melhor a sociedade contemporânea, então não temos outra opção senão começar com a sociedade que nos confronta e tentar mudá-la com os meios que se apresentam. Desse ponto de vista, o ideal utópico de uma sociedade livre de Feyerabend de nada nos serve.

O que pode ser visto facilmente, e que na minha experiência é visto com frequência como a mensagem dos escritos recentes de Feyerabend, é que todos devem seguir suas inclinações individuais e fazer o que quiserem. Caso seja adotado esse ponto de vista, é provável que ele conduza a uma situação em que aqueles que já têm o acesso ao poder o retenham. Como disse John Krige, de uma forma que desejaria tê-lo feito, "vale tudo... significa que, na prática, *tudo permanece*".[25]

OUTRAS LEITURAS

Em *Science in a Free Society* (Londres: New Left Books, 1978) Feyerabend desenvolve ainda mais algumas de suas ideias de *Against Method* e responde a alguns de seus críticos. Um artigo curto e útil que apresenta a essência da posição de Feyerabend é "How to Defend Society Against Science", *Radical Philosophy* 11 (1975): 3-8. Em geral as críticas que apareceram na literatura especializada sobre a posição de Feyerabend não são de alta qualidade. O individualismo extremo que pode ser encontrado nos escritos de Feyerabend, parte dele justificadamente, é fortemente criticado a partir de uma perspectiva marxista althusseriana em J. Curthoys e W. Suchting, "Feyerabend's Discourse Against Method: a Marxist Critique", *Inquiry* 20 (1977): 243-397.

---

24. Louis Althusser fez uma analogia útil entre a produção material e outras formas de produção, tais como a produção de conhecimento e a produção de mudança social. Ver especialmente seu *For Marx* (Harmondsworth: Allen Lane, 1969), cap. 6.

25. John Krige, *Science, Revolution and Discontinuity* (Brighton, Sussex: Harvester, 1980), p. 142, itálicos no original.

XIII

Realismo, Instrumentalismo e Verdade

1. Comentários introdutórios

Neste capítulo e no seguinte tentarei lidar com algumas questões problemáticas que dizem respeito à relação entre as teorias científicas e o mundo em que se intenciona aplicá-las. Temos, de um lado, teorias científicas que são construções humanas e que estão sujeitas a mudanças e desenvolvimentos, talvez infindáveis. Por outro lado, temos o mundo em que se quer aplicar essas teorias e cujo modo de comportamento, ao menos no caso do mundo físico, não está sujeito a mudança. Qual é a relação entre as duas áreas?

Um tipo de resposta a essa pergunta é que as teorias descrevem, ou têm como objetivo descrever, como o mundo é realmente. Utilizarei o termo "realismo" para caracterizar as posições que adotam uma versão dessa resposta. Do ponto de vista realista a teoria cinética dos gases descreve-os como realmente são. A teoria cinética é interpretada como afirmando que os gases são realmente feitos de moléculas em movimentos aleatórios colidindo uma com a outra e com as paredes do recipiente que os contém. Semelhantemente, de um ponto de vista realista, a teoria eletromagnética clássica é interpretada como afirmando que realmente existem campos elétricos e magnéticos no mundo, obedecendo às equações de Maxwell e partículas carregadas que obedecem à equação de força de Lorentz.

Segundo um ponto de vista alternativo, que chamarei de instrumentalista, o componente teórico da ciência não descreve a realidade. As teorias são compreendidas como instrumentos projetados para relacionar um conjunto de estado de coisas observáveis com outros. Para o instrumentalista as moléculas móveis a que se refere a teoria cinética dos gases constituem ficções convenientes que habilitam os cientistas a fazerem relações e previsões sobre manifestações observáveis das propriedades dos gases, enquanto os campos e cargas da teoria eletromagnética são ficções que capacitam o cientista a fazer o mesmo em relação aos magnetos, aos corpos eletrificados e aos circuitos que transportam correntes.

O realismo envolve tipicamente a noção de verdade. Para o realista, a ciência visa descrições *verdadeiras* de como o mundo realmente é. Uma teoria que descreve corretamente algum aspecto do mundo e seu modo de comportamento é verdadeira, ao passo que uma teoria que descreve algum aspecto do mundo e seu modo de comportamento de forma incorreta é falsa. Segundo o realismo, tal como interpretado de maneira típica, o mundo existe independentemente de nós conhecedores, e é da forma que é independentemente de nosso conhecimento teórico. Teorias verdadeiras descrevem corretamente aquela realidade. Se uma teoria for verdadeira, ela é verdadeira por ser o mundo como é. O instrumentalismo envolve também uma noção de verdade, mas de forma mais restrita. As descrições do mundo observável serão verdadeiras ou falsas se descritas corretamente ou não. As elaborações teóricas, no entanto, são projetadas para nos dar um controle instrumental do mundo observável e não devem ser julgadas em termos de verdade ou falsidade, mas antes em termos de sua utilidade como instrumentos.

A ideia de que a ciência visa uma caracterização verdadeira da realidade é usada frequentemente como uma resposta ao relativismo. Popper, por exemplo, utiliza a verdade dessa forma. Segundo esse uso, uma teoria pode ser verdadeira embora ninguém creia nela e pode ser falsa ainda que todos creiam nela. As teorias verdadeiras, se realmente o são, não são verdadeiras em relação às crenças de indivíduos ou de grupos. A verdade, compreendida como a caracterização correta da realidade, é a verdade para realistas como Popper.

Argumentarei, mais adiante neste capítulo, que a noção de verdade tipicamente incorporada no realismo é problemática. Antes de fazê-lo olharei mais detalhadamente o

REALISMO, INSTRUMENTALISMO E VERDADE   189

instrumentalismo e mostrarei como, a julgar pelas aparências, o realismo parece possuir nítidas vantagens sobre ele.

2. *Instrumentalismo*

O instrumentalismo em sua forma extrema envolve uma distinção clara entre os conceitos aplicáveis a situações observáveis e os conceitos teóricos. O objetivo da ciência é produzir teorias que sejam esquemas ou instrumentos convenientes para ligar um conjunto de situações observáveis a outro. As descrições do mundo que envolvam entidades observáveis descrevem realmente como o mundo é, mas as descrições de sistemas que envolvam conceitos teóricos não o fazem. Esses últimos devem ser entendidos como ficções úteis que facilitam nossos cálculos. Alguns exemplos simples ilustrarão a posição instrumentalista. O instrumentalista ingênuo admitirá que realmente existem bolas de bilhar no mundo e que elas podem rolar em várias velocidades, colidindo uma com a outra e com os lados da mesa de bilhar, que também existe realmente. Nesse contexto, a mecânica newtoniana deve ser considerada um esquema de cálculo, habilitando as posições observáveis e as velocidades das bolas de bilhar em algum instante a serem deduzidas de suas posições observáveis e de suas velocidades em algum outro momento. As forças envolvidas nesses cálculos e em outros semelhantes (as forças impulsivas devidas ao impacto, as forças de fricção etc.) não devem ser tomadas por entidades com existência real. Elas são invenções do físico. De forma semelhante, os átomos e as moléculas envolvidas na teoria cinética dos gases são também consideradas por nosso instrumentalista ficções teóricas convenientes. A introdução dessas entidades téoricas deve ser justificada pela sua utilidade em ligar um conjunto de observações de um sistema físico que envolve gases (a altura do mercúrio num manômetro, a leitura de um termômetro etc.) com um outro conjunto semelhante. As teorias científicas não são mais que conjuntos de regras para ligar um conjunto de fenômenos observáveis com um outro. Amperímetros, limalha de ferro, planetas e raios de luz existem no mundo. Elétrons, campos magnéticos, epiciclos ptolemaicos e éter não existem.

Se há coisas que existem no mundo além das observáveis – que são talvez responsáveis pelo comportamento das coisas

190 A. F. CHALMERS

observáveis –, elas não precisam preocupar o instrumentalista ingênuo. Qualquer que seja sua posição, para ele não é atividade da ciência estabelecer aquilo que possa existir para além do reino do observável. A ciência não dá qualquer meio seguro de transpor o fosso entre o observável e o não-observável.

As discussões das partes anteriores do livro fornecem um amplo material para a crítica dessa variedade ingênua de instrumentalismo. Talvez a crítica mais fundamental dele seja dirigida à forte distinção que o instrumentalista faz entre entidades observacionais e entidades teóricas. O fato de todos os termos observacionais estarem carregados de teoria foi extensivamente embasado do capítulo III. Os planetas, os raios de luz, os metais e os gases são conceitos em algum grau teóricos e adquirem seu sentido, ao menos em parte, a partir do entrelaçamento teórico em que aparecem. As velocidades que o instrumentalista ficou feliz em atribuir às bolas de bilhar citadas anteriormente são exemplos de um conceito teórico especialmente sofisticado envolvendo a ideia de um limite matemático, que para ser desenvolvido precisou de muito engenho e trabalho. Até mesmo o conceito de bola de bilhar implica propriedades teóricas tais como individualidade e rigidez. Na medida em que os instrumentalistas compartilham com os indutivistas uma atitude cautelosa que os encoraja a não afirmar nada além daquilo que pode ser extraído de uma base de observação segura, sua posição é solapada pelo fato de que todas as proposições de observações são dependentes de teoria e falíveis. A posição do instrumentalista ingênuo apoia-se numa distinção que não é adequada à tarefa que lhe pedem.

O fato de as teorias poderem levar a predições novas é motivo de embaraço para os instrumentalistas. Deve parecer a eles um tipo estranho de acidente que as teorias, que se supõe serem meros esquemas para cálculo, possam levar à descoberta de novos tipos de fenômenos observáveis pelo intermédio de conceitos que são ficções teóricas. O desenvolvimento de teorias relativas à estrutura molecular dos compostos químicos orgânicos nos dá um bom exemplo. A ideia de que a estrutura molecular de alguns compostos, do benzeno por exemplo, deveria consistir de anéis fechados de átomos foi primeiro proposta por Kekulé. O próprio Kekulé tinha com a sua teoria uma atitude um tanto instrumentalista e considerava suas estruturas anulares

REALISMO, INSTRUMENTALISMO E VERDADE 191

ficções teóricas úteis. A respeito desse ponto de vista, deve ser considerada uma coincidência notável que estas ficções téoricas possam ser vistas quase que "diretamente" no microscópio eletrônico. Da mesma forma, os defensores instrumentalistas da teoria cinética dos gases devem ter sido tomados de surpresa ao observar os resultados das colisões de suas ficções teóricas com partículas de fumaça no fenômeno do movimento browniano. Finalmente, o próprio Hertz relatou que havia sido capaz de produzir os campos da teoria eletromagnética de Maxwell numa "forma visível e quase tangível". Episódios como esse solapam a afirmação instrumentalista ingênua de que as entidades teóricas possuem uma existência fictícia ou irreal numa forma que as entidades observáveis não tem. Dificuldades adicionais com o instrumentalismo virão à luz na seção 4.

À medida que estão preparados para conjecturar que as entidades teóricas de suas teorias correspondem àquilo que realmente existe no mundo, os realistas são mais especulativos e audazes e menos cautelosos na defensiva que os instrumentalistas. Visto isso, e a discussão da superioridade da visão falsificacionista da ciência sobre a indutivista nos capítulos IV e V, poderíamos esperar que a atitude realista fosse mais produtiva que a instrumentalista. Sustentaremos com um exemplo histórico que este é realmente o caso.

Alguns contemporâneos de Copérnico e de Galileu assumiram uma atitude instrumentalista para com a teoria copernicana. Osiander, o autor do prefácio da obra principal de Copérnico, *The Revolutions of the Heavenly Spheres,* escreveu:

> ... é o dever de um astrônomo compor a história dos movimentos celestes por meio de uma observação hábil e cuidadosa. Voltando-se então para as causas desses movimentos e hipóteses a respeito deles, ele deve conceber e arquitetar, já que não pode, de modo algum, chegar às causas verdadeiras, tais hipóteses que, sendo adotadas, habilitem os movimentos a serem calculados corretamente dos princípios da geometria, para o futuro, bem como para o passado. Este autor (Copérnico) desempenhou de forma excelente esses dois deveres. Pois não é preciso que essas hipóteses sejam verdadeiras ou mesmo prováveis; se fornecerem um cálculo consistente com as observações, isso só basta.[1]

---

1. E.Rosen, *Three Copernican Treatises* (Nova York: Dover, 1962), p. 125.

Isto é, a teoria copernicana não deve ser tomada como uma descrição de como o mundo é na realidade. Ela não afirma que a Terra realmente se move ao redor do Sol. É antes um artifício de cálculo que habilita que um conjunto de posições planetárias observáveis seja ligado a outros conjuntos. Os cálculos tornam-se mais fáceis se o sistema planetário for tratado *como se* o Sol estivesse no centro.

Em contraste com isso, Galileu era um realista. Quando ele se levantou depois de haver confessado, ajoelhado diante da inquisição romana, os "erros de suas atividades" em defender o sistema copernicano, alega-se que ele bateu de leve no solo e murmurou "e, entretanto, ela se move". Para um defensor realista da teoria copernicana a Terra realmente se move ao redor do Sol.

Os partidários de Osiander tinham bons motivos para entrar em sua linha instrumentalista. Ao fazê-lo eles certamente evitaram as controvérsias que grassavam ao redor do conflito entre a teoria copernicana de um lado e o cristianismo contemporâneo e a metafísica aristotélica de outro. Havia também argumentos físicos contra o sistema copernicano, tal como discutimos no capítulo VI e uma interpretação instrumentalista da teoria a protegia daquelas dificuldades. Em contraste com isso, a posição realista defendida por Galileu colocava muitos problemas. Foram exatamente esses problemas que deram um grande incentivo para o desenvolvimento de uma ótica e uma mecânica mais adequada. Como nosso estudo anterior demonstrou, a atitude realista é que foi produtiva, pelo menos nesse caso. Ainda que a teoria copernicana tivesse provado ser incapaz de vencer sua inadequabilidade, muito teria sido aprendido no processo a respeito de ótica e de mecânica. Deve-se preferir a atitude realista à instrumentalista ingênua porque abre mais oportunidades de desenvolvimento.

3. *A teoria da correspondência da verdade*

Tal como indicado na seção 1, a posição realista típica incorpora uma noção de verdade de maneira tal que se pode dizer que as teorias verdadeiras dão uma descrição correta do mundo real. Investigarei, nesta seção, as tentativas que foram feitas para

REALISMO, INSTRUMENTALISMO E VERDADE 193

tornar mais precisa a noção de verdade que opera em relação a isso. Embora não vá argumentar sobre isso aqui, suponho que a chamada "teoria da verdade de correspondência" seja a única competidora viável para um relato da verdade que seja capaz de corresponder às exigências do realista, e me restringirei à discussão e à crítica daquela teoria.

A ideia geral da teoria da verdade da correspondência parece suficientemente simples e pode ser ilustrada com exemplos do discurso comum de forma a fazê-la parecer quase trivial. Segundo a teoria da correspondência, uma sentença é verdadeira se corresponde aos fatos. Assim, a sentença "o gato está na esteira" é verdadeira se corresponde aos fatos, isto é, se há realmente um gato na esteira, ao passo que é falsa se não houver um gato na esteira. Uma sentença é verdadeira se as coisas são como a sentença diz que são, e falsa se não o são.

Uma das dificuldades com a noção de verdade é a facilidade com que seu uso pode levar a paradoxos. O assim chamado paradoxo do mentiroso nos fornece um exemplo. Se eu digo "Eu nunca falo a verdade", então, se o que eu disse é verdade, o que eu disse é falso. Outro exemplo bem conhecido é o seguinte: imaginemos um cartão que tem escrito num dos lados "A sentença escrita no outro lado deste cartão é verdadeira", enquanto no outro lado do cartão está escrito "A sentença escrita no outro lado deste cartão é falsa". Não é difícil ver de que maneira, dada a situação, pode-se chegar à conclusão paradoxal de que qualquer das sentenças no cartão é tanto verdadeira quanto falsa.

O lógico Alfred Tarski demonstrou como podem ser evitados os paradoxos num sistema específico de linguagem. O passo crucial foi sua insistência em que, quando se está falando sobre a falsidade ou verdade das sentenças em algum sistema de linguagem, devem-se distinguir sistemática e cuidadosamente as sentenças no sistema de linguagem de que se fala, a "linguagem objeto", das sentenças no sistema de linguagem em que se fala a respeito da linguagem objeto, a "metalinguagem". Referindo-se ao paradoxo do cartão, se adotarmos a teoria de Tarski devemos então decidir se as sentenças no cartão estão no sistema de linguagem de que se fala ou no sistema de linguagem em que se está falando. Se as sentenças em ambos os lados do cartão devem ser tomadas na linguagem objeto, então elas não podem

194 A. F. CHALMERS

ser também entendidas como se referindo uma à outra. Caso se siga a regra de que cada uma das sentenças deva estar ou na linguagem objeto ou na metalinguagem, mas não em ambas, de modo que nenhuma das sentenças possa se referir à outra, então é impossível o surgimento de paradoxos.

Uma ideia-chave da teoria de correspondência de Tarski é, então, que, se devemos falar sobre a verdade em relação às sentenças de uma linguagem específica, precisamos de uma linguagem mais geral, a metalinguagem, em que possamos nos referir tanto às sentenças da linguagem objeto como aos fatos com que se tenciona que aquelas sentenças da linguagem objeto correspondam. Era preciso que Tarski fosse capaz de mostrar como a noção de correspondência da verdade pode ser desenvolvida sistematicamente para todas as sentenças no interior da linguagem objeto de uma maneira a evitar os paradoxos. O motivo disso ser uma tarefa tecnicamente difícil é que para qualquer linguagem interessante há um número infinito de sentenças. Tarski realizou sua tarefa para linguagens que envolvem um número finito de predicados de lugar único, isto é, predicados tais como "é branco" ou "é uma mesa". Sua técnica implicava tomar como dado o que significa para um predicado ser satisfeito por um objeto x. Os exemplos da linguagem cotidiana parecem triviais. Por exemplo, o predicado "é branco" é satisfeito pelo objeto x se, e apenas se, x for branco e o predicado "é uma mesa" é satisfeito por x se, e somente se, x for uma mesa. Dada essa noção de satisfação para todos os predicados de uma linguagem, Tarski mostrou como se pode construir a noção de verdade a partir desse ponto inicial, para todas as sentenças da linguagem. Para usar uma terminologia técnica, tomando-se a noção de satisfação primitiva tal como dada, Tarski definiu a verdade por uma operação repetida.

O resultado de Tarski foi certamente de grande importância técnica para a lógica matemática. Teve um significado fundamental para a teoria de modelos e teve também ramificações para a teoria das provas. Mostrou também por que as contradições podem ocorrer quando a verdade é discutida nas linguagens naturais e indicou como tais contradições podem ser evitadas. Tarski realizou mais que isso? Em especial, ele avançou na direção de uma explicação da noção de verdade de forma que possa ajudar-nos a compreender a afirmação de que a verdade

REALISMO, INSTRUMENTALISMO E VERDADE   195

é o objetivo da ciência? O próprio Tarski não era dessa opinião. Considerava o seu relato "epistemologicamente neutro". Outros não compartilharam de seu ponto de vista. Popper, por exemplo, escreve: "Tarski... reabilitou a teoria da correspondência da verdade ou objetiva, que se havia tornado suspeita. Ele justificou o livre uso da ideia intuitiva de verdade como correspondência com os fatos".[2] Vejamos o uso que Popper faz de Tarski para ver se ele (Popper) é capaz de sustentar a afirmação de que faz sentido falar da verdade como o objetivo da ciência.

Aqui está uma tentativa de Popper para elucidar a ideia de "correspondência com os fatos".

> ... consideraremos, em primeiro lugar, as duas formulações seguintes, cada uma das quais declara de forma muito simples (numa metalinguagem) sob que condições uma certa afirmação (de uma linguagem objeto) corresponde aos fatos.
>
> 1. A declaração, ou a afirmação, "a neve é branca" corresponde aos fatos se, e somente se, a neve for de fato branca.
>
> 2. A declaração, ou a afirmação, "grama é vermelha "corresponde aos fatos se, e somente se, a grama for de fato vermelha [3]

Isso é realmente tudo o que Popper tem a oferecer como tentativa de articular o que significa dizer de uma afirmação científica que ela é verdadeira ou que ela corresponde aos fatos. A julgar pelas aparências as formulações (1) e (2) de Popper são tão obviamente corretas que não chegam a ser mais que um pedantismo de filósofo.

Os exemplos que Popper oferece são tirados do discurso sensato do cotidiano O tratamento da verdade de Popper consiste essencialmente do aparato de Tarski mais a noção de verdade do senso comum. Ora, é claro que a noção de verdade do senso comum possui algum tipo de sentido e de aplicabilidade, pois de outra forma não teríamos tal noção na linguagem e não seríamos capazes de fazer a distinção entre as verdades e as mentiras. É por termos uma concepção significativa cotidiana da verdade que as sentenças 1 e 2 de Popper, na citação acima, parecem

---

2. K. R. Popper, *Conjectures and Refutations* (Londres: Routlege and Kegan Paul, 1963), p. 223.

3. Id., ibid., p. 224.

A. F. CHALMERS

óbvia e trivialmente corretas. A questão importante que se coloca aqui é "a noção de verdade do senso comum é adequada para entender a afirmação de que a verdade é o objetivo da ciência?". Na próxima seção argumentarei que não o é.

4. *Problemas com a noção de verdade do senso comum*

Antes de levantar problemas para a aplicação à ciência da noção de verdade do senso comum como correspondência com os fatos, gostaria de descartar uma objeção a ela que considero enganada. Se me perguntarem a que corresponde uma afirmação como "o gato está na esteira", a menos que eu me recuse a responder, preciso oferecer alguma afirmação como resposta. Responderei que "o gato está na esteira" corresponde ao gato estar na esteira. Os partidários da objeção que tenho em mente responderiam a isso dizendo que, ao dar a minha resposta, eu não caracterizei uma relação entre uma afirmação e o mundo mas entre uma afirmação e outra. Que isso é uma objeção mal orientada pode ser ressaltado com uma analogia. Se eu tiver um mapa da Austrália e me perguntarem a que se refere o mapa, a resposta é então "Austrália". Ao dar esta resposta não estou dizendo que o mapa se refere à palavra "Austrália", mas se me perguntam a que se refere o mapa preciso dar uma resposta verbal. Nem no caso do gato nem no do mapa pode-se dizer sensatamente que a resposta verbal me envolve na afirmação que, no primeiro caso a sentença "o gato está na esteira" e no segundo caso o mapa, se refere a algo verbal. Para mim, ao menos, a afirmação "o gato está na esteira" é perfeitamente inteligível enquanto se refere ao gato estar na esteira e, ao menos de um ponto de vista de senso comum, correta.

Descartada a objeção enganada à teoria da correspondência, gostaria de enfatizar um aspecto relacionado a isso. Dentro da teoria de correspondência da verdade é preciso que possamos nos referir, na metalinguagem, às sentenças de um sistema de linguagem ou teoria e aos fatos a que tais sentenças podem ou não corresponder. Entretanto, somente podemos falar dos fatos a que se tenciona que uma sentença se refira usando os mesmos conceitos que estão envolvidos na sentença. Ao dizer "o gato está na esteira" utilizamos duas vezes "gato" e "esteira", uma vez na linguagem objeto e depois novamente na metalinguagem,

REALISMO, INSTRUMENTALISMO E VERDADE 197

para nos referirmos aos fatos. Os fatos a que a teoria se refere e a que se tenciona que ela corresponda somente podem ser falados usando-se os conceitos da própria teoria. Os fatos não nos são acessíveis, nem deles se pode falar, independentemente de nossas teorias.

Se a intenção é a de que as teorias no interior da física correspondam aos fatos, então as correspondências envolvidas são notavelmente diferentes daquelas aparentemente envolvidas em nossa conversa sobre gatos em esteiras. Que tal acontece fica claro a partir do argumento central do livro *A Realist Theory of Science*,[4] de Roy Bhaskar. A análise de Bhaskar mostra que as leis e teorias científicas não podem ser interpretadas como expressando relações entre conjuntos de eventos, como querem muitos empiristas. As leis da ciência não podem ser interpretadas de forma apropriada como interpretando conjunções de eventos da forma "eventos do tipo A são invariavelmente acompanhados ou seguidos por eventos do tipo B". O argumento de Bhaskar baseia-se no fato de que a física envolve experimentos e no papel que os experimentos desempenham na física. Os experimentos são executados por agentes humanos. Os agentes humanos arquitetam e montam os aparatos experimentais que constituem os sistemas quase fechados apropriados para testar as leis e as teorias científicas. Os eventos que ocorrem durante a execução de um experimento, as luzes nas telas, as posições dos ponteiros nas balanças e assim por diante são, em certo sentido, ocasionados por agentes humanos. Eles não ocorreriam se não fosse pela intervenção dos agentes humanos. Enquanto se trata do caso que, nesse sentido, as conjunções de eventos relevantes ao teste de leis são ocasionados por seres humanos, as leis que os experimentos tornam possíveis testar não são ocasionadas por humanos. (É muito fácil perturbar o funcionamento de um experimento com alguma intervenção desajeitada, perturbando assim a conjunção de eventos buscada. Ao fazê-lo eu não perturbo as leis da natureza). Deve haver, consequentemente, uma distinção entre as leis da física e as sequências de eventos tipicamente produzidos pela atividade experimental e que constituem as provas dessas leis.

---

4. Roy Bhaskar, *A Realist Theory of Science* (Brighton, Sussex: Harvester, 1978).

198 A. F. CHALMERS

Se pensarmos na física como uma busca da verdade, as correspondências envolvidas são fundamentalmente diferentes daquelas expressas em afirmações a respeito de neve branca e gatos na esteira. *Grosso modo*, as leis da física escolhem certas propriedades ou características que podem ser atribuídas aos objetos ou sistemas no mundo (a massa, por exemplo) e expressam as maneiras pelas quais aqueles objetos e sistemas tendem a se comportar em virtude daquelas propriedades ou características (a lei da inércia, por exemplo). Em geral, os sistemas do mundo possuem outras características além daquelas destacadas por uma lei específica e estarão sujeitos à operação simultânea das tendências comportamentais associadas com aquelas características adicionais. Por exemplo, uma folha que cai é ao mesmo tempo um sistema mecânico, hidromecânico, químico, biológico, ótico e térmico. As leis da natureza não se referem a relações entre eventos localizáveis, como gatos em esteiras, mas sim a algo que poderíamos chamar de *tendências transfactuais.*

Tomemos como exemplo a primeira lei do movimento de Newton, a lei que Alexandre Koyré descreveu como a explicação do real pelo impossível. Certamente corpo algum jamais se moveu de uma maneira que exemplificasse aquela lei de modo perfeito. E, no entanto, se a lei está correta, todos os corpos a obedecem, embora raramente tenham a oportunidade de mostrá-lo. Se as leis de Newton são "verdadeiras", elas são "verdadeiras" sempre. Elas não são verdadeiras apenas sob condições experimentalmente controladas. Se as leis de Newton são verdadeiras, elas são sempre verdadeiras, mas geralmente acompanhadas pela ação simultânea de outras tendências. Se as leis de Newton correspondem a alguma coisa, correspondem a tendências transfactuais, que são coisas muito diferentes de estados de coisas localizados tais como gatos estarem em esteiras.

Até agora tenho me preocupado com os tipos de correspondências que possam estar envolvidos na física. Considerarei algum motivo para duvidar que a física possa ser interpretada como uma busca de verdade.

O tipo de problema que tenho em mente foi ressaltado por Kuhn.[5] Tem a ver com a falta de convergência mostrada pela história da física em relação aos tipos de coisas que existem e as

---

5. Ver Thomas Kuhn, *The Structure of Scientific Revolutions,* pp. 206-207.

REALISMO, INSTRUMENTALISMO E VERDADE 199

tendências que possuem. A história da ótica fornece um exemplo marcante. Na progressão da ótica de Newton até os dias de hoje vemos que um raio de luz é descrito, primeiro como uma corrente de partículas, depois como onda e mais tarde como algo que não é nem uma corrente de partículas nem uma onda. Como é possível que essa sequência de teorias seja interpretada como se aproximando cada vez mais de uma descrição verdadeira de como o mundo realmente é? Esse tipo de problema surge, embora de maneira não tão nítida, sempre que há avanço revolucionário na física.

Outro problema para a aplicação à física da teoria da correspondência da verdade envolve o fato de que existem com frequência formulações alternativas e de aparência muito diferente da mesma teoria. Um exemplo são as formulações alternativas da teoria eletromagnética clássica: uma formulação em termos de campos eletromagnéticos que ocupam o espaço todo e a outra em termos de cargas e correntes localizadas atuando à distância, as ações sendo expressas sob a forma de potenciais propagados à velocidade da luz. Outros exemplos são as várias formulações da mecânica clássica e a mecânica quântica. Parece haver uma forte possibilidade de que algumas dessas formulações alternativas são equivalentes, no sentido de que qualquer coisa que possa ser prevista ou explicada por uma pode ser prevista e explicada por outra.[6] Alternativas equivalentes desse tipo, se é que existem, constituem um embaraço para os defensores da teoria de correspondência. Aqueles defensores enfrentam a questão, por exemplo, de se o mundo realmente contém campos eletromagnéticos ou potenciais propagados, e ficam sem meios de responder à questão.

Uma terceira dificuldade para os defensores da teoria da correspondência origina-se no fato de que as teorias são produtos humanos sujeitos ao desenvolvimento e à mudança, ao passo que o modo de comportamento do mundo físico, que é objeto daquelas teorias, não o é. Uma versão forte do ponto de vista de que o objetivo da ciência é a verdade entra em conflito com essa

---

6. Não é hora de entrar nos detalhes do debate sobre se os exemplos que dei constituem realmente alternativas equivalentes. Se chegarmos a saber que não existem alternativas equivalentes do tipo que supus, então a objeção específica que estou levantando aqui desapareceria, é claro.

200 A. F. CHALMERS

observação simples. Do ponto de vista da teoria da verdade da correspondência, o ponto final ideal de algum ramo da ciência será a "verdade objetiva ou absoluta". Será a descrição correta daquele aspecto do mundo sobre o qual versa aquele ramo da ciência. A não ser por alguns aspectos menores, tais palavras, usadas para denotar as características preexistentes do mundo, o ponto final de um ramo da ciência, a verdade, não será absolutamente um produto social. Está preordenado pela natureza do mundo antes que a ciência chegue mesmo a começar. A ciência, que é um produto social, para conseguir chegar ao seu ponto final, assim concebido, mudaria abruptamente de ser um produto social, humano para ser algo que, em um sentido forte, não é absolutamente um produto humano. Eu, por minha parte, acho isso, no mínimo, implausível.

5. *Popper a respeito da aproximação da verdade*

Uma contribuição importante ao projeto de Popper de interpretar a ciência como uma busca da verdade foi o seu reconhecimento da importância da ideia da aproximação da verdade. Para Popper, o falibaísta, teorias passadas que foram substituídas, como as mecânicas de Galileu ou de Newton, são falsas à luz de nossas teorias atuais, enquanto no que se refere às modernas teorias einsteinianas ou quânticas da física, não podemos saber se são verdadeiras. Na realidade, o mais provável é que sejam falsas e passíveis de serem substituídas no futuro por teorias superiores. Apesar dessa falsidade ou da provável falsidade de nossas teorias, os falsificacionistas como Popper desejam dizer que a ciência tem progredido cada vez mais para perto da verdade. Por exemplo, eles precisam ser capazes de dizer que a teoria de Newton está mais próxima da verdade que a de Galileu, ainda que as duas sejam falsas. Popper percebeu que era importante para ele fazer com que a ideia da *aproximação da verdade* fizesse sentido, de modo que, por exemplo, faça sentido dizer que a teoria de Newton é uma melhor aproximação da verdade que a de Galileu.

Popper tentou fazer com que a aproximação da verdade, ou verossimilhança, como ele a chamava, fizesse sentido em termos das consequências verdadeiras ou falsas de uma teoria. Se chamarmos a classe de todas as consequências verdadeiras de

REALISMO, INSTRUMENTALISMO E VERDADE   201

uma teoria de seu conteúdo de verdade e a classe de todas as consequências falsas de uma teoria de seu conteúdo de falsidade, podemos então dizer, citando Popper:

> supondo que o conteúdo de verdade e o conteúdo de falsidade de duas teorias t1 e t2 são comparáveis, podemos dizer que t2 se assemelha mais de perto à verdade, ou corresponde melhor aos fatos que t1, se, e apenas se ou (a) o conteúdo de verdade mas não o conteúdo de falsidade de t2 exceda o de t1 (b) o conteúdo de falsidade de t1, mas não o seu conteúdo de verdade, exceda o de t2.[7]

Caso formos mais além e supormos que é mensurável o tamanho das duas classes, uma suposição que Popper considera duvidosa, nós podemos dizer que a verossimilhança de uma teoria é algo semelhante à medida de seu conteúdo de verdade menos a medida de seu conteúdo de falsidade. A afirmação de que uma ciência aproxima-se da verdade pode ser reformulada agora "à medida que progride a ciência, aumenta constantemente a verossimilhança de suas teorias".[8]

Não acho que esse passo de Popper o habilita a superar as objeções à aplicação da teoria da correspondência à física discutidas na seção anterior. Acho ainda mais que pode ser demonstrado que a visão de progresso de Popper como uma aproximação sucessiva à verdade tem um caráter instrumentalista que não se coaduna com suas aspirações realistas.

Se considerarmos as mudanças revolucionárias no desenvolvimento da física, então, não somente a teoria que é substituída como resultado de uma revolução é inadequada à luz da teoria que a substitui, mas ela atribui ao mundo características que este não possui. Por exemplo, a teoria de Newton atribui a propriedade "massa" a todos os sistemas ou partes de sistemas do mundo, enquanto do ponto de vista da teoria de Einstein tal propriedade não existe. A massa einsteiniana é uma *relação* entre um sistema físico e um quadro de referência. Como vimos, tanto Kuhn quanto Feyerabend enfatizaram a extensão em que o mundo mecânico descrito pela teoria de Newton é diferente do mundo descrito pela teoria de Einstein. Os antiquados e inadequados

---

7. K. R. Popper, *Conjectures and Refutations*, p. 233.

8. Tentativas recentes na literatura especializada de tornar mais precisa a noção de verossimilhança trazem todos os sinais de um programa degenerescente.

202 A. F. CHALMERS

conceitos de massa, força, espaço e tempo utilizados na formulação da teoria newtoniana, são transmitidos para todas as suas consequências dedutivas. Portanto, afirmando rigorosamente, se estivermos falando em termos de verdade e falsidade, *todas aquelas consequências dedutivas são falsas*. O conteúdo de verdade da teoria de Newton é zero, como é o conteúdo de verdade de todas as teorias mecânicas anteriores a Einstein. O conteúdo de verdade da própria teoria de Einstein pode ser provado como zero depois de alguma revolução científica. Vista dessa forma, a tentativa de Popper de comparar teorias "falsas" comparando seus conteúdos de verdade e de falsidade, interpretando assim a ciência como se aproximando da verdade, fracassa.

Há uma maneira em que o conceito de Popper de aproximação da verdade pode ser tornada imune a este de crítica. Isso implica interpretar as teorias instrumentalmente. Se, por exemplo, acrescentarmos às afirmações de Newton certos procedimentos práticos para testá-la, procedimentos definidos para medir massa, comprimento e tempo, podemos dizer que uma larga classe das previsões da teoria newtoniana, interpretada em leituras de balanças e relógios e outras coisas, se revelarão corretas dentro dos limites da precisão experimental. Quando interpretadas dessa forma, o conteúdo de verdade da teoria de Newton e de outras teorias falsas não será zero e pode muito bem ser possível aplicar o conceito de Popper de aproximação da verdade a algumas séries de teorias dentro da física. Contudo, essa interpretação da teoria de verossimilhança de Popper introduz um elemento instrumentalista que vai de encontro às intenções realistas de Popper, expressas em outros lugares. Colide, por exemplo, com a afirmação de que "o que tentamos na ciência é descrever e (na medida do possível) explicar a realidade".[9] Darei no próximo capítulo um forte argumento para demonstrar que esse recuo instrumentalista do realismo não é adequado.

OUTRAS LEITURAS

O realismo e o instrumentalismo são discutidos em K. R. Popper, "Three Views Concerning Human Knowledge", em *Conjectures and*

---

9. K. R. Popper, *Objective Knowledge*, p. 40.

REALISMO, INSTRUMENTALISMO E VERDADE

Refutations (Londres: Routledge and Kegan Paul, 1969), pp. 97-119; P. K. Feyerabend, "Realism and Instrumentalism", em *The Critical Approach to Science and Philosophy*, ed. M. Bunge (Nova York: Free Press, 1964), pp. 280-308; e J. J. C. Smart, *Between Science and Philosophy* (Nova York: Random House, 1968). A obra formal de Tarski a respeito da verdade está em seu "The Concept of Truth in Formalised Languages", reimpresso em *Logic, Semantics and Metamathematics* (Londres: Oxford University Press, 1956), pp. 152-278.

XIV

O Realismo Não-Representativo

1. A relação entre as teorias e suas sucessoras

No capítulo anterior eu critiquei os relatos instrumentalistas da física e também aqueles relatos realistas que incorporam uma teoria da verdade da correspondência. Cabe, agora, sugerir uma alternativa viável. À guisa de preliminar a esta tarefa, direi, nesta seção, um pouco mais sobre a relação entre as teorias suplantadas e aquelas que as substituem como consequência de uma mudança revolucionária. Será conveniente concentrar a atenção, uma vez mais, na relação entre a teoria de Newton e a de Einstein, um exemplo favorito de Kuhn e de Feyerabend para ilustrar aquilo que chamam de incomensurabilidade.

Como enfatizei anteriormente, a caracterização do mundo envolvida na teoria de Newton é muito diferente da envolvida na teoria de Einstein. À luz da teoria de Einstein, a de Newton não corresponde aos fatos. Isto posto, que relato deve dar o realista da relação entre a teoria de Newton e o mundo, e como deve explicar o fato de ela ter tido o sucesso que teve? Encontramos, no capítulo anterior, um certo número de motivos para que o relato instrumentalista não sirva. Gostaria de enfatizar a importância do argumento de Bhaskar a este respeito. Já que mais de dois séculos de desenvolvimento da física newtoniana envolveram a experimentação de forma essencial, não é possível tornar possível aquela física e seu sucesso parcial interpretando-a como uma tentativa de estabelecer correlações entre eventos, observáveis ou

O REALISMO NÃO-REPRESENTATIVO

não.[1] Consequentemente, não é aceitável para um realista explicar a relação entre a teoria de Newton e o mundo com o argumento de que, se a teoria de Einstein corresponde aos fatos, então uma série de observações estará em conformidade com a teoria de Newton interpretada instrumentalmente. Isso não faz justiça à teoria de Newton e não torna inteligível dois séculos de trabalho experimental nela.

Uma linha de raciocínio relacionada à essa, exerce pressão numa direção semelhante, como se segue. Reconhecendo que o arcabouço conceitual da teoria de Einstein é suficientemente diferente do de Newton para impedir que haja relações estritamente lógicas entre elas, é possível argumentar, contudo, que, se a teoria de Einstein é aplicável ao mundo, então, em uma grande variedade de circunstâncias, a teoria de Newton é aplicável aproximativamente a ele. Por exemplo, pode-se mostrar, dentro da teoria de Einstein, que, se a velocidade de um sistema com relação a um conjunto de quadros de referência for pequena, o valor da massa do sistema será aproximadamente o mesmo, seja qual for o quadro de referência no conjunto usado para avaliá-la. Consequentemente, não erraremos muito se tratarmos a massa como se fosse uma propriedade e não uma relação. De forma semelhante, nas mesmas condições pode-se mostrar de dentro da teoria de Einstein que, se tratarmos a massa como uma propriedade dentro de um quadro de referência específico dentre o conjunto, a soma do produto da massa e da velocidade para cada parte do sistema permanecerá constante até um alto grau de aproximação. Isto é, do ponto de vista da teoria de Einstein, podemos demonstrar que a lei de conservação de momento será válida aproximadamente, contanto que as velocidades não sejam grandes demais.[2]

---

1. Até onde um instrumentalismo envolve a suposição de que a física deve ser entendida como fazendo reivindicações a respeito de relações entre eventos observáveis é um caso especial da posição aqui rejeitada.

2. O fato de que as duas teorias são logicamente incomensuráveis e o fato de que os significados de termos tais como massa são diferentes nas duas teorias não colocam nenhum problema específico para o tipo de comparação de teorias que delineei. O fato de que há uma gama de tipos de situação à qual ambas as teorias são supostamente aplicáveis (tais como o sistema solar ou o movimento de partículas carregadas num tubo de descarga) é garantido pela maneira pela qual a teoria de Einstein surgiu como uma resposta a problemas no interior da teoria newtoniana tomados em conjunto com a eletrodinâmica clássica. Estabelecer a interpretação de teorias e maneiras pelas quais elas podem ser comparadas é um problema prático, histórico, e não puramente lógico.

206 A. F. CHALMERS

Somos novamente forçados a concluir que a teoria de Newton não pode ser caracterizada adequadamente em termos instrumentalistas. Por outro lado, ela também não pode ser interpretada em termos tipicamente realistas, já que do ponto de vista da teoria de Einstein ela não corresponde aos fatos.[3]

2. O realismo não-representativo

O mundo físico é tal que a teoria newtoniana é aproximadamente aplicável a ele numa grande variedade de circunstâncias. A extensão em que isso se dá pode ser compreendida à luz da teoria de Einstein. A validade aproximada da teoria newtoniana deve ser testada sob condições experimentais, embora se o mundo for de tal forma que a teoria de Newton seja aplicável a ele, continuará sendo fora das condições experimentais. A teoria de Newton não pode ser interpretada como correspondendo aos fatos, mas sua aplicabilidade ao mundo deve ser compreendida num sentido mais forte que o captado pelo instrumentalismo. Sugiro que todos estes comentários sobre o *status* da teoria de Newton devem ser aceitos por um realista que endosse a teoria da verdade da correspondência. Isto posto, e dadas as dificuldades associadas à teoria da verdade da correspondência discutidas na seção anterior, o caminho para a minha própria posição é bastante direto. Ela envolve tratar as teorias físicas de maneira que a discussão acima nos conduziu a tratar da teoria de Newton.

Do ponto de vista que desejo defender, o mundo físico é tal que nossas teorias físicas atuais são aplicáveis a ele em certo grau, e, em geral, num grau que excede suas predecessoras na maioria dos aspectos.[4] O objetivo da física será estabelecer os

---

3. Esse aspecto referente à falta de correspondência pode tornar-se mais dramáti- co por meio de outros exemplos. Tais como, do ponto de vista da física moderna não há nada no mundo que corresponda às partículas de luz newtonianas, nem a um elétron concebido possuindo individualidade, tamanho e forma bem definidos, e localização e trajetória.

4. Não quero fazer a reivindicação mais forte de que uma teoria deve provar-se superior à sua predecessora com relação a *tudo*. Pode ocorrer, por exemplo, que nem todos os sucessos da teoria de Newton sejam igualados pela mecânica quântica. Admitir isso não coloca dificuldades especiais para minha posição, embora possa muito bem colocar dificuldades para aqueles que veem a verdade como a meta da ciência.

O REALISMO NÃO-REPRESENTATIVO 207

limites da aplicabilidade das teorias atuais de desenvolver teorias que sejam aplicáveis ao mundo num grau maior de aproximação numa variedade mais ampla de circunstâncias. Darei a este ponto de vista o nome de *realismo não-representativo*.

O realismo não-representativo é *realista* em dois sentidos. Em primeiro lugar, envolve a suposição de que o mundo físico é como é independentemente de nosso conhecimento dele. O mundo é como é, seja lá o que for que indivíduos ou grupos de indivíduos pensem sobre o assunto. Em segundo lugar, ele é realista porque envolve a suposição de que, na medida em que as teorias são aplicáveis ao mundo, são aplicáveis dentro e fora das situações experimentais. As teorias físicas fazem mais que afirmações a respeito de correlações entre conjuntos de proposições de observação. O realismo não-representativo é *não-representativo*, pois não incorpora uma teoria da verdade da correspondência. O realista não-representativo não supõe que nossas teorias descrevam entidades do mundo, tais como as funções ondulares ou campos, da maneira que nossas ideias de senso comum entendem, que nossa linguagem descreve gatos e mesas. Podemos avaliar nossas teorias do ponto de vista da extensão em que lidam com sucesso com algum aspecto do mundo, mas não podemos ir mais além e avaliá-las do ponto de vista da extensão em que descrevem o mundo como ele realmente é, simplesmente porque não temos acesso ao mundo independentemente de nossas teorias, de maneira que nos capacite a avaliar a propriedade daquelas descrições. Isso colide com nossas noções de senso comum, segundo as quais nossas conversas sobre gatos e mesas incluem o que é tomado por descrições de tais coisas. Entretanto, gostaria de lembrar aos defensores da aplicabilidade da teoria da verdade da correspondência à física que eles também são obrigados a tornar inteligível a fala de Newton, parcialmente bem-sucedida, sobre as partículas de luz, e sobre a massa concebida como uma propriedade, a fala de Maxwell sobre o éter e a fala de Schrodinger a respeito das funções ondulares.

Por envolver a rejeição da verdade como correspondência com os fatos, o realismo não-representativo evita as dificuldades enfrentadas pelas posições tipicamente realistas. O fato de séries de teorias da física, tais como as teorias sucessivas da luz, não poderem ser interpretadas como descrições cada vez mais finas da realidade não é problema. Nem o fato de existirem

208   A. F. CHALMERS

formulações muito diferentes, possivelmente equivalentes da mesma teoria, envolvendo "representações" muito diferentes da realidade. O realismo não-representativo é também mais compatível que as visões realistas com o fato de nossas teorias serem produtos sociais sujeitos à mudança radical. Nossas teorias são um tipo especial de produto social, embora a extensão em que são capazes de lidar com o mundo físico, que não é um produto social, não seja determinada socialmente.

O realismo não-representativo não é suscetível às objeções-padrão ao instrumentalismo. Ele não envolve o uso questionável de uma distinção entre termos de observação e teóricos. Na verdade, na medida em que o realismo não-representativo incorpora o papel do experimento como parte integral, traz embutida uma forte percepção da maneira como as provas empíricas que importam para as teorias dependem delas.[5] Previsões novas bem-sucedidas, que colocam um problema para o instrumentalismo, são explicáveis do ponto de vista do realismo não-representativo. Se o mundo é tal que nossas teorias físicas são aplicáveis a ele, então faremos descobertas ao investigar sua aplicabilidade em novas áreas.[6] Outro argumento frequentemente levantado contra o instrumentalismo é que a atitude deste último para com a física é conservadora e inibe o progresso. Ele exclui especulações potencialmente produtivas sobre entidades teóricas. O realismo não-representativo não está aberto a este tipo de crítica. Segundo ele, é necessário determinar a extensão da aplicabilidade das teorias sujeitando-as a uma série completa de testes. Além do mais, ele reconhece que a extensão de aplicabilidade de uma teoria pode ser verificada melhor à luz de uma teoria sucessora que a explique em um nível mais profundo. Quanto a isso, ele é mais condutivo a um crescimento e desenvolvimento constantes que uma posição que veja a física como algo que objetiva um ponto final chamado verdade. Do ponto de vista do realista não-representativo não há fim para

---

5. A seção 4 do capítulo III é relevante aqui.

6. Mais uma vez, vale a pena salientar que os defensores do realismo, ao incorporarem a teoria de correspondência da verdade, têm que explicar como teorias obsoletas, tais como a de Newton, foram capazes de fazer previsões bem-sucedidas mesmo considerando-se que elas não correspondem aos fatos. Suspeito que, ao fazê-lo, eles serão forçados a adotar uma explicação similar à que defendo para todas as teorias físicas.

O REALISMO NÃO-REPRESENTATIVO 209

o desenvolvimento da física. Por mais amplas que sejam nossas teorias, e por mais profundas que sejam suas investigações na estrutura do mundo, sempre permanece a possibilidade de desenvolvê-las a um nível mais profundo ou em frentes mais amplas ou mais novas.

3. O que é ciência, afinal?

Minha caracterização do realismo não-representativo em termos da aplicabilidade das teorias ao mundo, ou sua habilidade de lidar com o mundo, pode muito bem receber a objeção de ser por demais vaga. Parte de minha resposta à essa objeção é admitir que meu relato é vago, mas insisto que isso não é uma fraqueza mas um ponto forte da minha posição. As formas em que somos capazes de teorizar sobre o mundo com sucesso não são algo que possamos estabelecer de antemão por argumentos filosóficos. Galileu descobriu como era possível lidar com alguns aspectos do mundo físico por intermédio de uma teoria matemática do movimento. As teorias de Newton diferem das de Galileu em aspectos importantes, enquanto a mecânica quântica lida com o mundo de formas fundamentalmente diferentes as da física clássica, e quem sabe o que o futuro nos reserva? Certamente não são filósofos da ciência. Qualquer relato da relação entre as teorias no interior da física, e o mundo a respeito do qual se tenciona que essas teorias versem, não deve ser de natureza a excluir um possível desenvolvimento futuro. Consequentemente, um certo grau de imprecisão é essencial.

O meu próprio relato da relação entre as teorias físicas e o mundo baseia-se em duas características muito gerais da física desde Galileu. Uma é que a física envolve experimentação, o que me dá uma base para rejeitar o instrumentalismo. A outra é o fato de a física ter experimentado mudanças revolucionárias, um fator que constitui parte da base para a minha crítica da aplicabilidade da teoria da verdade da correspondência à física. Podem-se acrescentar mais detalhes, certamente, se desejarmos caracterizar mais precisamente duzentos anos de física. Podemos dizer que a física envolve generalizações universais formuladas em termos matemáticos, que os sistemas de teorias formam algo semelhante aos programas de pesquisa lakatosianos e que seu desenvolvimento ocorreu em conformidade com o relato objetivista da mudança

210 A. F. CHALMERS

que foi apresentado no capítulo XI. Dessa maneira podemos formular uma resposta à pergunta "que coisa é essa chamada de física?". Não podemos, no entanto, estar certos de que a física não sofrerá algumas mudanças drásticas no futuro. Foi já notado que a moderna mecânica quântica difere em aspectos fundamentais da física clássica e já se sugeriu também qual caráter da física possa estar mudando devido às mudanças sociais que acompanham o crescimento do capitalismo monopolista.

A estrutura de grande parte dos argumentos desse livro foi de desenvolver relatos do tipo de coisa que é a física e testá--los no confronto com a física real. Diante dessa consideração sugiro que a pergunta que constitui o título desse livro é enganosa e arrogante. Ela supõe que exista uma única categoria "ciência" e implica que várias áreas do conhecimento, a física, a biologia, a história, a sociologia e assim por diante se encaixam ou não nessa categoria. Não sei como se poderia estabelecer ou defender uma caracterização tão geral da ciência. Os filósofos não têm recursos que os habilitem a legislar a respeito dos critérios que precisam ser satisfeitos para que uma área do conhecimento seja considerada aceitável ou "científica". Cada área do conhecimento pode ser analisada por aquilo que é. Ou seja, podemos investigar quais são seus objetivos – que podem ser diferentes daquilo que geralmente se consideram ser seus objetivos – ou representados como tais, e podemos investigar os meios usados para conseguir esses objetivos e o grau de sucesso conseguido. Não se segue disso que nenhuma área do conhecimento possa ser criticada. Podemos tentar qualquer área do conhecimento criticando seus objetivos, criticando a propriedade dos métodos usados para atingir esses objetivos, confrontando-a com meios alternativos e superiores de atingir os mesmos objetivos e assim por diante. Desse ponto de vista não precisamos de uma categoria geral "ciência", em relação à qual alguma área do conhecimento pode ser aclamada como ciência ou difamada como não sendo ciência.

4. *O relativismo em perspectiva*

Alguns de meus comentários na seção anterior têm um sabor relativista. Discutirei nesta seção as formas em que minha posição tem um caráter relativista e as formas em que não o tem.

O REALISMO NÃO-REPRESENTATIVO 211

Se devemos falar das maneiras em que as teorias devem ser avaliadas ou julgadas, então a minha posição é relativista no sentido de que nego que exista algum critério absoluto em relação ao qual esses julgamentos devem ser feitos. Especificamente, não há uma categoria geral, "a ciência", e nenhum conceito de verdade à altura da tarefa de caracterizar a ciência como uma busca da verdade. Cada área do conhecimento deve ser julgada pelos próprios méritos, pela investigação de seus objetivos, e, em que extensão é capaz de alcançá-los. Mais ainda, os próprios julgamentos relativos aos objetivos serão relativos à situação social. Os julgamentos sobre algum ramo obscuro da lógica matemática ou da filosofia analítica podem ter um peso considerável, em termos do prazer estético que proporciona aos seus participantes, para alguma classe privilegiada de uma sociedade rica, mas um peso pequeno para uma classe oprimida de um país do Terceiro Mundo. O objetivo do controle tecnológico sobre a natureza é de grande importância em uma sociedade em que problemas sociais extremamente urgentes necessitam um aumento do controle tecnológico, e deve ter importância menor em nossa sociedade, em que aparentemente os problemas sociais mais urgentes são antes exacerbados que aliviados por maiores avanços no controle tecnológico.

Essa conversa sobre os julgamentos a respeito das áreas de conhecimento decresce em importância à luz dos aspectos não-relativistas de minha posição. O alcance objetivista de minha postura enfatiza que os indivíduos em sociedade são confrontados por uma situação social com certas características, estejam ou não cônscios disso, e têm à sua disposição uma variedade de maneiras de mudar a situação, quer gostem ou não. Além disso qualquer ação executada para mudar a situação terá consequências que dependem do caráter objetivo da situação e que podem diferir notadamente das intenções do ator. De forma semelhante, na área do conhecimento, os indivíduos confrontam-se com uma situação objetiva e uma variedade de métodos e matérias-primas teóricas à sua disposição para contribuir para uma mudança na situação. Uma teoria pode, de fato, alcançar certos objetivos de maneira melhor que uma rival e os julgamentos dos indivíduos e dos grupos podem estar errados sobre o assunto.

Desse ponto de vista, os julgamentos feitos pelos indivíduos quanto ao caráter e aos méritos das teorias são menos

212   A. F. CHALMERS

significativos do que geralmente se pensa. O meu relato objetivista da mudança de teoria foi projetado para mostrar como
é que o desenvolvimento de duzentos anos da física pode ser
explicado de uma forma que não depende crucialmente dos julgamentos metodológicos de indivíduos ou de grupos. Não é
necessário analisar os objetivos em termos das aspirações dos
indivíduos ou grupos. Tomemos, por exemplo, o objetivo de
aumentar o controle tecnológico sobre a natureza. Esse objetivo possui um significado maior nas sociedades capitalistas do
que nas sociedades feudais que elas substituíram. Dentro de
uma economia capitalista, o aumento de controle tecnológico é
uma necessidade, na medida em que os capitalistas que não o
conseguem serão forçados pelos que conseguem a sair do mercado e, consequentemente, falirão. A situação não era a mesma
na sociedade feudal. As comunidades centradas ao redor das
casas senhoriais vizinhas não eram obrigadas a competir dessa
forma pela natureza do sistema econômico. Uma comunidade
feudal que deixasse de equiparar os avanços tecnológicos de sua
vizinha não abriria falência mas, simplesmente, experimentaria
um padrão de vida mais baixo que a outra. Esta conversa sobre
objetivos não trata dos julgamentos ou valores dos indivíduos
envolvidos.

   O precedente não tem a intenção de indicar que os julgamentos dos indivíduos não têm consequências, seja na área
da mudança teórica ou da mudança social. Em qualquer dos
casos, quaisquer mudanças somente ocorrerão como resultado
das ações de indivíduos ou de grupos de indivíduos e as ações
executadas por indivíduos serão claramente influenciadas pelos
seus julgamentos sobre a situação que confrontam e pela sua
própria compreensão de seus objetivos. Entretanto, aquilo que
disse indica que as mudanças teóricas e sociais não devem ser
compreendidas apenas, ou mesmo principalmente, ocorrendo
como resultado de julgamentos humanos.

   Porque as teorias dentro da física, em algum estado de seu
desenvolvimento, são como são, e pelo mundo físico ser como
é, aquelas teorias são capazes de lidar com o mundo com algum
grau de sucesso, os indivíduos e grupos julgando a situação
corretamente ou não. O fato de a física ter existido e sobrevivido
na sociedade ocidental e ter, ao menos até recentemente, progredido do modo internalista descrito no meu relato objetivista

O REALISMO NÃO-REPRESENTATIVO

da mudança de teoria, deve ser explicado em termos da relação entre a natureza objetivista da física e a natureza objetiva da sociedade ocidental. Parte da caracterização da sociedade ocidental envolverá uma elaboração de como as pessoas naquela sociedade se veem tipicamente a si mesmas e a sociedade, mais especificamente, envolverá uma caracterização das atitudes típicas com a física. Mas as considerações das atitudes típicas com a física não serão os únicos fatores a explicar a sobrevivência e o desenvolvimento da sociedade, nem é necessário que aquelas atitudes sejam tomadas como primitivas e não explicáveis com referência a causas sociais subjacentes.

A tendência objetivista de meus comentários contraria os tipos extremos de relativismo, segundo os quais uma teoria vale tanto quanto outra, isto é, que tudo é uma questão de opinião ou tudo uma questão de desejos subjetivos, como sugeriu Feyerabend em momentos de descuido. Do ponto de vista do realista, interpretado num sentido amplo, essas teorias tratam de tentar lidar com algum aspecto do mundo. Isso contrasta com o ponto de vista que parece estar implícito em alguns relatos relativistas, a saber, que o objetivo de se desenvolver teorias é provar aos outros que se tem razão.

5. *Por que se incomodar?*

É apropriado, nessa seção final do livro, enfrentar a questão do que se trata. Para que nos incomodamos em executar investigações do tipo encontrado nas páginas precedentes? A importância da pergunta destaca-se uma vez admitindo-se, como fiz, que a filosofia ou metodologia da ciência nada adianta aos cientistas.

Sugiro, em retrospectiva, que a função mais importante da minha investigação seja combater aquilo que pode ser chamado de *ideologia da ciência,* tal como funciona em nossa sociedade. Essa ideologia envolve o uso do conceito dúbio de ciência e o conceito igualmente dúbio de verdade, frequentemente associado a ele, geralmente na defesa de posições conservadoras. Por exemplo, encontramos o tipo de psicologia behaviorista que trata as pessoas como se fossem máquinas e o uso amplo de resultados de estudo de Q.I. em nosso sistema educacional defendidos em nome da ciência. Corpos de conhecimentos como esses são defendidos, afirmando-se ou implicando-se que foram

214 A. F. CHALMERS

adquiridos por meio do "método científico" e que devem, portanto, ser meritórios. Não é somente a direita política que utiliza as categorias da ciência e do método científico dessa forma. Encontra-se frequentemente marxista fazendo uso deles para defender a afirmação de que o materialismo histórico é uma ciência. As categorias gerais de ciência e de método científico são usadas também para excluir ou suprimir áreas de estudo. Por exemplo, Popper argumenta contra o marxismo e a psicologia adleriana, baseado no fato de que elas não se conformam com uma metodologia falsificacionista, enquanto Lakatos recorreu à metodologia dos programas de pesquisas científicas para argumentar contra o marxismo, a sociologia contemporânea e outras poluições intelectuais!

Como deverá estar claro, meu próprio ponto de vista é de que não existe um conceito universal e atemporal de ciência ou do método científico que possa servir aos propósitos exemplificados no parágrafo anterior. Não temos os recursos para chegar a tais noções e defendê-las. Não podemos defender ou rejeitar legitimamente itens de conhecimento por eles se conformarem ou não a algum critério pronto e acabado de cientificidade. Se, por exemplo, queremos tomar uma posição ilustrada sobre alguma visão do marxismo, devemos investigar quais são suas metas, os métodos empregados para alcançá-las, a extensão na qual essas metas foram alcançadas, e as forças ou fatores que determinam seu desenvolvimento. Estaríamos, então, em posição de avaliar a versão do marxismo em termos de desejabilidade do que ele quer, da extensão na qual seus métodos possibilitam que tais metas sejam alcançadas, e os interesses a que ele serve.

Embora um dos objetivos de meu livro seja acabar com o uso ilegítimo de concepções de ciência e método científico, eu espero também que ele faça algo para compensar as reações extremamente individualistas ou relativistas contra a ideologia da ciência. Não é o caso de que uma visão é tão boa quanto qualquer outra. Se uma situação deve ser mudada de uma forma controlada, quer a situação envolva o estado de desenvolvimento de algum ramo do conhecimento ou o estado de desenvolvimento de algum aspecto da sociedade, isto será mais bem conseguido por meio de um controle da situação e de um domínio dos meios disponíveis para mudá-la. Isto envolverá ação cooperativa. A política "vale-tudo", interpretada num sentido mais geral daquele

O REALISMO NÃO-REPRESENTATIVO

que Feyerabend provavelmente pretendeu, deve ser evitada devido à sua impotência. Para citar novamente John Krige, *vale tudo...* significa que na prática, *tudo permanece.*

BIBLIOGRAFIA

Louis Althusser. *For Marx*. Hannondsworth: Allen Lane, 1969.
_____. *Reading Capital*. Londres: New Left Books, 1970.
S. Amsterdamski. *Between Science and Metaphysics*. Dordrecht: Reidel Publishing CO., 1975.
H. D. Anthony. *Science and Its Background*. Londres: Macmillan, 1948.
D. M. Armstrong. *Belief, Truth and Knowledge*. Cambridge: Cambridge University Press, 1973.
A. J. Ayer. *Language Truth an Logic*. Londres: Gollancz, 1936.
_____. *The Foundations of Empirical Knowledge*. Londres: Macmillan, 1955.
_____, ed. *Logical Positivismo* Glencoe: Free Press, 1959.
Gaston Bachelard. *Le Nouvel Esprit Scientifique*. Paris: Presses Universitaires de France, 1934.
E. Barker. *Social Contract: Essais by Locke, Hume and Rousseau*. Londres: Oxford University Press, 1976.
Roy Bhaskar. *A Realist Theory of Science*. Brighton, Sussex: Harvester, 1975.
D. Bloor. "Two Paradigms of Scientific Knowledge?". *Science Studies* 1 (1971): 101-115.
_____. "Popper's Mystification of Objective Knowledge". *Science Studies* 4 (1974): 65-76.
_____. *Science and Social Imagery*. Londres: Routledge and Kegan Paul, 1976.
British Journal for the Philosophy of Science 25 (1974): 155-188 contém uma discussão sobre alguns aspectos técnicos de verossimilhança por diversos autores.
Harold I. Brown. *Perception, Theory and Commitment: The New Philosophy of Science*. Chicago: University of Chicago Press, 1976.

BIBLIOGRAFIA 217

Rudolph Carnap. *Logical Foundations of Probability*. Chicago: University of Chicago Press, 1962.

A. F. Chalmers. "Maxwell's Methodology and His Application of It to Electromagnetism". *Studies in History and Philosophy of Science* 4 (1973): 107-164.

_____. "On Learning from Our Mistakes". *British Journal for the Philosophy of Science* 24 (1973): 164-173.

_____. "The Limitations of Maxwell's Electromagnetic Theory". *Isis* 64 (1973): 469-483.

_____. "Towards an Objectivist Account of Theory Change". *British Journal for the Philosophy of Science* 30 (1979): 227-233.

_____. "An Improvement and a Critique of Lakatos's Methodology of Scientific Research Programmes". *Methodology and Science* 13 (1980): 2-27.

Maurice Clavelin. *The Natural Philosophy of Galileo*. Cambridge, Massachussets: MIT Press, 1974.

R. S. Cohen, P. K. Feyerabend, M. W. Wartofskyeds. *Essays in Memory of Imre Lakatos*. Dordrecht: Reidel Publishing CO., 1976.

Gregory Currie. "The Role of Normative Assumptions in Historical Explanation". *Philosophy of Science* 47 (1980): 456-473.

J. Curthoys e W. Suchting. "Feyerabend's Discourse Against Method". *Inquiry* 20 (1977): 243-397.

J. J. Davies. *On the Scientific Method*. Londres: Longman, 1968. Bernard Dixon. *What is Science For?* Londres: Collins, 1973.

Stillman Drake. *Galileo Studies*. Ann Arbor: University of Michigan Press, 1970.

Vitus B. Droscher. *The Magic of the Senses*. Nova York: Harper and Row, 1971.

P. Duhem. *The Aim and Structure of Physical Theory*. Nova York: Atheneum, 1962.

P. K. Feyerabend. "Explanation, Reduction and Empiricism". *Scientific Explanation, Space and Time, Minnesota Studies in the Philosophy of Science* 3, ed. H. Feigl e G. Maxwell. Mineápolis: University of Minnesota Press, 1962, pp. 28-97.

_____. "Realism and Instrumentalism". *The Critical Approach to Science and Philosophy*, ed. M. Bunge. Nova York: Free Press, 1964, pp. 280-308.

_____. "Problems of Empiricism". *Beyond the Edge of Certainty*, ed. R. Colodny. Englewood Cliffs, N. J.: Prentice-Hall 1965, pp. 145260.

_____. "Philosophy of Science: a Subject with a Great Past". *Historical and Philosophical Perspectives of Science. Minnesota Studies in Philosophy of Science*, vol. 5, ed. Roger H. Stuewer. Mineápolis: University of Minnesota Press, 1970.

218   A. F. CHALMERS

_____. "Consolations for the Specialist". *Criticism and the Growth of Knowledge,* ed. Lakatos e Musgrave, pp. 195-230.

_____. *Against Method: Outline of an Anarchistic Theory of Knowledge.* Londres: New Left Books, 1975.

_____. How to Defend Society Against Science". *Radical Philosophy* 11 (1975): 3-8

_____. "On the Critique of Scientific Reason", em Howson (1976), pp. 309-39.

_____. "Changing Patterns of Reconstruction". *British Journal for the Philosophy of Science* 28 (1977): 351-382.

_____. *Science in a Free Society.* Londres: New Left Books, 1978.

Galileo Galilei. *Two New Sciences,* trad. Stillman Drake. Madison: University of Wisconsin Press, 1974.

J. W. Goethe. *Theory of Colours,* trad. C. L. Eastlake. Cambridge, Mass.: MIT Press, 1970.

Ernst Gombrich. *Art and Illusion.* Nova York: Pantheon, 1960.

R. L. Gregory. *Eye and Brain.* Londres: Weidenfeld and Nicholson, 1972.

N. R. Hanson. *Patterns of Discovery.* Cambridge: Cambridge University Press, 1958.

Carl G. Hempel, *Philosophy of Natural Science.* Englewood Cliffs, N. J.: Prentice-Hall, 1966.

Boris Hessen. "The Social and Economic Roots of Newton's 'Principia'". *Science at the Crossroads,* ed. N. R. Bukharin et al. Londres: Cass, 1971, pp. 149-212.

Colin Howson, ed. *Method and Appraisal in the Physical Sciences.* Cambridge: Cambridge University Press, 1976.

D. Hume. *Treatise on Human Nature.* Londres: Dent, 1939.

François Jacob. *The Logic of Life: A History of Heredity.* Nova York: Vintage Books, 1976.

Noretta Koertge. "Inter-theoretic Criticism and the Growth of Science". *Boston Studies in the Philosophy of Science,* vol. 8, ed. R. C. Buck e R. S. Cohen. Dordrecht: Reidel Publishing Co., 1973.

_____. "Theory Change in Science". *Conceptual Change,* ed. G. Pearce e P. Maynard. Dordrecht: Reidel Publishing Co., 1973.

Carl R. Kordig. *The Justification of Scientific Change.* Dordrecht: Reidel Publishing CO., 1971.

A. Koyré. *Metaphysics and Measurement.* Londres: Chapman and Hall, 1968.

John Krige. *Science, Revolution and Discontinuity.* Brighton, Sussex: Harvester, 1980.

T. S. Kuhn. *The Copernican Revolution.* Nova York: Random House, 1959.

BIBLIOGRAFIA 219

_____. "The Function of Measurement in Modern Physical Science". *Isis* 52 (1961): 161-193.

_____. "Comment (on the Relation between Science and Art)". *Comparative Studies in Society and History* 11 (1969): 403-412.

_____. "Second Thoughts on Paradigms". *The Structure of Scientific Theories*, ed. F. Suppe. Urbana: University of Illinois Press, 1973, pp. 459-482.

_____. "Logic of Discovery or Psychology of Research?". *Criticism and the Growth of Knowledge*, ed. Lakatos e Musgrave, pp. 1-23.

_____. "Reflexion on my Critics". *Criticism and the Growth of Knowledge*, ed. Lakatos and Musgrave, pp. 231-278.

_____. *The Structure of Scientific Revolution*. Chicago: University of Chicago Press, 1970.

_____. *The Essential Tension: Selected Studies in Scientific Tradition and Change*. Chicago: University of Chicago Press, 1977.

I. Lakatos. "Proofs and Refutations". *British Journal for the Philosophy of Science* 14 (1963-1964): 1-25,120-139,221-243,296-342.

_____. "Changes in the Problem of Inductive Logic". *The Problem of Inductive Logic*, ed. I. Lakatos. Amsterdã: North Holland Publishing Co., 1968, pp. 315-417, reimpresso em Worrall e Currie (1978), vol. 2, pp. 128-200.

_____. "History of Science and Its Rational Reconstruction". *Boston Studies in the Philosophy of Science*, vol. 8, ed. R. C. Buck e R. S. Cohen. Dordrecht: Reidel Publishing Co., 1971, pp. 91-136, reimpresso em Worrall e Currie (1978), vol. 1, pp. 102-138.

_____. "Replies to Crities". *Boston Studies in the Philosophy of Science*, vol. 8, ed. R. C. Buck e R. S. Cohen. Dordrecht: Reidel Publishing Co., 1971, pp. 174-82.

_____. "Falsification and the Methodology of Scientific Research Programmes". *Criticism and the Growth of Knowledge*, ed. Lakatos e Musgrave, pp. 91-196.

_____. "Popper on Demarcation and Induction". *The Philosophy of Karl R. Popper*, pp. 241-273, reimpresso em Worrall e Currie (1978), vol. 1, pp. 139-167.

_____. "Science and Pseudoscience", em Worrall e Currie (1978), vol. 1, pp. 1-7.

_____. "Newton's Effect on Scientific Standards", em Worrall e Currie (1978), vol. 1, pp. 193-222.

_____. A. Musgrave, eds. *Criticism and the Growth of Knowledge*. Cambridge: Cambridge University Press, 1974.

_____. E. Zahar. "Why Did Copernicus's Programme Supersede Ptolemy's?". *The Copernican Achievement*, ed. R. Westman. Berkeley, Califórnia: California University Press, 1975, reimpresso em Worrall e Currie (1978), vol. 1, pp. 168-192.

220   A. F. CHALMERS

Dominique Lecourt. *Marxism and Epistemology*. Londres: New Left Books, 1975.

Bryan Magee. "Karl Popper: the World's Greatest Philosopher?". *Current Affairs Bulletin* 50, nº 8 (1974): 14-23.

Karl Marx. "A Contribution to the Critique of Political Economy". *Karl Marx: Selected Works*, 2 vols. Moscou: Cooperative Publishing Society, 1935.

J. C. Maxwell. "The Kinetic Theory of Gases". *Nature* 16 (1877): 245-246.

_____. "Illustration of the Dynamical Theory of Gases". *The Scientific Papers of James Clerk Maxwell*, 2 vols., ed. W. D. Niven. Nova York: Dover, 1965, vol. 1, pp. 377-409.

_____. "Atom" *The Scientific Papers of James Clerk Maxwell*, 2 vols., ed. W. D. Niven, Nova York: Dover, 1965, vol. 2, pp. 445-484.

P. Medawar. *Induction and Intuition in Scientific Thought*. Londres: Methuen, 1969.

J. S. Mill. *A System of Logic*. Londres: Longman, 1961.

C. W. K. Mundle. *Perception: Factsand Theories*. Oxford: Oxford University Press, 1971.

Alan E. Musgrave. "Logical *versus* Historical Theories of Confirmation". *British Journal for the Philosophy of Science* 25 (1974): 1-23.

_____. "The Objectivism of Popper's Epistemology". *The Philosophy of Karl Popper*, ed. P. A. Schilpp, pp. 560-596.

_____. "Method or Madness?", em Cohen, Feyerabend e Wartofsky (1976), pp. 457-491.

M. Polanyi. *Knowing and Being*. Londres: Routledge and Kegan Paul, 1969.

_____. *Personal Knowledge*. Londres: Routledge and Kegan Paul, 1973.

K. R. Popper. *The Logic of Scientific Discovery*. Londres: Hutchinson, 1968.

_____. *Conjectures and Refutations*. Londres: Routledge and Kegan Paul, 1969.

_____. *Objective Knowledge*. Oxford: Oxford University Press, 1972.

_____. "Normal Science and Its Dangers", em Lakatos e Musgrave (1974), pp. 51-58.

_____. *The Open Society and Its Enemies*. vol. 2. Londres: Routledge and Kegan Paul, 1980.

H. R. Post. "Correspondence, Invariance and Heuristics". *Studies in History and Philosophy of Science* 2 (1971): 213-255.

W. V. O. Quine. "Two Dogmas of Empiricism". *From a Logical Point of View*. Nova York: Harper and Row, 1961, pp. 20-46.

G. Radnitzky e G. Anderson, eds. *Progress and Rationality in Science*. Dordrecht: Reidel Publishing Co., 1978.

J. R. Ravetz. *Scientific Knowledge and Its Social Problems*. Oxford: Oxford University Press, 1971.

BIBLIOGRAFIA 221

V. Ronchi. "The Influence of the Early Development of Optics on Science and Philosophy". *Galileo: Man of Science*, ed. E. McMullin. Nova York: Basic Books, 1967, pp. 195-206.

E. Rosen. *Three Copernican Treatises*. Nova York: Dover, 1959.

B. Russell. Problems of Philosophy. Oxford: Oxford University Press, 1912.

Denise Russell. "Scepticism in Recent Epistemology". *Methodology and Science* 14 (1981): 139-154.

Wesley C. Salmon. *The Foundations of Scientific Inference*. Pittsburgh: Pittsburgh University Press, 1975.

Israel Scheffler. *Science and Subjectivity*. Nova York: Bobbs-Merrill, 1967.

P. A. Schilpp, ed. *The Philosophy of Rudolf Carnap*. La Salle, Illinois: Open Court, 1963.

_____. ed. *The Philosophy of Karl R. Popper*. La Salle, Illinois: Open Court, 1974.

Leslie Sklair. *Organised Knowledge*. St. Albans: Paladin, 1973.

J. J. C. Smart. *Between Science and Philosophy*. Nova York: Random House, 1968.

D. C. Stove. *Probability and Hume's Inductive Scepticism*. Oxford: Oxford UniversityPress, 1973.

A. Tarski. "The Semantic Conception of Truth and the Foundations of Semantics". *Philosophy and Phenomenological Research* 4 (1944): 341-376.

_____. "The Concept of Truth in Formalised Languages". *Logic, Semantics and Metamathematics*. Londres: Oxford University Press, 1956.

_____. "Truth and Proof". *Scientific American* 220, nº 6 (1969): 63-77.

John Worrall. "Thomas Young and the 'Refutation' of Newtonian Optics: a Case Study in the Interaction of Philosophy of Science and History of Science", em Howson (1976), pp. 107-179.

John Worrall e Gregory Currie, eds. *Imre Lakatos. Philosophical Papers. Volume 1: The Methodology of Scientific Research Programmes*. Cambridge: Cambridge University Press, 1978.

_____. *Imre Lakatos. Philosophical Papers. Volume 2: Mathematics, Science and Epistemology*. Cambridge: Cambridge University Press, 1978.

E. Zahar, "Why Did Einstein's Programme Supersede Lorentz's?". *British Journal for the Philosophy of Science* 24 (1973): 95-123, 223-262, reimpresso em Howson (1976), pp. 211-275.

J. Ziman. *Public Knowledge*. Cambridge: Cambridge University Press, 1968.

ÍNDICE ONOMÁSTICO

Adams, J. C., 81, 117

Adler, A., 67

Alhazen, 167

Althusser, L., 14, 161, 182, 186

Amsterdamski, S., 88

Anderson, G., 148

Anthony, H. D., 23

Aristóteles, 22, 74, 75, 98, 104, 128, 130, 137, 175

Armstrong, D., 151

Arquimedes, 166, 167

Ayer, A. J., 20, 34

Bachelard, G., 20

Bacon, F., 19, 22

Barker, E., 185

Bhaskar, R., 197, 204

Black, J., 53

Blake, T., 15

Bloor, D., 121, 135, 149, 161

Bohr, N., 97, 115

Brahe, T., 95, 105, 113

Brown, H. I., 149

Buck, R C., 121, 142, 159, 162

Bukharin, N. L., 138

Bunge, M., 175, 203

Carnap, R., 34

Cavendish, H., 115, 116, 119

Chalmers, A. F., 82, 155

Clavelin, M., 167

Cohen, R. S., 121, 142, 148, 159, 162, 171

Colodny, R., 87

Copérnico, N., 56, 85, 90, 93, 98, 99, 100, 101, 102, 104, 105, 119, 128, 138, 191

Currie, G., 121, 140, 141, 143, 160

Curthoys, J., 13, 186

Dalton J., 130

Darwin, 18, 52

Davies, J. J., 23

Demócrito, 137

Descartes, R., 152

Dixon, B., 161

Drake, S., 104, 164, 165

Droscher, V. B., 62

ÍNDICE ONOMÁSTICO

Duhem, P., 44, 107

Eastlake, C. L., 71

Eddington, A., 82

Einstein, A., 18, 20, 74, 75, 82, 84, 130, 133, 152, 158, 165, 172, 179, 201, 202, 204, 205, 206, 207

Faraday, M., 110, 119, 120, 155

Feigl, H., 87

Feyerabend, P. K., 15, 18, 19, 21, 57, 61, 62, 87, 102, 107, 120, 138, 144, 146, 148, 171, 173, 174, 175, 176, 177, 178, 179, 180, 181, 182, 183, 184, 185, 186, 201, 203, 204, 213, 215

Fitzgerald, G. F., 156

Fourier, J., 158

Fresnel, A J., 85, 154, 158

Freud, S., 67

Galileu, 18, 22, 23, 43, 49, 50, 73, 75, 79, 80, 91, 102, 103, 104, 105, 106, 110, 115, 133, 139, 157, 158, 164, 167, 182, 191, 192, 200, 209

Galle, J., 81, 86, 116

Goethe, J. W., 70, 71

Gombrich, E., 62

Gregory, R. L., 62

Hanson, R. N., 47, 48, 61, 62

Hegel, G. W. F., 71

Hempel, C. G., 32

Hertz, H., 57, 58, 59, 87, 120, 156, 170,191

Hessen, B., 138

Howson, C., 121, 141, 144, 148, 158, 165, 172, 181

Hume, D., 37, 42, 43, 184, 185

Jacob, F., 168, 169

Kekulé, F., 190

Kepler, J., 57, 59, 68, 69, 83, 91, 92, 103, 105, 106, 151, 167

Koertge, N., 12, 88, 121

Kordig, C. R., 62

Koyré, A., 107, 198

Krige, J., 186, 215

Kuhn, T., 17, 21, 53, 61, 62, 107, 121, 122, 123, 124, 125, 126, 127, 128, 129, 130, 131, 132, 133, 134, 135, 136, 138, 139, 144, 145, 146, 147, 148, 149, 163, 164, 176, 198, 201, 204

Lakatos, L., 12, 21, 44, 61, 87, 95, 96, 97, 107, 111, 112, 113, 114, 115, 116, 117, 118, 119, 120, 121, 122, 123, 125, 134, 135, 136, 139, 140, 141, 142, 143, 144, 145, 146, 147, 148, 159, 160, 162, 163, 164, 165, 166, 171, 172, 174, 180, 214

Larmor, J., 156

Lavoisier, A., 80, 129, 130

Lecourt, D., 161

Leverrier, U. J., 81, 117

Locke, J., 153, 184, 185

Lodge, O., 156

Lorentz, H. A., 120, 156, 165, 172, 179, 180, 187

McMullin, E., 167

Magee, B., 20

Marx, K., 12, 67, 112, 139, 159, 160

Maxwell, G., 87

Maxwell, J. C., 58, 60, 84, 87, 97, 111, 124, 128, 130, 155, 156, 169, 170, 187, 191, 207

Maynard, P., 88

Medawar, P., 76

Mill, J. S., 34, 183, 184

Mundle, C. W. K., 34

Musgrave, A., 87, 96, 107, 112, 121, 134, 135, 139, 140, 141, 144, 145, 146, 147, 148, 159, 161, 162, 163, 170, 171

Nabokov, V., 13

Newton, I., 18, 22, 43, 59, 68, 69, 73, 74, 75, 78, 81, 82, 86, 87, 94, 95, 96, 97, 105, 106, 109, 111, 112, 114, 115, 116, 117, 124, 125, 126, 130, 141, 142, 151, 155, 157, 162, 163, 165, 170, 171, 198, 199, 200, 201, 202, 204, 205, 206, 207, 208, 209

Niven, W. D., 97, 169

Osiander, A., 56, 191, 192

Pauli, W., 129

Pearce, G., 88

Platão, 83, 151

Poisson, S. D., 85, 154

Polanyi, M., 50, 127

Popper, K. R., 12, 20, 43, 44, 61, 67, 68, 69, 76, 80, 82, 87, 90, 91, 92, 93, 107, 113, 114, 123, 135, 136, 146, 148, 156, 159, 161, 163, 164, 166, 182, 188, 195, 200, 201, 202, 214

Post, H. R., 12, 88

Protágoras, 138

Ptolomeu, c., 98, 99, 102, 105, 167

Quine, L. V. O., 12, 107

Radnitzky, G., 148

Ravetz, J. R., 17, 157, 161

Roentgen, W., 59, 72, 73

Ronchi, V., 167

Rosen, E., 56, 191

Russell, B., 36, 43, 83

Russell, D., 15, 149

Salmon, W. C., 34

Scheffler, I., 62

Schilpp, P. A., 34, 44, 107, 159, 161

Schrodinger, E., 207

Sklair, L., 161

Smart, J. J. C., 203

Sneed, J., 135

Soddy, F., 145

Stegmuller, W., 135

Stove, D. C., 43

Stuewer, R W., 19

Suchting, W., 13, 186

Suppe, F., 135

Tarski, A, 193, 194, 195, 203

Thompson, J. J., 120

Thompson, W., 169

Trusedell, C., 17

Wartofsky, M. W., 148, 171

Weber, W., 120

Westman, R., 121

Wittgenstein, L., 12, 126, 127

Wolfe, A. B., 32

Worrall, J., 121, 140, 141, 142, 143, 158, 160, 165

Young, T., 141, 158, 165

Zahar, E., 121, 165, 170, 179

Ziman, J., 161